KB104155

학부모의
마음 읽기와
지혜로운 소통

**학부모의
마음 읽기와
지혜로운 소통**

발행일   2023년 1월 11일 초판 1쇄 발행
지은이   유아교육디자인연구소
발행인   방득일
편 집   박현주, 허현정
디자인   강수경
마케팅   김지훈

발행처   맘에드림
주 소   서울시 도봉구 노해로 379 대성빌딩 902호
전 화   02-2269-0425
팩 스   02-2269-0426
e-mail   momdreampub@naver.com

ISBN 979-11-89404-79-6 93370

유아·놀이중심 교육과정을 실천하는 유아 교사를 위한 공감적 의사소통

학부모의 마음 읽기와 지혜로운 소통

유아교육디자인연구소 지음

맘에드림

놀이중심 교육을 실천하는 교사들을 위한
따뜻하고 지혜로운 소통 이야기

유아에게 놀이는 생활 그 자체이다. 아침에 눈을 뜬 순간부터 시작된 그들의 놀이는 잠자리에 들기까지 지속된다. 또한 유아의 놀이는 어른들이 상상조차 할 수 없을 만큼 기발하고 다양한 방법으로 이루어진다. 놀이중심 교육은 바로 이 점에 주목한다. 그래서 놀이의 주체인 유아가 자유롭게 놀이하며 놀이 안에서 행복하게 배우고 성장하도록 지원한다.

놀이 경험이 부족한 부모가
놀이를 지지하는 학부모가 되려면

놀이중심 교육이 추구하는 유아의 자유로운 놀이가 올바로 실현되기 위해서는 어떤 교육적 배려와 지원이 필요할까? 거창하고 특별한 뭔가가 필요하지는 않다. 단지 유아가 충분히 놀이할 수 있는 시간과 공간, 함께 놀이하는 또래와 어른의 지지가 필요할 뿐이다. 그러나 이렇듯 평범해 보이는 조건들은 역설적으로 학부모의 협조를 이끌어내기 가장 어려운 부분이다. 하지만 학부모의 협력 없이는 놀이중심 교육에서 주목하는 놀이의 교육적 성과가 제대로 실현되기 어렵다. 그만큼 교사와 학부모의 **소통**은 더욱 중요해졌다.

안타깝게도 현장에서 만난 상당수의 학부모는 자녀들과 함께 놀이하는 시간이 어렵고 힘들다고 호소한다. 그들의 고민을 요약하면, 놀이 경험을 충분히 쌓지 못하고 성장하여 어른이 되고 부모가 되다 보니, 자녀의 다양한 놀이상황을 이해하지 못해 함께 놀이하는 데 어려움을 겪는다는 뜻이다. 그렇다면 유아 놀이에 대해 이해가 부족한 학부모에게 어떻게 하면 놀이의 중요성을 알리고, 학부모 스스로 놀이에 대한 잘못된 편견에서 벗어날 수 있도록 도울 수 있을까?

> 와, 어제 놀이랑 완전히 달라졌어! 애들이 반복해서 놀아야 하는 이유
> 를 이제야 알겠네요. 다른 엄마들도 이런 걸 경험해봐야 하는데…

이는 며칠 동안 바깥놀이를 지원하던 어느 학부모가 실제로 밝힌 소감이다. 반복 놀이 속에서 자신의 한계를 스스로 극복하며 문제를 해결하는 아이들의 모습을 곁에서 지켜본 학부모는 놀라움과 흥분을 감추지 못하고 감탄했다. 이처럼 공동놀이자로서 유아 놀이에 참여한 학부모들은 놀이와 배움의 관계를 직접 경험하게 되고, 아울러 놀이중심 교육을 펼치는 교사를 더 많이 이해하고 신뢰하게 된다. 또한 기관의 모든 활동에 대해서도 더욱 협조적인 태도를 보이게 된다. 그러므로 학부모들에게 놀이의 의미와 가치를 이해시키고 직접 경험할 수 있는 기회는 많을수록 좋다.

'마음 읽기'에 기반한 공감적 의사소통을 통해
학부모를 교육적 파트너로

교사와 학부모는 모두 교육공동체의 일원으로서 상호존중하고, 최소한 교육적으로 한곳을 바라보며 함께 걸어가는 동반자가 되어야 한다. 필자들의 고민은 바로 여기에서부터 시작되었다. 교사는 학부모와의 관계에서 갈등이 생길 수 있는 주요 사안들에 대해 충분한 이해를 구하고, 학부모 역시 교육의 주체자임을 깨닫게 해야 한다.

물론 지금까지 머릿속에 오직 '내 아이'만을 생각해온 부모가, '전체의 아이들'을 염두에 두고 생각하는 학부모로 변화하기란 쉽지 않다. 하지만 교사는 학부모가 된 그들에게 왜 '나'에서 '우리'로 판단의 기준이 달라져야 하는지를 이해시켜야 한다. 학부모로서의 역할은 부모와 어떻게 다르며, 변화된 역할 수행을 위해 구체적으로 어떤 노력을 기울여야 하는지도 설명해야 한다. 또한 교사와 학부모가 교육 파트너가 되었을 때 상생되는 가치 등을 공유한다면 학부모와의 소통은 단순히 문제해결만이 아닌, 한층 더 의미 있는 시간이 될 수 있다. 이를 위해 학부모를 배려하고 그들의 경험을 존중하는 공감적 의사소통이 중요하다.

필자들은 학부모의 **마음 읽기**를 통해, 교사와 학부모 간 진심 어린 공감적 의사소통이 이루어지도록 돕고 싶었다. 단순히 학부모와 개인적인 친분을 쌓기 위한 마음 읽기가 아니다. 또한 교사가 학부모의 요구를 일방적으로 맞추거나 무조건적 이해를 구하기 위함도 아니다. 마음 읽기의 궁극적인 목적은 소통을 통해 학부모와 협력적인 교육 파트너십을 만들고 유지하는 데 있다. 즉 부모가 유아기에 자주 나타나는 발달 및 행동 특성을 바르게 이해함으로써 교사에게 협력할 수 있도록 지원하는 것을 의미한다. 또한 교사는 유아교육 전문가로서 부모를 올바른 학부모의 길로 안내해야 한다.

지혜로운 소통을 넘어 학부모와 교사가 함께 성장하기

이 책은 다음과 같이 총 3부에 걸쳐 마음 읽기에 기반한 공감적 의사소통의 이론과 실제를 함께 담아내고자 했다.

- 1부: 마음 읽기를 통한 관계 맺기의 중요성
- 2부: 기관에서 이루어지는 학부모와의 다양한 만남의 사례들
- 3부: 여러 유형의 학부모 상황과 문제에 따른 소통의 방식과 대안이 담긴 사례들

책 속에 담긴 사례들은 필자들의 경험에 기반한 것들로 어떤 사례는 독자가 이미 비슷한 경험을 했을 수도 있으며, 또 어떤 사례는 현재 겪고 있는 갈등 상황과 맞닿아 있을지도 모른다. 다양한 사례들을 통해 '열린 마음으로 학부모의 입장에서 역지사지(易地思之)의 노력을 기울이면 학

부모의 소통 실마리를 찾을 수 있다.'는 필자들의 경험과 지식을 공유하고자 했다. 갈등의 해결은 상대방의 마음을 읽고, 서로의 입장을 이해하려는 공감적 의사소통으로부터 시작되기 때문이다.

다만 이 책에서 소개하는 마음 읽기가 공감적 의사소통의 정답일 수는 없다. 그저 책 속에 담긴 다양한 사례들을 통해 마음 읽기를 매개로 '대화를 막고 있는 장애요인이 무엇인지' 한걸음 뒤에서 바라보는 동인 진솔한 소통의 물꼬를 트는 나름의 방법을 각자 찾아낼 수 있을 것이다. 즉 마음 읽기를 통해 어떤 상황에서 무엇이 학부모의 마음을 불편하게 만들었는지, 오해가 생긴 근본적인 이유는 무엇인지 생각해보았으면 한다. 동일한 상황에서 학부모마다 반응의 정도가 달라지는 이유에 대해서도 그들의 욕구나 성향과 함께 고려하는 동안 좀 더 섬세하게 문제를 인지하고 지혜로운 대안을 찾아 소통하게 될 것이다. 아무쪼록 '학부모의 마음 읽기'가 지혜로운 소통을 넘어 놀이중심 교육의 성공을 위한 교육 파트너십을 만들어가는 데 도움이 되기를 바란다. 나아가 학부모의 자존감과 교사의 자기효능감을 함께 높이며 성장하는 계기가 되기를 바란다.

책을 집필하는 동안 필자들은 우리가 모은 사례들이 다른 교사들에게 더 많은 도움이 되기를 바라는 마음으로 다양한 방법을 모색하고 실천하였다. 예컨대 소모임 운영을 통해 독서와 경험 나누기, 사례를 글로 작성하기, 사례를 함께 읽고 서로의 생각 더하기 등의 작업이다. 더 의미 있는 책을 위해 맘에드림 박현주 편집 부장님이 함께 고민하고 애써주셨으며 책의 완성도를 높이기까지 맘에드림 대표님과 디자인팀의 노고가 있었다. 진심으로 감사의 마음을 전한다. 그리고 오늘도 변함없이 우리 미래의 희망인 유아들의 건강한 성장을 위해 유아교육 현장에서 선생님의 자리를 묵묵히 이어가는 우리 교사들에게도 깊은 감사를 전한다.

"우리는 모두 존재만으로도 특별하고 위대한
대한민국의 유아교육 교사입니다!"

지혜로운 소통을 위해 노력하는 저자 일동

※ 2023년 6월부터 '만 나이'로 통일됨에 따라 책 속의 연령은 '만 나이'로 계산된 연령임을 밝힙니다.
※ 책에 등장하는 유아의 사례는 모두 개인정보 보호를 위해 가명으로 처리한 것임을 밝힙니다.

차 례

놀이중심 교육에서 유아의 놀이는 단순히 재미만 추구하는 시간이 아니다. 놀이가 진행되는 동안 유아들은 놀이에 담긴 다양한 배움과 사회적 가치들을 스스로 배우며 성장하게 된다. 이러한 유아들의 놀이가 교육적 성과를 얻기 위해서는 교육기관을 넘어 가정으로도 연계되어야 한다. 의미 있는 유아의 놀이가 단절되지 않고 그들의 삶 전체로 확장되고 지속될 수 있도록, 놀이의 중요성에 관한 부모의 이해를 도와야 할 필요성이 높아졌다. 즉 가정에서 놀이를 지원하는 부모의 역할이 매우 중요해진 시점이다. 이처럼 오늘날 부모의 역할은 자녀를 양육하는 범위를 넘어 교육기관의 교육철학을 공유하고 실행하는 교육의 주체자로 확장되고 있다. 따라서 교사는 부모가 교육 파트너로서 학부모의 역할을 잘 수행할 수 있도록 지원해야 한다. 하지만 그들이 학부모로서 교육적인 소통에 열린 마음으로 임하게 하려면 먼저 그들의 마음을 읽고 움직여야 할 것이다. 이 장에서는 학부모의 마음을 움직이기 위해 교사가 어떻게 학부모의 마음을 읽어야 하는지, 학부모의 행동 속에 숨겨진 욕구는 무엇인지, 서로 다른 학부모 유형에 따라 무엇을 중요하게 다루며 소통해야 하는지, 상호 협력하는 동반자로서 원만한 관계를 맺으며 함께 성장하는 것이 왜 중요한지 등을 살펴보고자 한다.

학부모와의 관계 맺기

안녕하세요, 만나서 반갑습니다!

학부모의 '마음 읽기'는 왜 중요할까?

유아교육의 역사가 시작된 이래 '유아'만큼 언제나 중요하게 다뤄지는 것 중 하나가 바로 '부모'이다. 특히 유아교육의 일관성을 유지하는 차원에서 **부모교육**은 중대한 역할을 한다. 즉 교육기관과 가정, 교사와 부모 간에 일관된 교육 방향을 공유하고 유지시킴으로써 유아가 안정감 속에서 성장할 수 있는 기반을 제공하는 것이다. 따라서 유아교육기관과 가정의 연계 차원에서 부모교육은 늘 기관의 주요 이슈이자 화두였다.

　부모와 기관은 효과적인 부모교육을 기반으로 놀이중심 교육과정을 함께 실천해갈 수 있다. 이를 위해 유아교육기관과 학부모는 교육적 파트너로서 서로 같은 곳을 바라보는 동반자이자 협력자가 되어야 한다. 이때 가장 중요한 것이 바로 부모와의 **소통**이다. 특히 부모와 유아 교사 간의 긴밀한 소통은 놀이중심 교육과정의 실행과 안착에 있어 매우 중요하다. 이미 각 유아교육기관은 부모참여 또는 부모지원 등 이름은 다르지만, 부모교육을 위한 다양한 소통 채널을 마련하여 지속적인 노력을 기울여왔을 것이다. 하지만 수많은 교육 관계자의 노력에도 불구하고 유아와 놀이를 바라보는 교사와 학부모 간의 시각 차이는 여전히 존재하며, 심지어 그 간격이 좀처럼 좁혀지지 않는 이유는 무엇 때문일까. 여기에는 여러 가지 이유가 있겠지만 가장 근본적인 원인은 유아를 **바라보는 관점의 차이** 때문이다.

아이의 미래 성장 모습 VS 아이의 현재 행동의 변화

교사는 유아를 바라볼 때 현재 모습과 더불어 교육을 통해 성장할 미래의 모습에 좀 더 가치를 두고 필요한 지원을 한다. 그러나 부모는 조금 다르다. 유아의 현재 모습이 교육을 통해 가시적이고 빠르게 변화하기를 기대하며 바라본다. 다시 말해, 교사는 교육의 미래지향적인 긍정적 성장의 측면에서 유아를 바라보기 때문에 기다림의 과정을 중요시하는 반면, 부모는 지금 당장 또는 조만간 즉각적인 행동 변화 여부의 측면에 주목해 자녀를 바라보는 경향이 강하기 때문에 눈에 띄는 빠른 변화와 성취를 기대하며 이를 중요시하는 것이다. 이렇듯 유아를 바라보는 서로 다른 입장과 관점의 차이는 현장에서 유아와 관련된 문제가 발생했을 때 기관 또는 교사와 학부모 간 불필요한 오해를 불러일으키는 요인이 된다.

특히 현재의 놀이중심 교육은 그 특성상 위와 같은 학부모와의 관점 차이로 인해 자칫 교육의 방향성마저 흔들 수 있는 점에서 커다란 문제의 씨앗이 될 수도 있다. 따라서 교사는 부모가 자녀의 발달과 특성을 이해할 수 있도록 돕고, 아울러 달라진 교육과정, 즉 놀이중심 교육과정의 교육적 의미와 특성 등을 올바로 인식하여 학부모가 변화된 자신의 역할을 이해하고 수행할 수 있도록 충분히 안내해야 한다.

가족 형태의 다변화로 인한 학부모 소통의 중요성 증대

오늘날 유아교육기관에서 주목해야 할 점 중 하나가 바로 한층 다양해진 가족의 유형이다. 최근 다문화가족의 증가뿐만 아니라 한부모가족과 미혼모·부가족, 조손가족 등 다양한 가족 형태의 증가는 교육 현장의 교사에게 있어, 학부모와의 맞춤형 소통 중요성이 강조되어야 함을 시사한다. 가족의 유형을 고려하지 않은 일방적 소통은 자칫 유아의 마음에 상처를 주거나 학부모와의 관계에서도 불필요한 오해와 갈등을 야기할 수 있다. 이를 위해서는 마음에 주목하여 공감하는 소통이 필요하다. 그런데 달라진 것이 비단 가족의 형태만은 아닐 것이다. 교사는 달라진 교육과정 이해 측면 이외에도 급변하는 다양한 사회문화적 맥락 차원에서 학부모와 공감하며, 소통하는 교사의 역할이 이전보다 훨씬 더 중요해졌음을 알고, 이를 위한 실천의 노력을 해야 한다.

따라서 앞으로의 유아교육 현장에서 이루어지는 부모교육은 지금까지 주로 해왔던, 강연회 같은 대집단 형태의 모임 등을 통해 사회적 이슈를 담아 필요하다고 생각하는 내용을 한두 번 전달하는 것만으로는 한계가 있다. 기존의 방식을 유지하고 거창한 주제 찾기에 골몰하기보다는 좀 더 **일상적이고 편안한 관계 맺기와 소통**이 우선시되어야 한다.

학부모의 마음을 읽고, 그들과 함께 만들어가는 유아교육

이제 교사는 교육전문가로서 유아의 마음을 읽는 것을 넘어, 자녀 양육에 관한 부모의 고민은 물론, 좋은 부모가 되고 싶어 노력하는 그들의 마음도 함께 읽고 헤아릴 수 있어야 한다. 또한 유아의 연령과 학년이 올라감에 따라 학부모로서 어떤 역할 변화가 필요한지에 관해서도 다양한 형태, 다양한 방식으로 전달할 필요가 있다. 가령 다음과 같은 것들을 질문해볼 수 있다.

- 자녀의 연령기에 꼭 필요한 교육내용은 무엇이라고 생각하는가?
- 놀이에 대한 부모의 생각은 어떠한가?
- 자녀의 놀이에 내한 불안감을 갖고 있다면 그 이유는 무엇인가?
- 자녀의 일상생활에서 가장 걱정되는 것은 무엇인가?
- 자녀의 행동에 대해 평소 어떻게 반응하고 있는가?

이상에서 정리한 것들 외에도 부모의 마음과 생각을 두루 읽고 양육태도를 잘 파악하고 있는 교사라면 당연히 이를 교육과정 운영에 반영하여 **함께 만들어가는 교육**을 실현할 수 있다. 이렇듯 교사와 학부모 간 소통을 통해 서로에 대한 믿음과 교육에 대한 신뢰가 높아진다면, 학부모가 놀이에 대한 이해가 부족하여 무리한 요구를 할 경우에도 학부모의 이해를 높일 수 있을 것이다. 예컨대 학부모에게 교육의 옳은 방향을 다양한 방법으로 안내할 수 있으며, 개별 상담을 통해 기관의 유아교육 방향을 전달하고 학부모의 협력을 얻을 수 있다.

다만 교사가 부모의 요구에 귀를 기울이고 소통한다는 것이 그들의 요구사항을 무조건 교육에 반영시켜야 한다는 뜻으로 오해하지 말았으면 한다. 오히려 학부모의 마음 읽기는 교육이 올바른 방향으로 나아갈 수 있도록 교사가 학부모를 잘 안내하는 것이 중요하다. 그리하여 그들이 제 역할을 하도록 교육적 협조를 구하는 것이다. 교사가 학부모의 마음을 읽는다는 것은 현재 상황을 부모의 관점에서 바라보고 사고하려는 노력이다. 이는 곧 학부모와 소통을 원활하게 하여 결국 교사와 학부모 간 올바른 교육적 공감대 형성이라는 의미를 담고 있다. 이를 통해 교사와 학부모 간에 긍정적 관계를 형성하면 신뢰도를 높임과 동시에 부모의 바람직한 '**교육적 신념**' 형성과 '**함께 만들어가는 놀이중심 교육**'을 현장에 정착시키고 한 걸음 더 발전시키는 데 밑거름이 될 것이다.

02 이미지 형성하기

교사에게 학부모는
어떤 존재인가?

교사는 매년 설레는 마음으로 신학기를 맞이한다. 한편으론 긴장되고 신중한 마음으로 학급을 편성할 것이다. 특히 교직 경력이 짧을수록 학급 결정의 순간은 더더욱 긴장되고 떨리게 다가온다고 한다. 그런데 교사들을 설레고 긴장하게 만드는 이유를 들어보면 긍정적인 떨림만큼이나 부정적인 긴장감 또한 만만치 않다. 물론 유아와의 새로운 만남에 대한 즐거운 기대감도 크지만, 행여 평범하지 않은 다소 불편한 성향의 학부모를 만나게 되면 어쩌나 하는 불안감이 몰려오기 때문이다. 또 경력이 짧은 교사일수록 학부모로부터 받는 첫인상의 호감, 비호감의 정도와 특정 학부모에 대한 부정적 경험의 정도에 따라 무슨 수를 써서라도 대상 학급만은 회피하고픈 충동까지도 느끼게 된다. 반대로 첫만남에서 좋은 인상을 받은 학부모가 많다고 느껴진 경우에는 왠지 올해는 학부모 전체와의 소통이 잘 풀릴 것 같다는 희망적인 생각이 든다고 했다.

학부모와의 첫만남을 준비하는 교사의 자세

첫인상이란 한 사람에 대한 총체적이고 요약된 평가를 의미한다. 하지만 때때로 그 평가가 고정관념으로 자리매김하면 이러한 선입견을 쉽사리 떨쳐내기 어렵다. 비단 저경력 교사뿐만 아니라 제법 경력 있는 교사들 역시 자신이 가지고 있는 학부모와의 첫만남에 대한 누적된 경험에 따른 영향을 적잖이 받기 때문에 그들과의 첫만남은 모든 교사에게 매우 중요한 순간임에 틀림없다. 특히 가정과의 교육적 협력이 더욱 강조되는 오늘날, 교사에게 있어 학부모와의 첫만남은 1년의 교육과정 실행 및 그 성패와도 꽤 밀접하게 관련되어 있음을 알 수 있다. 이렇듯 교사와 학부모와 첫만남은 중요한 순간이다. 만약 교사가 학부모와의 첫만남을 앞두고 있다면 스스로에게 질문을 던져보자.

  "나에게 학부모는 어떤 존재인가?"

어떤 교사는 등·하원 시간에 학부모와 잠깐 만나 인사를 나누는 것마저 불편하고 어려운 존재라고 말할지도 모른다. 또 다른 교사는 교육기관으로부터 해당 유아의 교육적 정보를 전달받는 수동적 대상으로만 부모를 생각할 수도 있다. 혹은 학급교육의 진행을 지원해주는 고마운 존재로, 나아가 학부모는 교육의 협력자로서 유아교육을 함께 만들어가는 또 다른 교육의 주체라고 말하는 교사도 있을 것이다.

　이렇듯 학부모에 관하여 교사마다 서로 다른 의견을 가질 수 있다. 다만 중요한 점은 교사가 학부모에 대해 어떤 이미지를 형성하느냐에 따라서 이후 학부모와의 지속적인 만남에 있어 크고 작은 영향을 주게 될 것이라는 점이다. 나아가 이는 다시 교사와 학부모의 관계 형성뿐만 아니라 유아교육을 펼치기 위한 교육과정의 실행에 직접적인 영향을 준다는 점에서 학부모와의 첫만남은 중요하다.

학부모에 대한 이미지 형성이 교육에 미치는 영향

간단한 예를 들어보자. 가령 어떤 교사가 첫만남에서 학부모를 어렵고 불편한 대상으로 각인했다면 해당 교사는 당연히 학기 중 학부모와의 만남 자체를 가능하면 기피하고 싶을 것이다. 결국 학부모와의 직접적인 소통을 회피하거나 어쩔 수 없이 전달해야 할 내용이 있으면 최대한 짧고 간략하게 끝내려 하지 않을까? 이렇듯 학부모와의 불편한 시간이 학기 내내 누적되었다고 생각해보자. 비록 교사가 학부모와의 불편한 관계와는 별개로 온 마음을 다해 해당 유아를 성심성의껏 지원했다 하더라도 학부모에게 교사는 결국 이렇게 여겨지지 않을까?

　"이번에 초록반 담임 선생님, 좀 답답하지 않아?"
　"아, 그 말 안 통하고, 가까이하기 어려운 까다로운 선생님?"

학부모의 불편한 관계는 자칫 사소한 문젯거리 하나를 수습하기 어려운 대형사건으로 확대시키는 원인을 제공할 우려도 적지 않다. 그렇다면 반대의 경우도 한번 생각해보자. 만약 교사가 유아의 유익한 정보를 학부모와 지속적으로 공유하고 학부모는 공지된 안내문 등을 제대로 전달받고 이해함으로써 신속한 교육적 지원을 주고받는다면 이후 교사와 학부모는 어떤 상황에 이르게 될지 상상해보자. 아마도 전자의 교사와는 사뭇 다른, 긍정적 상황을 기대할 수 있을 것이다. 도무지 해결 방안이 떠오르지 않을 만큼 복잡하게 생각했던 문제도 서로 허심탄회하게 소통하는 동안 의외로 쉽게 문제해결에 이르는 방법을 발견할 수도 있을 것이다. 그런데 어쩌면 이렇게 생각할지도 모른다.

"내가 유아에게 최선을 다하면 언젠가는 학부모도 내 맘을 알아주지 않을까?"

하지만 유아는 유아고, 학부모는 학부모다. 진심을 담아 소통하려는 노력 없이 학부모의 마음을 연다는 것은 허구에 가깝다. 서로의 마음은 진심과 마주했을 때 비로소 문이 열리고 움직이는 법이다.

사실 사람은 누구나 성향이 제각각이고, 좋아하는 것이나 싫어하는 것 또한 저마다 다를 것이다. 따라서 교사가 늘 학부모와 삶의 모든 상황에서 같은 곳을 바라볼 순 없다. 하지만 교육만큼은 학부모와 같은 출발점에 서서 같은 곳을 바라볼 수 있어야 한다. 그러한 마음가짐일 때 비로소 교사와 학부모는 교육의 협력자, 동행자, 공동의 주체로 서로를 인식할 수 있게 된다. 그 결과 교사는 학부모 참여 교육의 내용과 방식을 선정하고 추진하는 데 있어 그들과 눈높이를 맞추어 좀 더 세심하게 심혈을 기울일 수 있고 학부모의 마음도 결국 움직이게 된다. 실제 다양한 방식으로 학부모를 만난 유아교육 관계자들은 이렇게 말한다.

"학부모도 교육의 한 주체로서 함께 교육을 논할 파트너라는 것을 머리가 아닌 가슴으로 배우게 되었습니다. 여러 지역을 돌며 진행했던 토크콘서트에서 만난 학부모들은 교육에 대한 깊은 애정으로 고민이 많았고, 때로는 교사보다 더 교육적인 모습에 절로 고개를 숙인 기억이 있습니다. 그러면서 깨닫게 된 것은 학부모와 함께 만들어가야 제대로 된 교육이 가능하다는 것이었죠."

"기관 차원에서 대집단으로 부모의 역할을 전달하지 않아도 부모 개개인이 한 공간에 서로 모여 이야기 나누는 것만으로 부모 스스로 해답을 찾아가는 모습을 볼 수 있었습니다. 당시 한 학부모는 이렇게 말했어요. '나는 옆집 부모의 말에는 귀를 기울였지만 정작 내 자녀의 이야기는 흘려버리는 부모였네요.'라고 말이죠. 부모들은 자녀의 미래에 대한 막연한 불안감이 확인되지 않은 정보에 의지하게 함으로써 과도한 선행학습을 요구했던 것에 대해 성찰하면서 이제 자녀의 이야기에 귀기울이는 부모가 되어야겠다는 다짐을 했습니다."

유아의 성장을 목표로 긴밀히 협력하는 '교육 파트너'

교사인 우리는 종종 교육에 대한 학부모의 몰이해로 인해 올곧은 유아교육을 실천하기 어렵다고 말한다. 또 학부모의 강압적 요구에 휘둘려 비교육적이거나 불필요한 활동과 학습임에도 유아에게 어쩔 수 없이 시킬 수밖에 없다고 말하기도 한다. 더욱이 학부모의 이해와 참여가 매우 중요한, 유아중심 놀이중심 교육과정을 운영해야 하는 현 시점에서 현장의 유아 교사들의 불만은 점점 더 고조될 수 있다.

앞서 교사가 학부모의 존재를 어떻게 생각하느냐에 따라 그 만남의 성격과 결과가 판이한 형태로 진행될 수 있음을 언급했다. 학부모를 교육의 협력자로서 인식하는 교사라면 실제로 교육과 관련된 사항들에 대하여, 교육과정 설명회, 학부모 교육지원단 운영, 학부모 간담회, 학부모 소모임, 학부모에게 전달되는 다양한 통신 등 여러 경로를 통해 학부모와 좀 더 적극적으로 소통하려고 노력할 것이다. 이러한 맥락에서 놀이 중심 교육과정의 운영 역시 마찬가지다. 만약 학부모에게 이러한 교육과정이 가진 교육적 의미에 대한 이해가 부족하다면 교사는 다양한 경로의 소통방식을 활용해서 교육과 유아 정보를 학무모와 지속적으로 공유함으로써 그들의 협조를 이끌어내야 한다.

그것이 번거롭다는 이유로 건너뛰거나 회피한다면 계속해서 서로 다른 곳만 바라보게 될 것이고, 소통은 점점 일방적으로 변질될 것이며, 끊이지 않는 크고 작은 불만과 불평에 시달리게 될 것이다. 게다가 원활하지 못한 소통의 결과는 오롯이 우리 아이들에게 돌아가 마땅히 자유롭게 놀이해야 할 권리마저 빼앗기게 된다.

아무리 유아교육기관에서 최선을 다해 아이의 교육에 임한다고 해도 그것이 가정으로 이어지지 못한 채 단절되면 교육의 의미도 효과도 반감될 수밖에 없다. 따라서 학부모를 어렵고 불편한 존재로 인식하기보다는 서로의 인격을 존중하며, 유아의 행복한 성장을 위해 기꺼이 동행하는 **교육 파트너**로서 그들에 대한 이미지를 만들어가야 한다. 학부모와의 첫 만남은 이러한 이미지를 형성하기 위한 첫걸음이다.

마음을 움직이려면, 마음을 읽어야 한다

우리는 상대의 마음을 읽는 공감적 의사소통이 중요하다는 것을 이미 잘 알고 있다. 다만 그것이 생각처럼 쉽지 않을 뿐이다. 사실 상대의 마음을 읽고 그에 걸맞게 소통하기 위해서는 누적된 경험과 어느 정도 기술도 필요하다. 다시 말해 교사가 학부모와의 소통을 위한 기술을 형성하려면 일정한 숙련의 과정이 필요한 것이다. 따라서 초임 시절부터 당장 학부모의 마음을 능숙하게 읽어내고 상황에 맞는 적절한 말과 행동을 하기란 결코 쉽지 않다. 이러한 이유로 이제 갓 교사의 길로 접어든 초임 교사가 학부모와의 상담 과정에서 내내 최선을 다했음에도 노력이 무색하게 학부모로부터 만족스럽지 못한 피드백을 받고 낙담하는 모습을 주변에서도 종종 볼 수 있다.

부모들은 무엇에 관심을 갖고 있을까?

특히 학부모와 개별 상담을 진행할 때는 마음 읽기가 더더욱 중요하다. 경우에 따라서는 부모의 생각과 마음을 잘못 해석한 나머지 섣부른 응대로 불필요한 오해를 불러일으킬 수도 있기 때문이다. 가장 좋은 방법은 학부모가 어떤 부분에 관심을 갖고 있는지 미리 알아보는 것이다. 유아기의 자녀를 둔 부모를 대상으로 다양한 형태의 부모교육을 실행하면서 아래와 같은 문항을 몇 년에 걸쳐 반복해서 질문해보았다.

1. 내 자녀가 어떤 아이로 성장하길 바라는가?	2. 자녀에게 나는 어떤 부모로 기억되고 싶은가?	3. 자녀 양육에서 어려운 점을 해결하는 방법은 무엇인가?
4. 달라진 교육과정(개정누리과정)을 알고 있는가?	5. 우리 사회에 필요한 인재상은 어떤 모습이며 우리는 어떤 변화가 필요할까?	6. 놀이가 강조된 이유와 이에 따른 부모 역할은 무엇일까?

위의 열거한 질문 중에서 학부모가 주저하지 않고 관심을 보이며 궁금해한 질문은 어떤 것일지 부모의 입장에서 한번 생각해보자. 부모교육에 참여한 다수의 학부모들은 2번과 3번에 관해 높은 관심을 보였으며, 특히 3번 질문 내용에 관해 더 많은 정보를 알고 싶어 했다.

문항을 자세히 살펴보면 위의 3칸과 아래의 3칸 질문들 간 성질이 약간 다름을 알 수 있다. 위 칸의 질문들은 부모로서 '자녀 양육'에 관한 좀 더 개인적이고 구체적인 내용으로 부모가 현재 고민하고 조언을 구하는 내용이다. 반면에 아래 칸(4~6번) 질문들은 학부모가 된 부모의 입장에서 알아야 할 '유아교육과 사회의 변화'와 올바른 교육의 방향에 관해 다른 학부모들과 협의와 논의가 필요한 포괄적 내용에 해당된다. 앞서 부모들의 응답 결과를 통해 학부모들은 자녀 양육에 관한 좀 더 개인적인 내용과 관련된 고민에 관심이 좀 더 집중되어 있다는 것을 알 수 있다. 이와 같은 질문은 부모의 관심이 현재 어디에 집중되어 있는지를 이해함으로써 학부모의 마음 읽기의 목적에 한발 다가서도록 하는 데 유용하다.

또 이를 통해 오직 부모가 원하는 주제와 내용만을 선별하여 부모교육 프로그램을 운영하면 안 되는 이유도 알 수 있다. 부모의 요구와 생각만 무조건 수용하려고 하면 오히려 교육적으로는 균형을 잃을 수 있다. 흔히 초임 교사가 저지르기 쉬운 실수 중 하나가 부모의 요구사항을 여과 없이 그대로 반영하는 것이다. 하지만 이는 진정으로 학부모의 마음을 읽는 것이 아니다. 교육적으로 중요하게 다루어야 하고 부모가 반드시 알고 실행해야 할 일들임에도 부모가 원치 않는다고 생각해 침묵하는 것은 유아교육 전문가로서 무책임한 행동일 수 있다.

이와 같은 이유로 교사는 부모가 직면한 문제나 궁금증에 대한 이해를 전달하는 것과 동시에 자녀가 다니고 있는 기관의 철학과 교육과정 등을 학부모가 제대로 알아둘 의무와 책임이 있다는 것도 반드시 이해시켜야 한다. 교사는 부모가 자녀를 양육하는 부모의 역할뿐만 아니라 목록 하단의 4~6번 문항과 관련된 교육의 포괄적인 의미에 대해서도 학부모의 마음을 움직여야 한다. 즉 내 자녀는 우리 지역의 아이임과 동시에 대한민국의 미래임을 부모 스스로 느낄 수 있도록 개별적 소통과 부모교육을 통해 지속적으로 알려야 한다. 그래서 우리가 유아교육기관에서 자주 경험하게 되는 몇 가지 유형의 학부모 마음 읽기와 그에 따른 교사의 바람직한 소통 방법을 오랜 시간 쌓아온 필자들의 경험을 바탕으로 제시하려 한다.

내 자식만 소중하다고 생각하는 부모의 마음 읽기

세상에는 일부 예외도 있겠지만, 자녀를 향한 부모의 사랑과 애정은 헤아릴 수 없다. 비록 타인에게는 다소 무심할지라도 자녀에 관한 것이라면 아주 사소한 것 하나라도 그냥 넘어가는 법이 없다. 매사 자녀에게 온갖 정성을 기울이고, 한없이 자상하고 너그러운 모습을 보이며 바른 어른으로 성장하길 바라는 부모가 대부분이다.

요즘에는 자녀가 아무리 심한 말썽을 부려도 화를 꾹꾹 억누른 채, 심지어 존칭어까지 사용하며 자녀 스스로 깨달을 때까지 부드럽게 전달하려 애쓰는 부모도 많다. 애정 어린 태도야 그렇다 치더라도, 부모들이 자신의 감정까지 삭이면서 자녀를 존중하려는 태도를 보이는 이유는 무엇때문일까. 그 마음 깊은 곳에 아마도 **존중과 사랑받고 자란 아이는 건강하고 비뚤어지지 않은 어른으로 성장한다**는 굳은 믿음이 자리하고 있기 때문일 것이다.

물론 자녀에 대한 존중의 마음이 나쁜 것은 아니지만, 간혹 왜곡된 반응으로 이어지기도 한다. 만약 누군가가 '내 아이'를 존중하지 않는다고 느끼는 순간, 사실 여부를 따지기도 전에 분노를 참을 수 없게 되는 것이다. 심지어 그 대상이 아이건 어른이건 상관없이 부모들은 마치 자신이 매우 부당한 피해라도 입은 양 극도로 화를 내며 당장 납득할 만한 해명을 듣고 싶어한다. 이러한 마음을 이해하고 있는 교사라면 부모들의 느닷없는 분노 표출과 무례한 행동에 조금은 덜 상처받고, 또 조금은 덜 예민하게 부모와의 소통을 이어갈 수 있지 않을까?

교사는 유아교육 전문가이다. 따라서 교사는 부모가 가진, 자녀에 대한 무한한 사랑과는 별개로 진정으로 유아 개개인의 존엄을 인정하고 존중하는 올바른 방식에 대해 부모에게 설명해야 한다. 즉 무엇이든 부모가 나서서 해결해주려는 모습이나 지나친 애정과 사랑의 방법이 때로는 유아 스스로 올바른 판단을 하거나 뭔가 수행할 수 있는 기회를 오히려 방해할 수 있다는 점을 충분히 이해시켜야 한다.

자녀의 든든한 울타리가 되어주고픈 부모의 마음 읽기

최근 사회적으로 '독립심'에 대한 관심이 높아지면서 교육 현장에는 자율성과 아이의 주도성을 높여주려고 노력하는 부모들도 많아지는 추세이다. 그러나 아직 자녀의 연령이 너무 어리다 보니 유아 스스로 해결할 수 있는 문제까지도 인내심을 갖고 기다려주기보다 부모가 앞장서서 대신 해결하려는 성급한 모습을 보인다. 그 어떤 사소한 문제상황에서도 보호해주는 든든한 울타리 역할을 자처하기도 한다. **마음은 자녀의 독립심을 높여주어야 한다고 생각하지만, 아직은 때가 아니라는 것이다.** 때가 되면 어련히 알아서 잘 하게 될 거라는 얘기다.

그렇다면 부모는 대체 아이 연령이 몇 세가 될 때까지 울타리가 되어주어야 하는 것이며, 아이의 독립과 자립심이라는 것은 어느 특정 연령이 되는 순간 갑자기 생겨나는 것인지 반문해볼 일이다. 당연한 말이지만 독립심이란 것은 하루아침에 생기지 않는다. 영유아기 때부터 천천히 쌓여가는 시간과 꾸준한 교육의 결과물이다. 그럼에도 불구하고 일부 학부모는 종종 자녀가 마주한 모든 문제를 무조건 부모가 나서서 직접 해결해주거나 티끌만큼의 위험요소라도 모조리 사전에 제거함으로써 아이를 보호하는 든든한 울타리의 역할을 해냈다며 뿌듯하게 생각한다.

그러나 이러한 부모의 생각은 역설적으로 아이의 고립을 의미할 수 있다. 부모가 생각하는 든든한 울타리가 타인에게는 공감되지 않는 철벽이 되어 결국에는 유아도 부모도 궁극적인 자립에 어려움을 겪을 수 있기 때문이다. 자녀를 보호하고픈 학부모의 선한 의도와 달리, 지금 만들고 있는 부모의 울타리는 자녀가 울타리 밖 세상을 자유롭게 넘나들며 마음껏 탐색하고 뛰어놀며, 다시 돌아와 안전하게 쉴 수 있는 훌륭한 울타리가 아닐지 모른다. 즉 스스로 도전과 실패를 함께 경험하며 독립심을 키워갈 수 있는 울타리가 아니라 아무것도 도전할 수도, 감히 밖으로 나갈 엄두를 낼 수도 없도록 사방이 벽으로 꽉 막힌 좁디좁은 방일지 모른다. 다만 학부모 스스로 이를 객관적으로 바라볼 수 없을 뿐이다.

그렇다면 이렇듯 자녀에게 든든한 울타리 역할을 하고 싶은 부모의 마음을 읽은 교사라면 어떻게 부모와 소통하면 좋을까. 울타리 속에 담긴 교육적 의미에 대해 부모와 진지한 소통을 시작해야 할 것이다. 부모 개개인이 가지고 있는 울타리의 속성은 모두 다를 수 있지만, 때론 그 안에서 생활하는 유아가 오히려 의존적인 모습으로 성장할 수 있음을 전달할 수 있어야 한다. 진솔한 소통을 통해 부모는 점차 자신도 모르게 자녀를 얽매어온 과도한 울타리의 높이를 조금씩 낮추게 될 것이고, 아이 또한 의존에서 벗어나 더 많은 도전과 성장의 기회를 얻게 된다.

부족함 없이 최고로 키우고 싶은 부모의 마음 읽기

아침 시간, 등원하는 유아들을 맞이하는 교사는 간혹 유아의 옷차림에 깜짝 놀랄 때가 있다. 한눈에 봐도 값비싼 고급 브랜드의 옷과 신발과 가방 등으로 한껏 단장한, 유아의 과도한 차림새 때문이다. 특히 놀이중심 교육과정으로 바뀐 교육 현장의 교사라면 더더욱 긴장할 수밖에 없다. 이런 옷차림은 유아들의 자유로운 놀이를 방해하는 것은 물론, 가뜩이나 할 일도 많고 신경 쓸 일도 많은 교사에게 추가 걱정거리를 안겨주기 십상이다. 예컨대 귀가할 때 신발을 바꿔 신고 가지는 않을지, 놀이 시간에 명품 옷이 상하거나 값비싼 액세서리가 분실되지는 않을지 등 부가적으로 신경 써야 할 일들이 발생하게 된다. 특히 이러한 명품 옷과 신발은 주로 신학기 즈음에 더 많이 등장하게 되는데 '내 아이가 좀 더 돋보였으면…' 하는 부모들의 심리를 엿볼 수 있는 광경이기도 하다.

이렇듯 자녀의 외형을 꾸미는 데 온갖 정성을 다하며, 조금이라도 '내 아이'가 손해 보는 것을 견디지 못하는 학부모와 교사는 어떻게 소통해야 할까. 때로는 유아 스스로 부족함을 느끼는 것도 교육이고, 내 아이와 다른 아이를 구분하여 경쟁시키는 것이 아니라 서로 다름을 인정하며 함께 협력하여 성장하는 것이 최고의 교육임을 어떻게 전달하면 좋을까. 현재 이러한 고민을 하고 있는 교사라면, 이미 부모의 마음 읽기를 시작한 것이다. 예컨대 학부모에게 유아의 지나친 복장이 자유롭고 신나는 놀이를 방해할 수도 있다는 점을 어떻게 전달할지 고민하거나, 때로는 모래와 진흙으로 지저분해진 옷과 신발 등 놀이의 흔적을 담고 귀가하는 아이를 어떻게 맞이하면 좋은지에 관한 **부모의 태도와 대화법을 어떻게 전달할까 고민하는 것 등은 모두 부모교육을 실천하려는 교사의 의지를 다지는 중요한 출발점**이 된다.

세상에 똑같은 부모는 없고, 욕구도 저마다 다르다

세상에 똑같은 인간은 없다. 타고난 생김새나 체격은 물론이고 성격, 역량, 취향도 모두 제각각이다. 신체적 특징이 거의 똑같은 쌍둥이조차 내면을 들여다보면 각자 고유한 특성을 갖고 있다. 그리고 인간은 저마다 다양한 욕구를 가진다. 욕구(欲求)란 "무엇을 얻거나 어떠한 일을 하고자 하는 바라는 일"을 의미하며 모든 행동의 바탕이 된다. 모든 사람은 기본적인 욕구를 가지고 있지만, 욕구의 강도에 따라 행동의 차이는 극명하게 드러난다. 예를 들어 힘의 욕구가 강한 사람은 모든 의사결정에 자신이 주체가 되고자 할 것이다. 하지만 반대로 낮은 경우라면 굳이 의사결정 과정에 개입하지 않으려 하거나, 자기주장을 무리하게 고집하지는 않을 것이기 때문이다.

학부모의 행동 속에 숨겨진 욕구를 읽어라

교사로서 학부모의 욕구를 읽어내는 것은 매우 중요하다. 특히 잠재된 욕구의 강도에 따라 행동으로 옮길 가능성이 높아질 뿐만 아니라, 충족했을 때의 뿌듯한 성취감과 만족감도 커진다. 반대로 욕구를 제대로 충족하지 못한 상태에서는, 개인의 기본 성향에 따라 여러 방식으로 불만을 표출하게 된다. 욕구에 따라 표현 방법도 달라진다. 특히 관심을 보이는 분야나 그에 따른 질문 내용도 사뭇 달라진다.

　욕구의 차이로 야기되는 행동의 차이를 좀 더 구체적으로 살펴보자. 예컨대 모든 부모가 자녀를 맡길 교육기관을 똑같은 기준으로 선택하지는 않는다. 어떤 부모는 식단의 내용과 청결한 환경과 안전성을 중요한 판단의 기준으로 삼을 것이다. 또 다른 부모는 빡빡한 일정보다는 유연하고 자유로운 분위기의 열린 교육환경을 선호하기도 한다. 또한 기관의 모든 규정을 칼 같이 지키려는 인식이 강한 부모도 있는 반면, 등하원 시간과 출결 같은 기본 규칙마저 얽매이지 않으려는 자유분방한 성향의 부모도 있다. 이렇듯 각기 다른 학부모를 기관이 정해놓은 일종의 표준화된 규정이나 절차에만 의존해 일률적으로 상담한다면 큰 효과를 기대하기 어렵다. 아마도 전체 학급을 이끌어가는 교사로서는 저마다 제각각인 학부모를 응대하는 것이 더더욱 어렵게 느껴질 것이다.

　이러한 어려움 속에서 학부모 행동 속에 숨겨진 그들의 욕구를 이해한다면 학부모를 좀 더 잘 이해하는 데 큰 도움이 된다. 여기에서는 윌리엄 글래서(William Glasser)가 제시한 인간의 5가지 기본욕구를 기반으로 김성경(2018)이 교사와 학부모 대상으로 연구한 내용을 참고하여 욕구에 따른 학부모의 특징을 살펴보고자 한다.

생존의 욕구가 높은 학부모와의 맞춤형 소통

이들의 가장 큰 특징은 사회적 규칙과 의무를 중요시한다는 점이다. 따라서 전달된 안내 및 공지 사항이 맞는지 자주 확인하는 경향이 있으며, 신중하여 실수를 잘 하지 않는다. 하지만 그만큼 실수나 예기치 못한 사고에 관대하지 않은 모습을 보이는 경향이 있다.

다른 사람들보다 안전에 대해 예민하게 반응하기 때문에 안전하다는 확신이 들지 않을 경우 불안과 의심을 드러내기도 하며, 새로운 시도와 변화를 불편해하고 걱정을 많이 한다. 생존 욕구가 높은 부모는 양육태도에 있어서도 **자녀의 건강과 안전을 우선하며 세심하게 잘 챙기는** 특징적인 모습을 보인다. 이들은 규칙을 강조하고 안전을 중요하게 여김에 따라 규칙과 생활습관에 대한 지시와 함께 자녀의 안전을 재확인하려는 용어를 자주 사용한다. 예컨대 이런 말을 자주하는 모습을 보인다.

> "그러면 안 돼!"
> "손을 자주 씻어야 병에 걸리지 않는다."
> "이는 제대로 닦았니?"
> "안 돼, 위험해, 다친다!" 등

•학부모 맞춤형 공감적 의사소통

이런 학부모와의 상담을 계획했다면, 교사는 일정과 상담 내용을 사전에 공지하여 학부모가 충분히 생각하고 참여할 수 있도록 배려한다. 상담할 때는 교사의 말을 오해하여 학부모가 불안해하지 않도록 명확하게 설명하며, 학부모의 이야기에 과한 반응을 하지 않도록 주의한다. 교사가 학부모의 이야기에 과한 반응을 보이면 자칫 그들의 불안과 걱정을 가중시킬 수 있기 때문이다. 또한 보수적이고 신중한 성향 때문에 이해될 때까지 거듭 확인하려는 경향이 있으므로 교사는 가능한 자세히 설명하는 것이 좋다. 아울러 가정에서의 과도한 규칙을 함께 점검해봄으로써 자녀의 자발적 의지와 도전에 방해가 되는 요소는 없는지 이야기한다.

사랑과 소속의 욕구가 높은 학부모와의 맞춤형 소통

가장 큰 특징은 다른 사람에 대해 관심도가 높으며 함께 어울리는 것을 좋아한다는 점이다. 상대에게 관심이 많은 만큼 다른 사람이 필요로 하는 것을 잘 알아차리고, 기꺼이 그들을 도우려 하는 경향이 높다. 특히 이들은 타인과 깊은 관계를 형성하고 함께 나누는 것을 좋아하며, 다양한 표현의 방식으로 애정과 공감의 표현을 드러내는 특징을 지닌다. 반면에 관계 속에서 서운함과 소외감을 잘 느끼고, 또 이에 대한 표현을 잘하지 못한 채 속앓이하며 힘들어하는 경향이 있다. 특히 상대에 대한 호감이나 기대감이 높을수록 기대가 충족되지 못했을 때 크게 실망하거나 상처를 입어 태도가 돌변하기도 한다.

　이런 학부모는 **가족 모두와 함께 하는 시간을 좋아하고 소중하게 여기는** 양육 태도를 보인다. 이들은 사랑을 주고 베푸는 것을 중요하게 여김에 따라 함께 하는 것의 가치를 아이들에게도 강조하여 전달한다. 스킨십으로 친밀감을 자주 표현하고 자녀의 감정을 잘 수용하며 공감한다. 다만 지나칠 경우 과잉보호가 될 가능성이 있다. 이러한 부모들은 함께하기와 이를 위한 권유와 부탁, 소속에 대한 언어를 자주 사용한다.

"우리 같이 ○○○ 하자!"

"사랑해!"

"엄마 안아줘~"

"같이 밥 먹으니까 좋지?" 등

·학부모 맞춤형 공감적 의사소통

인간관계를 중시하는 유형의 학부모는 좋은 관계와 분위기 조성을 위해
서라면 자기희생도 마다하지 않는 경향이 있다. 그래서 아무도 원하지
않는 일에 자신이 기꺼이 앞장서서 열심히 봉사하기도 한다. 교사가 부
모의 이러한 감정을 읽고 친절하고 따뜻하게 응대한다면 좀 더 원활한
소통이 가능해지고, 신뢰를 더 빨리 형성할 수 있다. 또한 자신이 행여
좋은 분위기를 망칠까 싶어서 차마 싫은 소리를 하지 못하고 늘 좋은 말
만 하려는 경우가 있다. 따라서 오히려 평소 표현하지 못했던 서운함을
표현할 수 있는 기회를 제공하면 좋다. 또한 부모의 사랑 욕구가 종종 자
녀와의 관계에서 자녀의 지나친 요구까지 받아들이면 자녀가 습관 형성
에 꼭 필요한 일상의 규칙도 지키지 않아 문제상황이 발생하기도 하므로
이에 대한 교육적 소통도 이루어져야 한다.

힘의 욕구가 높은 학부모와의 맞춤형 소통

이들의 가장 큰 특징은 자기표현이 분명하고, 주관이 뚜렷하다는 점이
다. 옳다고 생각하는 것을 솔직히 제안 또는 주장하며 결단력이 좋은 유
형이다. 또한 성취욕이 높아 뜻을 정하면 계획한 것을 신속히 이루어야

한다고 생각하기 때문에 맡은 일을 책임감 있게 처리하는 추진력이 있다. 복잡하게 이리저리 돌려 말하지 않기 때문에 명쾌한 의사소통의 장점이 있는 반면에 거침없이 강한 의지를 드러내는 경우가 많아 말의 표현에 있어 공격적이거나 마치 화난 것 같은 인상을 주기도 한다. 무엇보다 자신이 하는 일에 대해 인정받고 싶은 마음과 책임감이 강하다. 다른 사람의 눈치를 보지 않고 행동하는 당당함이 때로는 부메랑이 되어 타인과의 관계에서 소통을 어렵게 하기도 한다.

힘의 욕구가 높은 학부모는 자녀에게도 **잘못한 부분에 대해 지적을 잘하고 한번 안 된다고 말한 것은 절대로 허용하지 않는** 양육태도를 보인다. 또 자녀가 목표를 성취할 수 있도록 지도하며 목표 도달을 위해 필요한 부분을 일일이 지시하고 이끌어준다. 따라서 자녀에게도 명료하지만 다소 강압적인 말을 자주 사용하는 경향을 보인다.

　　"엄마 생각에는…"
　　"이렇게 해봐, 넌 할 수 있어."
　　"지난번에도 같은 말을 한 것 같은데?"
　　"두 번 말하지 않는다!" 등

•학부모 맞춤형 공감적 의사소통

목표지향적이고 성취욕이 높고, 자신의 존재감을 매우 중요시하는 유형이다. 이런 유형의 학부모를 어떻게 대하느냐에 따라 소통과 불통의 극명한 결과를 초래할 수 있다. 힘의 욕구가 높은 학부모는 소통에 따라 교사의 든든한 지원군이 되기도 한다. 예컨대 변화가 필요한 교육제도와 바람직한 교육문화 조성을 위해 무엇을 어떻게 해야 하는지를 스스로 깨닫게 된다면, 누구보다 앞장 서서 변화에 필요한 분위기를 이끌어주는 등 힘이 되어주기 때문이다. 반면에 자신의 생각을 반드시 관철시키겠다는 욕구가 강한 나머지 타협이 쉽지 않아 교사 또는 다른 학부모와의 관계에서 갈등이 야기되기도 한다.

이렇듯 힘의 욕구가 강한 부모와 상담할 때 교사는 경청과 인정하는 태도로 임하여 그들의 의견이나 생각에 대한 존중의 의사를 표현하면 원활한 소통에 도움이 된다. 특히 상담의 서두에서 학부모가 현재 자녀에게 교육적으로 긍정적인 영향력을 제공하는 부분과 아이의 교육적 성취 관련 목표를 중심으로 이야기를 시작하면 좋다. 다만 부모의 지나친 힘의 욕구가 자녀에게 간섭과 강요가 될 수 있음도 전달해야 한다. '부모 생각'보다는 '자녀의 생각'을 먼저 경청하고 아이의 마음을 헤아리는 양육태도가 보다 교육적인 자녀와의 소통 방법임을 **스스로 깨달을 수 있도록** 대화를 이끌어간다.

자유의 욕구가 높은 학부모와의 맞춤형 소통

이들의 가장 큰 특징은 외부로부터의 규칙과 강요에 얽매이지 않으려는 것이다. 자유로우며 유연하고 독립적이다. 소위 자유로운 영혼인 이들은 자신이 싫다고 느끼는 일을 주변의 시선 때문에 억지로 순응하지 않는 편이다. 또 매번 같은 것을 반복해야 하는 것을 재미없고 답답하게 여긴다. 또한 아무리 선의의 조언일지라도 이를 자신에 대한 구속이나 속박으로 여겨 거북해하기 쉽다.

한편으론 자신이 강요받는 것을 좋아하지 않기 때문에 다른 사람에게도 뭔가 요구하거나 지시하고 시키는 것은 지양하는 편이다. 타인에게 부담을 주고 싶어 하지 않는 성향과 유연한 사고가 상대방에 대한 관대한 태도로 표출되는 셈이다. 갑자기 계획된 일정이 바뀌는 것에 대해서도 '뭐 그럴 수도 있지…' 하며 크게 신경 쓰지 않는 편이다. 다만 이런 자유분방함은 종종 상대방의 친절한 태도를 오히려 부담스러워하기도 한다. 나아가 아예 불편한 내색을 표현하기도 하다 보니 상대방은 호의를 거절당했다는 무안함과 함께 심지어 불쾌감을 느끼게 된다. 그래서인지 고마움을 모르는 불편한 괴짜라는 오해도 종종 받게 된다.

자유의 욕구가 높은 학부모는 양육태도에 있어서도 **위험성이 높다고 생각하지 않는 한 자녀의 행동을 통제하지 않으려는 모습**을 보인다. 자녀 스스로 생각하고 해결하는 것을 선호하는 것이다. 평소 아이 스스로 독립적으로 결정하고 행동할 수 있도록 격려의 말을 주로 사용한다. 이렇듯 자유의 욕구가 높은 학부모는 자녀가 주도성을 갖도록 하는 상호작용은 잘한다. 반대로 지나치게 자유롭고 허용적인 부모의 성향으로 인해 아이의 생활지도와 올바른 습관 형성 지도에는 어려움을 겪기도 한다.

"그래, 네 마음대로 해봐."
"괜찮아, 네가 입고 싶은 옷을 입어."
"그럴 수도 있지."
"네가 알아서 해." 등

•학부모 맞춤형 공감적 의사소통

단체생활과 정해진 규칙에 따라 움직이는 것을 구속처럼 부담스럽게 여기는 성향이 있다. 따라서 교사는 잦은 전화와 문자보다는 꼭 필요한 내용만

간결하고 명확하게 전달하는 식으로 소통하면 좋다. 학부모가 참여해야 하는 행사가 있다면 정해진 규칙이니 따르라고 강요하기보다는 학부모에게 선택권을 주고 상호 타협할 때 한결 원활하게 설득할 수 있다. 또한 유아의 발달단계에서는 아직 구체적인 도움과 안내가 좀 더 필요한 시기임을 강조함으로써 부모의 지나친 허용과 자유로움이 때론 자녀에게는 심적 부담을 짊어지게 하는 행동이 될 수도 있음을 꼭 알려준다.

즐거움의 욕구가 높은 학부모와의 맞춤형 소통

이들의 가장 큰 특징은 호기심이 많으며 뭔가를 새롭게 배우거나 전에 해보지 않은 방식으로 바꿔서 일하기를 좋아한다. 워낙 긍정적이고 에너지도 넘치기 때문에 현재 하는 일이 즐겁고 재미있다면 시간과는 상관없이 그 일에 몰입하며 즐거워한다. 즐거움의 욕구가 큰 학부모일수록 어떤 문제상황이 발생했을 때 이를 심각하거나 진지하게 받아들이지 않는 경향이 강하다. 또 아름다움과 가치적인 것에 커다란 감동을 느끼며, 그러한 감정을 스스럼없이 잘 표현한다.

즐거움의 욕구가 높은 학부모는 양육태도에 있어서도 **자녀와 잘 놀아주고 새로운 체험과 즐거운 경험을 많이 제공하는** 편이다. 때로는 아이보다도 더 즐겁게 놀이에 몰입하고, 놀이의 힘에 감동하며 감탄하기도 한다. 호기심과 즐거움, 감동과 신기함에 대한 자신의 감정을 자주 표현한다. 다만 배움에 대한 호기심이 강하고 새로운 자극에 민감하다 보니 다양한 것을 시도하는 대신에 금세 싫증을 내어 호기심의 대상이 쉽게 바뀌기도 한다. 이러한 성향은 한 가지 일을 꾸준히 지속하는 것을 어렵게 한다.

"와, 너무 신난다."

"새롭네, 이건 어떻게 하는 거지?"

"시간 가는 줄 몰랐어."

"정말 재미있지?" 등

·학부모 맞춤형 공감적 의사소통

즐거움의 욕구는 주변 사람에게도 밝은 에너지가 전파되는 효과로 이어져 긍정적인 영향을 미친다. 하지만 행위에서 재미와 호기심이 충족되지 않을 경우에는 정반대의 효과가 나타난다. 아예 참여하지 않으려는 태도를 보이기 때문이다. 따라서 다양한 배움의 기회를 제공하되 늘 새로운 주제보다는 심화하여 실천할 수 있도록 안내하고, 때로는 당면한 문제상황에 대하여 아무렇지도 않다는 듯 회피하려 하면 직면의 기술도 필요함을 강조하며 소통한다. 또한 부모 모두 즐거움의 욕구가 높은 경우에는 자녀 안전에 대한 인식이 상대적으로 낮을 수 있다. 자녀의 슬픔, 화, 소외감 등의 감정에 대해서도 늘 긍정적으로만 바꾸려고 하기 때문에 공감력이 낮을 수 있어, 이에 대한 소통도 필요하다.

이상으로 몇 가지 대표적인 학부모의 욕구 유형을 나누어 살펴보기는 했지만, 인간의 욕구는 매우 복잡한 양상을 띤다는 점에서 오해가 없기를 바란다. 여기에서 언급한 인간의 기본적인 욕구 5가지는 반드시 하나의 욕구만으로 표출되지 않을 때가 많다. 두 개의 높은 욕구가 서로 만나 시너지를 발휘할 수도 있고, 한편으론 욕구끼리 상충하여 갈등을 빚을 수도 있다. 이처럼 너무도 다양한 형태로 표출되는 학부모의 모든 욕구를 교사가 일일이 분석하고 파악하여 그에 꼭 맞는 소통방식을 취한다는 것은 현실적으로 불가능에 가까운 일이다. 다만 유아교육 현장에서 발생하는 여러 문제상황에 대하여 학부모들은 왜 각기 다른 의견을 갖는지, 동일한 사안에 대해서조차도 왜 서로 다른 의견과 상이한 반응을 보이는지 등 서로 다른 학부모의 행동을 이해하는 데 실마리를 제공함으로써 작게나마 의문을 해소할 수 있을 것이다. 사람이 지닌 기본적인 욕구는 그 사람을 움직이고 행동하도록 이끄는 힘을 가진다. 따라서 교사는 개개인이 가지고 있는 욕구의 방향을 이해하고 소통함으로써 부모의 긍정적 역할을 이끌어내야 한다. 학부모가 협력적인 교육 파트너로서 제 역할을 할 때, 교사와 학부모는 함께 아이들의 성장이 교육적으로 올바른 방향으로 향하도록 지원할 수 있을 것이기 때문이다.

세상에는 완벽한 교사도, 완벽한 부모도 없다

다양한 학부모 지원 프로그램에 참여한 부모들을 상대로 설문해보면 대체로 비슷한 생각들을 이야기하곤 한다. 그중 가장 많이 나오는 내용 중 하나가 바로 "자신이 생각했던 것보다 아이나 놀이에 대해 잘 몰랐다."고 털어놓는 것이다. 다음은 실제 학부모 지원 프로그램에 참여했던 몇몇 학부모의 이야기들이다.

"아이들의 생각을 물어보고, 의견을 잘 듣고 존중해주는 것만으로 잘하고 있는 부모라고 생각했는데 이것이 당연한 아이의 권리라는 것이 놀라웠습니다."

"아이에게 선택권을 주는 것만으로 좋은 엄마라고 생각했어요. 그런데 교육에 참여하면서 나도 모르게 내가 원하는 결과에 도달하도록 유도한 것은 아닌지 반성하게 되네요."

"제가 가장 자주 하는 말을 돌이켜 보니 '잠깐만, 기다려'라는 말이었습니다. 아이는 지금 당장 이야기하기를 원하고 놀이는 다음으로 미루는 것이 아닌 그 순간 즐겁게 해야 하는 것의 중요성을 이제야 알게 되면서 미안하다는 생각이 들었습니다. 항상 바쁜 엄마를 내세웠는데, 이제는 성숙한 엄마로 저도 조금씩 성장하는 것 같아 기쁩니다."

육아 정보보다 중요한 것은 아이의 행동과 마음을 읽는 것

아마도 세상의 많은 부모는 소중한 자녀를 위해 완벽하고 좋은 부모가 되고 싶을 것이다. 하지만 완벽한 부모라는 것은 사실 허상에 가깝다. 다만 좀 더 유능한 부모가 되기 위해 노력하며 성장하는 부모가 있을 뿐이다. 다만 더 좋은 부모, 더 유능한 부모가 되고 싶은 욕구가 너무 강한 나머지 오히려 독이 될 때도 있다. 특히 요즘처럼 다양한 육아 정보가 넘쳐나는 세상에서 자칫 중심을 잃은 채 이런저런 정보에 현혹될 수도 있다. 그러다 보면 육아의 일관성을 잃은 채 무분별하게 이랬다저랬다 흔들리기도 한다. 정보는 넘치도록 많지만, 정작 그중에서 무엇을 선별하고 어떻게 적용하고 내면화해야 하는지는 모르는 것이다. 이로 인해 되레 혼란만 가중되고 있는 셈이다.

부모는 자녀의 성장에 따라 고민하는 내용도 자연스럽게 달라진다. 그러나 대부분의 부모는 자신의 고민을 해결하고 자녀의 올바른 성장을 이끌기 위해서는, 먼저 자녀의 행동을 잘 관찰하고 그 생각과 마음을 이해해야 한다는 것을 간과한다. 더불어 부모 본인의 모습이 아이에게 표준이 되고 기준이 될 수 있어야 한다는 것도 인지하지 못할 때가 많다. 따라서 교사는 부모가 다양한 도서와 정보로부터 자녀 양육을 위한 지식을 배우는 것도 중요하지만, 그보다 유아의 성장을 지켜보며 변화하는 자녀의 도전 방식과 행동에 따라 부모도 함께 배우며, 성장해야 함을 인식하도록 도와야 한다. 즉 자녀의 행동과 태도는 그 자체가 좋고 나쁨을 의미하는 것이 아니라 어른이 아이들을 이해하기 위해 반드시 배우고 느껴야 하는 최고의 사회적 사인이기 때문이다.

교사도 부모도 아이와 함께 성장한다

발달심리학자 갈린스키(Ellen Galinsky)에 의하면 "자녀의 발달에 따라 부모도 성장한다."고 했다. 이 말은 부모의 성장이란 나이 듦에 따른 일반적 성장이 아닌 자녀의 연령과 성장에 따라 부모가 자녀로부터 이런저런 도전을 받게 됨으로써 함께 성장해가는 측면에 주목한 것이다. 한 명의 자녀를 둔 부모보다 다연령의 자녀를 함께 키우는 부모나 앞서 큰 아이를 키웠던 경험이 있는 부모는 자녀의 성장을 경험하면서 달라지는 부모의 역할을 배워가면서 성장한다는 것을 의미한다.

하지만 매번 경험적으로만 뒤늦게 깨달아야 한다면 자녀 발달의 이해를 위한 적기를 놓칠 수도 있다. 따라서 이후에 학습하는 것보다 자녀의 성장 단계에 따라 필요한 부모의 역할을 사전에 인식할 수 있도록 미리 도움을 주는 것이 중요하다.

| 갈린스키의 자녀 발달 6단계로 나눠본 부모의 주요 역할 |

자녀의 연령	연령 발달별 부모의 주요 역할
stage 01 태아기	어떤 부모가 될 것인지 부모 역할에 대한 이미지 형성에 집중하는 시기
stage 02 출생~2세	자녀와의 애착 관계를 통해 기본적인 신뢰감을 형성하며, 긍정적인 성격 형성과 양육에 책임을 가지는 시기
stage 03 2~5세	최초로 사회 반경을 넓히는 자녀의 안정적 사회생활을 돕기 위해 부모의 권위를 형성하는 시기
stage 04 5세~초등학교	부모가 자녀의 지적호기심, 학습을 지원하기 위한 설명자, 조언자, 정보제공자 등의 역할을 수행하는 시기
stage 05 청소년기	자녀를 독립적인 인격체로 존중하며 자녀의 정체감 형성을 위해 부모의 새로운 역할과 권위가 필요한 시기
stage 06 청년 이후	부모의 품을 떠나 신체, 정서, 경제적으로 독립할 수 있도록 떠나보내기 위해 자녀에 대한 조언자, 조력자로 변화하는 시기

이에 갈린스키는 부모의 발달 과정을 여섯 단계로 나누고 각 단계에서 부모가 맞이하는 자녀의 발달특징과 이에 필요한 부모 행동을 설명하였다. 갈린스키의 자녀 발달 6단계를 영유아의 발달적 특징을 고려한 부모의 역할을 반영하여 재구성하였으며, 이 중 영유아기에 해당되는 양육기와 권위 형성기에 대해서는 좀 더 자세히 소개하였다.

·stage 01 첫 번째 단계: 이미지 형성기(태아기)

결혼과 출산까지의 과정에서 부모의 역할에 대한 **이미지**를 생성하고 준비하는 시기이다. 부부간의 대화를 통해 어떤 부모가 될 것인지, 자녀가 어떤 아이로 성장하길 바라는지 등 교육 방향과 양육의 관점에 대해서 충분한 대화를 나누는 것이 중요하다.

·stage 02 두 번째 단계: 양육기(출생 ~ 2세)

자녀의 생존과 존엄에 대해 알아가는 시기로 부모와의 관계에서 **애착**을 통해 기본적인 신뢰감을 형성하게 된다. 수유, 배변, 수면과 같은 보편적인 섭생 관리뿐만 아니라 신체적 접촉과 적절한 자극, 사랑과 애정 표현 등 정서적 관심은 자녀의 건강한 성장과 긍정적 유대감 형성에 매우 중요하다. 이 단계에서 영아와 주 양육자와의 신뢰감 형성의 질은 이후 자조 기술과 자율성을 높이는 데 영향을 미친다. 양육 경험이 처음인 부모일수록 시간에 맞춰 수유하고, 배설물의 신속한 처리 같은 위생과 깨끗한 환경만 중요시하는 경우가 있다. 물론 이 부분도 중요하지만, 무엇보다 이 시기에는 정서적으로 긍정적인 애착관계 형성이 중요하기 때문에 부모의 반응적 상호작용의 역할을 안내하여 돕는다.

·stage 03 세 번째 단계: 권위 형성기(2~5세)

자녀가 기관 경험을 시작하면서 또래 집단과 부모가 아닌 다른 성인과의 관계를 통해 사회적 반경을 넓혀가는 시기이다. 공동체 생활은 규칙과 질서를 필요로 하며, 영유아는 자연적으로 통제된 사회적 행동을 요구받게 된다. 이러한 사회화 과정에서 자녀는 다양한 문제상황과 만나게 되고, 이때 부모는 일차적인 **중재자** 역할을 하게 된다.

자녀의 사회적 행동을 중재할 때 요구되는 부모의 태도는 **권위**이다. 여기서 권위란 부모의 일방적인 규율과 통제를 뜻하지 않는다. 일상에서 직면하는 다양한 상황에 따라 부모는 자녀의 욕구를 들어주기, 자녀의 생각을 수용하며 조율하기, 자녀가 자율적으로 판단할 수 있도록 질문하고 선택권 주기, 공격적인 행동을 통제하기 등 여러 역할을 수행해야 한다. 자녀는 부모와의 상호작용을 통해 여러 가지 문제를 인식하고 해결해가는 과정을 경험하면서 공정함과 책임감을 배우며, 부모의 권위를 인정하게 된다. 부모는 자신의 권위를 표현하면서 일관된 교육의 어려움과 완벽한 부모가 되겠다는 부모 초기 단계의 이미지를 재평가하게 된다. 이때 자녀의 자율성과 주도적 사고·행동을 촉진하는 부모의 역할은 자녀를 안정적 학교생활로 이끈다.

·stage 04 네 번째 단계: 설명하는 단계(5세~초등학생)

학령기에 해당하는 시기로 자녀의 새로운 지적 호기심과 학습을 지원하기 위해 부모는 주로 정보 제공자, 해설자, 설명자, 지적 상담자, 조언자 등의 역할을 수행한다. 이 단계에서는 자녀가 부모의 관계로부터 **수평적이고 민주적인 관계**를 스스로 느끼고 경험하는 것이 중요하다. 자녀를 존중하는 부모 역할은 자녀의 심리적인 독립과 정체성 확립에 큰 영향을 미친다. 따라서 이 단계에서 부모는 자녀의 성장에 맞게 자신의 역할을 재조명하고 새롭게 정립하는 것이 필요하다.

·stage 05 다섯 번째 단계: 상호 의존시기(청소년기)

신체적인 성숙과 호르몬의 변화로 돌발적인 사고와 행동이 나타나 질풍노도의 시기로도 불리는 청소년기에 해당된다. 이 시기의 아이들은 유아기의 자기중심적인 사고와는 다른 주관적인 감정에 의해서 행동에 영향을 받기 때문에 부모가 자녀의 감정을 존중하고 지지하면서 공감을 형성하는 것이 필요하다. 왜냐하면 사춘기를 겪는 자녀와의 관계에서 부모가 과거의 권위와 수용적인 역할만 고집한다면 상호관계 발달에 한계가 있기 때문이다. 따라서 이 시기에는 부모의 일방적인 권위를 내세우기보다는 부모와 자녀의 관계가 쌍방향 소통 속에서 독립적인 존재로 자녀를 존중하며, 자녀의 합리성과 논리성을 **수용**하고 **지지**하는 새로운 권위가 필요하다.

•stage 06 여섯 번째 단계: 떠나보내는 시기(청년기)

부모 역할의 마지막 단계는 자녀가 부모의 직접적인 보호와 돌봄으로부터 벗어나 신체적, 정서적, 경제적으로 **독립**하도록 떠나보내는 단계이다. 이 시기는 자녀를 맞이하는 단계 이상으로 부부간의 합의된 가치가 필요하다. 부모는 인생의 선배로서 상담과 조언을 해주는 역할로 변화가 필요하며 자녀가 만들어갈 새로운 삶을 응원하는 진정한 **조력자**가 될 수 있도록 역량을 갖추어야 한다.

공감으로 소통하는 교사,
교육 동반자로 성장하는 부모

일반적으로 대부분의 부모들은 자녀가 태어나기 전에 물리적·정신적으로 많은 준비를 하며 자녀의 출생을 맞이하게 된다. 그러나 정작 자녀가 태어나고 성장하면서 보이는 특성들, 즉 아이의 기질 및 발달에 따른 특성을 이해하면서 이에 맞게 적절한 지원을 하는 부모는 그리 많지 않다. 이로 인해 자녀가 성장함에 따라 자연스럽게 나타나는 수많은 변화를 이해하지 못한 채 그저 자녀의 달라진 모습과 행동에 당황하게 된다. 또 더러는 이런 변화로 인해 자녀와 적지 않은 갈등을 겪으며 양육 스트레스를 호소하는 부모도 종종 만나볼 수 있다.

"우리 애가 예전엔 안 그랬는데, 요즘 들어 왜 이러는지 너무 힘들고 속상해요…"

특히 자녀가 성장하며 보이는 다양한 문제행동은 상당 부분 발달특성과 밀접한 관련이 있다. 따라서 이러한 특성을 이해하지 못한 채 그냥 부모에서 유아교육기관의 **학부모**가 되면 교사와의 원활한 소통에도 이런저런 어려움을 겪게 된다.

부모와 학부모, 같지만 다른 그들을 가르는 경계는?

아래에 소개되는 어느 광고의 문구는 우리가 살아가는 현 사회에서 '부모와 학부모'의 차이를 단적으로 보여주는 예라 할 수 있다.

> 부모는 멀리 보라고 하고 학부모는 앞만 보고 가라고 합니다.
> 부모는 함께 가라 하고 학부모는 앞서 가라고 합니다.
> 부모는 꿈을 꾸라고 하고 학부모는 꿈꿀 시간을 주지 않습니다.
> 부모의 모습으로 돌아가는 길, 참된 교육의 시작입니다.

사실 학부모와 부모가 서로 다른 사람일 순 없다. 출산을 통해 부모가 되면 아이가 자람에 따라 학부모가 되는 것이고, 아이를 향한 지극한 마음은 늘 그렇듯 한결같다. 학부모가 되어서도 여전히 사랑과 정성의 마음으로 자녀를 바라보는 것이다. 그렇다면 무엇이 부모와 학부모의 경계를 구분 짓게 하는 것일까? 그것은 바로 자녀 교육의 방향성에 대한 숙고의 차이에서 오는 간극 때문일 것이다. 태교와 출산 단계에서 많은 준비를 했다고 해도, 막상 출산하고 나면 처음 접하는 부모 역할에 혼란을 겪기 일쑤이다. 학부모의 역할도 다르지 않다.

저도 태어나서 학부모는 처음이라…

처음으로 자녀를 교육기관에 보낸 부모의 대부분은 자녀가 경험하게 될 새로운 생활에 대한 높은 기대감과 함께 앞으로 자신이 맡게 될 '학부모'라는 낯선 역할에 대한 두려움도 크다. 따라서 때때로 당황하고, 또 때로는 예민한 반응을 보이기도 하는 것이다. 특히 유아교육기관에서 만나는 학부모는 다른 상급 교육기관에서 만나는 학부모보다 큰 어려움을 겪게 되는데, 바로 자녀의 첫 번째 교육기관이기 때문이다.

　유아기의 성장과 발달은 주변 환경의 커다란 영향을 받는다. 특히 주양육자와 가족은 유아에게 직접적인 영향을 미치는 중요한 대상이다. 만약 학부모로서 자녀의 기관 생활과 교육과정에 대한 이해가 충분하지 못하면 불안함이 높아지고, 기관에서 요구하는 학부모의 역할을 잘 해내지 못한다고 생각하면 자존감이 낮아진다. 이러한 부모의 감정은 자녀에게 고스란히 전달될 것이다. 부모도 학부모로서 필요한 정보에 관심을 가지고 나름대로 문제해결을 위해 노력해야 하지만, 교사도 학부모들의 어려움을 공감하고 지원해야 한다. 특히 자녀의 성장에 따른 진학과 진급 등으로 학급의 변화가 생겼다면 소통을 통한 적절한 지원이 필요하다.

유아교육의 동반자로서 학부모와의 진정한 동행을 바란다면

교사는 무엇보다 부모의 염려와 걱정의 마음을 진심으로 **공감**해야 한다. 특히 '유아교육'이라는 공동의 목표를 위해 부모와 교육적 파트너십을 맺고 진정한 동행을 바란다면 부모의 고충을 이해하려는 노력이 꼭 필요하다. 그리고 한 걸음 더 나아가 유아의 성장과 함께 자연스럽게 발생하는 다양한 문제에 대해 부모가 잘 인식할 수 있게 도와야 한다. 또한 학부모로서의 역할 변화가 원활히 이루어질 수 있도록 부모에 대한 적절한 지원도 필요하다. 부모와 학부모의 기능적 역할은 다를 수 있다. 그러나 **우리의 아이들이 대한민국의 한 구성원으로서 올곧은 성장을 위해 그 방향과 비전은 동일해야 하며 이에 대한 본질적 역할은 같아야 한다.** 교사가 유아 개개인을 소중한 존재로 만나 함께 교실의 문화를 만들어가듯이 교사는 학부모 개개인을 독립적인 인격체로 만나 교육문화를 함께 만들어가야 한다. 앞서 소개했던 광고 문구를 패러디해보았다.

부모는 멀리 보라고 하고 학부모는 같이 바라보라고 합니다.
부모는 함께 가라 하고 학부모는 동행자가 되라고 합니다.
부모는 꿈을 꾸라고 하고 학부모는 함께 꿈을 이루라고 합니다.
부모와 학부모의 본질적인 모습으로 돌아가는 길,
참된 교육의 시작이며, 교육의 실현을 앞당길 수 있습니다.

교사와 학부모는 모두 교육의 바람직한 문화를 선도하는 역할을 담당하는 위대한 존재다. 양쪽의 역할이 모두 중요하다는 뜻이다. 따라서 교육에 있어 서로 긴밀히 소통하고 협력하는 동반자로 함께 성장해야 할 것이다.

유아교육기관에서는 학부모와의 소통을 위해 다양한 형태의 만남을 진행하게 된다. 만남의 목적과 성격에 따라 학부모 전체를 대상으로 한 만남의 자리도 있을 것이고, 소규모 형태로 그룹을 짓거나, 개별적인 만남의 자리를 갖게 되기도 한다. 2장에서는 1년 동안 유아교육기관에서 이루어지는 다양한 유형의 학부모와의 만남을 정리해보았다. 각 기관의 특성과 비전 공유하기, 유아 놀이에 관한 교육적 의미와 놀이중심 교육과정 설명하기, 자녀를 위한 상담과 학부모의 능동적 참여 독려하기 등 각각의 만남의 성격과 의미 등을 구체적으로 이해할 수 있도록 실제 사례를 바탕으로 구성하였다.

물론 여기에서 다루고 있는 만남의 사례들을 교육 현장에서 동일하게 적용할 필요는 없다. 다만 학부모와의 만남에 어려움을 겪고 있는 교사와 기관이라면 각 사례의 성격에 주목하면서 기관의 사정에 맞춰 응용해볼 것을 권한다.

학부모와의 다양한 만남들

어떻게,
왜,
무엇을?

01 1차 교육과정 설명회

철학을 공유하며,
긍정의 이미지를 형성한다

시기	12월 2~3주경 (기관 여건에 따라 일정 선정)
기간 및 횟수	3일간/ 3~4회 (예: 화요일 낮, 수요일 낮, 목요일 낮, 주중 야간이나 주말)
참여대상	전체 학부모 (연령별 구분 없음)
방법	대면 또는 비대면 모두 가능
장소	대강당 또는 ZOOM
준비물	빔프로젝트, 컴퓨터 등 프레젠테이션 준비 학부모 배포용 프레젠테이션 자료(유인물)

1년을 좌우하는 첫만남, 첫인상은 언제나 중요하지!

먼저 살펴볼 것은 **1차 교육과정 설명회**다. 교육과정 설명회는 교육기관의 구성원이 된 학부모가 해당 기관과 처음으로 마주하는 자리이다. 1번째 만남이라 기관은 물론이고 학부모 역시 만남에 대한 설렘과 기대감이 클 수밖에 없다. 그만큼 기관에서도 유독 신경이 쓰이기 마련이고 또 그만큼 철저히 준비하는 중요한 자리이다.

앞서 1장에서도 언급한 바 있지만, 첫만남에서 형성된 첫인상과 이미지는 1년을 좌우할 만큼 중대한 영향을 미친다. 따라서 1차 교육과정 설명회는 **서로에게 긍정적인 인상을 남기는 것**이 매우 중요하다. 기관 차원에서는 더 많은 학부모의 참석을 유도하기 위해 장소 선정부터 시간 안배, 구비해둘 준비 자료 등에 대한 고민이 많다.

한편 학부모의 입장에서는 자신이 신중하게 선택한 교육기관의 교육철학을 이해하고 유아교육에 대해 더 깊이 생각하는 자리이기에 두근거리는 마음으로 기다리는 시간이다. 설명회를 통해 자신이 평소 생활 속에서 행해왔던 양육의 방식과 교육기관의 교육을 비교하며 간극을 좁히기도 하고, 자신이 선택한 기관에 대해 깊은 신뢰감을 갖기도 한다. 지금껏 막연하게 알고 있던 유아교육의 본질을 접하게 된 학부모는 유아와 놀이의 관계와 의미, 놀이가 유아의 삶 전체에 얼마나 유익한 영향을 미치는지를 비롯해 놀이의 커다란 힘과 가치를 알게 된다. 이는 기관에서 이루어지는 교육에 대한 신뢰의 싹을 틔우는 바탕이 된다.

이렇듯 교육과정 설명회는 기관이 실행하는 교육과정을 학부모가 긍정적으로 이해하고, 학부모로서 역할 지원을 다짐하게 되는 중요한 시간이다. 원활한 진행을 위해 담당 교사뿐만 아니라 교육공동체 모두가 대략 2시간 정도에 걸쳐 진행되는 교육과정 설명회에서 어떤 내용을 어떠한 방식으로 전달할 것인지에 대하여 함께 고민하며, 설명회의 내용에서 무엇을 더 중시할지에 대해 여러 차례 협의가 필요하다. 모든 교원이 함께 머리를 맞대고 고민하는 과정을 거칠 때 그저 형식적인 행사가 아닌 한층 의미 있는 설명회로 만들어갈 수 있다. 예컨대 협의하는 과정에서 서로 다음과 같은 질문들을 던지고 답해보는 것도 큰 도움이 될 것이다.

> "학부모가 유아 시기에 놀이환경의 중요성을 알고 협력하도록 하려면 어떻게 해야 할까?"
>
> "자신의 아이만을 특별하게 바라보지 않고 모든 유아를 존중하는 교육공동체가 되려면 무엇을 어떻게 공유해야 할까?"

만남은 세상 모든 것의 출발점이기도 하다. 이는 유아교육에서도 마찬가지다. 놀이와의 만남, 또래 친구와의 만남 등 유아교육도 만남으로부터 시작되기 때문이다. 하지만 첫만남은 기대와 설렘 못지않게 낯설고 어색한 마음도 크다. 이런 서먹함을 깨기 위해서는 공통의 관심사를 빠르게 이끌어내는 것이 중요하다. 학부모와의 만남에서도 마찬가지다. 특히 학부모와의 첫만남에 특별한 의미를 부여하고 정성을 담아 유아교육의 본질과 중요성을 충실히 전달한다면 유아의 올바른 교육이라는 공동의 목표가 형성되며, 어느새 첫만남의 낯설고 어색했던 분위기도 눈 녹듯 사라지게 된다. 나아가 함께 협력하여 서로 마음이 통하는 공동체를 만들어가려는 분위기가 형성될 것이다. 이런 의미에서 볼 때, '1차 교육과정 설명회'는 1년 동안 기관에서 이루어질 모든 교육을 좌우할 수도 있는 중요한 자리라고 해도 과언은 아닐 것이다.

기관의 교육철학과 교육과정의 방향 소개하기

유아의 일상생활 전체를 배움의 장으로 보는 놀이중심 교육과정은 학부모의 이해와 공감 없이는 온전히 구현되기 어려운 특성을 지닌다. 하지만 생각보다 많은 학부모가 놀이의 가치를 폄훼하는 경향이 있다.

> "안 그래도 맨날 노는데, 굳이 교육기관에 와서도 놀기만 하네. 기왕이면 학습
> 에 도움이 되는 것들 중심으로 활동하면 안 되나?"

따라서 설명회를 진행할 때도 기존에 해온 방식과는 조금 다른 형태의 구성과 진행이 필요하다. 가령 지금까지는 기관에 대한 소개에 초점을 맞추었다면 앞으로는 **놀이중심 교육과정을 시행하게 된 배경과 유아교육 방향과 흐름 그리고 유아교육의 본질**에 대해 좀 더 전문적이고 상세한 설명에 시간을 할애할 필요가 있다는 뜻이다.

더욱이 선행학습이나 특정 기술 습득을 요구하는 학부모들이 많을수록 놀이중심 교육과정에 대한 불안감이 클 수 있다. 이것은 유아교육의 본질, 특히 놀이에 대한 이해가 부족할수록 두드러지는 현상이다. 이런 경우 기관은 유아가 주도적으로 놀이하며, 스스로 배우고 성장하는 '놀이중심'의 교육적 효과뿐만 아니라 무엇 때문에 놀이가 필요한지에 대하여 교육적으로 타당한 근거와 이론 등은 물론, 이해하기 쉽도록 실제 사례와 함께 소개하는 것이 꼭 필요하다.

특히 해당 교육기관의 유아 놀이 사례들을 제시하면 학부모가 유아의 발달특성에 따른 놀이 유형과 행동을 좀 더 잘 이해하는 데 도움이 된다. 예컨대 놀이를 통해 또래 간의 다양한 소통하기, 협력놀이를 통해 의견

조율하기, 자신의 행동 통제하기 등 유아 스스로 배워가는 모습을 공개하는 것이다. 놀이 속에서 다양한 배움을 경험하는 유아들의 사례를 통해 학부모는 놀이가 자녀의 성장에 미치는 중대한 영향과 교육적 효과 등을 깨닫게 되며, 유아 놀이의 가치에 더욱 공감하게 된다. 이러한 공감은 학부모를 적극적인 협력자로 변모시킬 것이다.

기관마다 약간의 차이는 있겠지만, 대체로 1차 교육과정 설명회에서는 주로 교육기관의 일과와 운영하는 프로그램 소개에 대부분의 시간을 할애했을 것이다. 하지만 이제부터는 '유아교육의 방향과 본질'에 대한 보다 거시적인, 철학적 접근방법에 설명회의 초점을 두고 진행해볼 것을 권한다. 교육과정 설명회의 운영 시기와 방법은 다를지라도 참여한 학부모 모두가 '무엇을 교육하는가'에 대한 주변의 타 기관과의 차별성을 접하기보다는 **왜 교육하는가, 부모는 무엇을 더 중시해야 하는가**에 대한 유아교육의 철학을 접하고 공감한다면 놀이중심 교육과정의 더 **빠른** 안착은 물론, 해당 교육기관에 대한 믿음을 형성하게 될 것이다.

학부모의 마음 헤아리기

소중한 자녀를 아무 기관에나 덜컥 맡기는 부모는 없다. 학부모는 주변에서 이런저런 정보들을 수집하고, 타 기관과 꼼꼼하게 비교하여 좀 더 좋다고 생각하는 기관을 선택하게 된다. 그러나 충분히 알아볼 만큼 알아본 후에 결정했다고 해도 막상 해당 기관으로부터 직접적인 설명과 자세한 안내를 받기 전까지 학부모는 자신의 선택이 행여 잘못된 거면 어쩌나 하는 불안한 마음을 완전히 떨칠 순 없을 것이다. 따라서 이러한 부모의 마음을 헤아리는 노력도 필요하다.

한번 생각해보자. 내 마음이 불안하고 초조할 때 주변에서 아무리 좋은 이야기를 들려준다고 한들 그것이 과연 귀에 들어올까? 따라서 이러한 불안함은 만남 초반에 빠르게 해소되어야 한다. 불안하게 생각하고 있던 부분을 원장, 원감 혹은 교사의 설명을 통해 해소해야 안심할 수 있다. 이 기관은 자녀를 맡기기에 충분히 안전하고 신뢰할 만하다고 생각하게 될 때, 부모는 비로소 편안한 심리상태로 경청하고 학부모로서 마음가짐도 다잡게 될 것이다. 또한 신입 또는 새로운 학년을 시작하면서 학부모가 일반적으로 궁금해할 사항은 기관 차원에서 가장 빨리 전달하는 것이 좋다. 이를 위해 설명회를 갖기 전에 학부모가 안정감을 가질 수 있도록 안내해야 힐 것들은 무엇인지를 미리 고민하여 해당 내용을 행사 프로그램에 안배하면 좋다.

설명회 초반에 유아교육의 방향과 본질에 대해 충분히 전달했다면 이와 연결하여 기관에 관한 역사와 현황, 원훈과 원가에 담긴 의미도 함께 전달한다. 이어서 간략한 학사일정을 소개하고 부담금과 학비 지원, 급식 운영, 통학차량 운행, 방과후과정 운영, 입학관련 제출서류 등 행정적으로 학부모가 꼭 알아야 할 내용과 학부모의 역할에 관해서도 안내할 필요가 있다. 이처럼 학부모가 기억해야 하고, 행정적인 처리 관련 내용 등은 그저 말로만 설명하지 말고, 반드시 별도의 안내 자료도 함께 제공하여 충분히 인지할 수 있도록 한다.

1차 교육과정 설명회의 경우에는 유아교육과 교육과정 전반에 관한 내용이 주를 이루기 때문에 유아의 연령 구분 없이 같은 내용의 설명회를 여러 차례 진행해도 된다. 또 때로는 신입생과 재원생으로만 구분하여 각각의 특성에 맞는 내용을 전달함으로써 매년 부모의 참여를 독려할 수도 있다. 반면 뒤에서 다시 설명하겠지만, **2차 교육과정 설명회**는 1차 때와 달리 **유아의 연령별 발달에 따른 특징과 그에 맞는 부모 역할을 공유**해야 한다. 또 전년도와 비교하여 유아가 어떤 성장의 과정에 있는지에 초점을 맞춤으로써 학부모가 기대감을 갖고 참여할 수 있도록 진행해야 하므로 유아의 연령별로 프로그램을 구분해야 한다.

교사와 부모는 교육공동체, 교육적으로 같은 곳 바라보기

1차 교육과정 설명회의 목적은 부모가 학부모로서 교육기관의 구성원이 되었음을 이해하는 것과 동시에 교육공동체의 일원으로서 교육기관이 추구하는 교육 방향을 한마음으로 바라보도록 하는 데 의미가 있다. 예컨대 다음과 같은 것들이다.

- 존엄의 의미에서 바라보는 유아는 어떤 존재인가?
- 유아의 바람직한 성장을 위해 교사와 학부모는 어떤 관계를 형성해야 하는가?
- 교육공동체 간의 신뢰가 왜 중요한가?
- 유아교육과정에서 놀이는 왜 중요하게 다루어야 하는가?
- 부모는 유아의 발달에 어떠한 영향을 주며, 성장을 위해 어떻게 협력해야 하는가? 등

하지만 이런 본질적인 사안에 관해 교육기관과 부모 간의 합의를 찾아내는 과정들은 중요성에 비해 그간 소홀히 여겨온 경향이 있다. 교사에 따라서는 불필요하게 여길 수도 있고, 때론 귀찮게 여겨 생략하고 싶을 수

도 있을 것이다. 하지만 이러한 것들에 대한 합의는 향후 유아의 안정감 있는 생활과 교육의 일관된 방향성을 유지하는 데 매우 중요한 역할을 하게 된다. 물론 단번에 모든 구성원들의 마음을 똑같이 움직이도록 설득하기는 어렵다. 하지만 단 한두 명 학부모라도 변화시킬 수 있다면 그 순간부터 긍정적인 교육문화가 만들어지기 시작한다는 믿음으로, 지속적인 공유와 안내를 이어가는 우리의 끈기 있는 노력이 필요하다.

02 2차 교육과정 설명회

기관의 교육 비전과 함께
교육과정을 공유한다

시기	1~2월 중 (기관 여건에 따라 일정 선정)
기간 및 횟수	3일간/ 4회 (예: 화요일 낮-5세, 수요일 낮-4세, 목요일 낮-3세, 맞벌이가족을 위해 주중 야간이나 주말 1회 추가)
참여대상	연령별 학부모
방법	대면 또는 비대면 모두 가능
장소	대강당 또는 ZOOM
준비물	빔프로젝트, 컴퓨터 등 프레젠테이션 준비 신학기 오리엔테이션 자료 (예: 1년간 참고할 내용들을 종합하여 편집한 소책자)

교육 비전과 중점가치를 구체적으로 공유한다

바로 앞에서 설명한 1차 교육과정 설명회는 주로 유아교육이 왜 중요한지와 함께 최근 유아교육이 지향하는 방향성을 제시하고, 놀이중심 교육과정에 대한 학부모의 이해를 돕는 등 거시적 개념에 주목한 시간이었다. 이에 2차 교육과정 설명회는 **단위기관의 비전과 실행 방법에 대한 교육 비전과 중점가치를 구체적으로 공유하는 시간**이다. 특히 2차 교육과정 설명회에서는 연령 변화에 따라 달라지는 발달 과정과 특성 등을 구분하여 설명하는 등 1차보다 구체화된 내용으로 이루어지며, 이를 기관의 교육 비전과 연결하여 학부모에게 알리는 자리라고 할 수 있다. 다시 말해 2차 교육과정 설명회에서 학부모에게 제시하는 교육 비전은 해당 기관이 추구하는 가치를 포괄하면서도 한층 구체적인 교육의 방향성을 제시해야 한다. 따라서 학술적인 미사여구로 모호하게 포장하기보다는 실질적인 내용을 담아내는 것이 더 중요하다. 만약 교육공동체가 추구하는 방향성이 모호하면 아무리 유아가 다양한 경험과 체험 기회를 갖게 되더라도 자칫 그 과정에서 얻는 배움의 가치가 희석될 수 있다.

교육 비전은 문구나 내용이 거창하지 않아도 된다. 그저 교육공동체가 중요하게 생각하는 교육의 가치를 간단하고 쉬운 언어로 표현하면 충분하다. 오히려 문구의 화려함이나 전문성이 묻어나는 학술적 표현을 남발하기보다는 소박해도 모두의 목소리를 담아내는 것이 학부모의 마음을 움직일 수 있다. 즉 해당 교육공동체가 함께 실천할 수 있는, 실행 가능한 내용을 구체적이고 간결한 용어로 표현하는 것이 학부모에게도 훨씬 더 신뢰감을 준다.

기관이 추구하는 교육의 가치는 교육공동체 구성원들의 행동에 긍정적인 영향을 주는 것으로 구성원 모두가 중요하다고 생각하며 실천해야 할, 교육활동의 양식이자 지표라고 할 수 있다. 예컨대 존중, 배려, 자율, 책임, 공감, 협력 등의 다양한 가치 중에서 단위 기관의 상황과 여건을 반영하여 우선적으로 추구해야 할 가치들을 선정하여 적용하면 된다. 물론 이럴 경우에도 기관과 가정과의 협력을 위해서, 학부모와 충분한 소통과 공유의 과정을 거친 후에 결정하는 것이 좋다.

교육공동체가 함께 만들고 실천해야 할 중점가치

중점가치는 가치관인 동시에 교육의 중심에 미래의 희망인 유아를 중심에 두고 교육공동체 모두가 행복한 성장을 하도록 함께 실천하겠다는 공동의 약속이다. 일례로 '우리는 어떤 유아교육기관이면 좋겠는지'에 대한 바람과 기대를 담아 명시적으로 기록할 수 있다. 다만 교육기관에서 독단적으로 결정하기보다는 교육공동체 구성원 모두의 생각을 담아 함께 공감할 수 있는 문장으로 구성하는 것이 좋다. 그저 문서상으로만 존재하는 가치라면 의미도 반감될 수밖에 없다. 따라서 함께 설정한 중점가치의 실현을 위해 학부모와 함께 지속적으로 내용을 상기하며 실천 과정을 공유할 필요가 있다.

교육공동체가 중점가치를 함께 선정하고 의미를 부여하고자 할 때는 학부모 설문을 통해 그들의 의견을 충분히 수렴하여 반영할 수 있다. 또한 유아들과의 면접 과정과 교원들 간의 합의를 통해 내용을 구성하는 것도 좋다. 이런 경우 별도의 시간이 더 필요하지만, 기대 이상의 공감대 형성과 실천적 효과를 높일 수 있다. 예를 들면 오른쪽 표와 같다.

| 충분한 협의 과정을 거쳐 이끌어낸 교육공동체의 중점가치 예시 |

교육기관은?
- 신나게 놀이하며 행복하게 배우고 성장하는 학교이다.
- 서로 존중하고 배려하며 사랑을 나누는 따뜻한 공동체이다.
- 모두가 한마음으로 최선을 다하는 가르침이 보람된 곳이다.

유아는?
- 건강하고 행복하게 성장할 권리가 있는 소중한 인격체이다.
- 놀이를 통해 스스로 배우며 성장하는 유능한 존재이다.
- 실패를 두려워하지 않고 자신감을 갖고 놀이를 주도하며 교육과정을 만들어가는 교육의 주체이다.

교사는?
- 인간 존엄을 바탕으로 유아들을 사랑하고 다양성을 존중한다.
- 유아들의 놀이를 공감하고 이해하며 아낌없이 지원한다.
- 자율적으로 교육과정을 운영하며 적극적으로 소통하고 협력한다.

학부모는?
- 사랑으로 유아의 성장을 지원하는 가장 친밀한 선생님이다.
- 유아교육을 신뢰하고 지원하는 든든한 협력자이다.
- 유아를 중심에 두고 함께 교육을 고민하는 교육 파트너이다.

배움이란?
- 놀이를 통해 삶의 과정을 알아가고 지혜를 익히는 것이다.
- 호기심과 상상, 설렘과 몰입의 즐거움이 함께하는 것이다.
- 스스로 하고 싶은 것을 하고 자유롭게 생각을 표현하는 것이다.

공동체는?
- 같은 곳을 바라보고 함께 꿈꾸며 더불어 성장한다.
- 자유롭게 생각을 나누고 합의를 통해 민주적으로 의사결정한다.
- 공공의 선을 추구하고 서로 협력하며 함께 책임을 공유한다.

연간 교육과정 및 발달특성별 교육중점 안내

앞서도 언급한 것처럼 2차 교육과정 설명회는 기관에서 편성한 교육과정에 대한 구체적인 안내가 필요하다. 크게 연간 교육과정 운영과 함께 발달특성에 따른 교육중점 등을 안내하게 된다.

·연간 교육과정 운영 개요 소개

연간 교육과정 운영이란 교육공동체가 합의한 교육의 비전과 핵심가치 등을 1년의 교육행사를 통해 실현될 수 있도록 사전에 계획하는 것을 말한다. 당해연도, 기관이 중점을 두고 운영해야 할 중점 사안을 한눈에 파악할 수 있도록 도식화하여 제공한다면 학부모의 이해를 도울 수 있다. 이렇듯 연간 교육과정의 흐름을 알게 된 학부모는 자신이 어느 시기에 참여하여 어떤 협력을 해야 하는지 사전에 알고 준비할 수 있게 된다.

·유아의 발달특성에 맞는 교육중점 소개

놀이중심 교육과정에서는 유아의 놀이 자료를 연령별로 구분하여 제시하지 않는다. 이는 틀에 얽매이지 않고 유아가 스스로 자기 수준에 맞춰 자유롭게 놀이하며 재구성할 수 있도록 배려한 것이다. 그러나 연령으로 구분하지 않았을 뿐, 연령에 따른 발달 차이를 고려하지 않았다는 뜻은 아니다. 자녀에 대해 주관성을 배제하기 힘든 부모와 달리 교사는 유아의 보편적 발달의 특성과 개별 차이에 대해 더 많이 알고 있기 때문에 연령 발달에 따라 저마다 다르게 발현되는 유아의 놀이를 충분히 이해하고 필요한 지원을 적절하게 해줄 수 있는 것이다. 따라서 해당 연령대에서 나타나는 보편적 발달특성을 분석하고 놀이와 생활 속에서 나타나는 유아의 모습들을 학부모와 공유하는 것은 매우 유익하다. 이러한 공유는 그 자체로 학부모에게 일종의 통찰을 안겨주는 계기가 되기도 한다. 말하자면 이런 느낌이다.

"아, 그래서 우리 애가 종종 그러는 거구나…!"

이를 위해 단위 기관에서는 유아의 연령에 따른 발달특성을 반영하여 구성한 당해연도의 중점사항을 전체 학부모에게 공유하되, 각각의 해당 연령에 한해서는 좀 더 자세히 안내하면 좋겠다. 모든 학부모를 대상으로 하여 유아의 연령에 따른 특징과 연결된 중점사항을 간략하게 전달하는 것이다. 이를 통해 학부모가 자녀의 성장에 따른 특성을 이해하는 동시에 성장 특성에 따른 교육의 연계성을 이해할 수 있다. 또한 이러한 과정은 학부모에게 처음 선택한 교육기관에서 자녀가 3년의 과정을 안정감 있게 보내는 것의 중요성을 전달하는 데도 의미가 있다. 74쪽은 교사공동체에서 교사의 실천적 경험과 이론적 고찰을 통해 찾아본 연령별 발달특성과 교육중점의 사례를 정리한 표이다.

슬기로운 기관 생활을 위한 안내

유아가 교육기관에서 무리 없이 잘 적응하며 생활할 수 있도록, 학부모가 알아야 할 사항들을 중심으로 구성한다. 기관에서의 일과를 설명할 때는 전년도와 비교하여 유아가 주도적으로 참여하는 부분을 강조해 설명함으로써 가정에서도 이와 연계된 생활이 이루어지도록 안내한다. 예

| 연령별 발달특성에 따른 교육과정 적용과 놀이 예시 |

3세 발달특성	교육과정에 적용
• 대소근육, 기본적 운동기능 발달로 신체적 움직임 활발 • 스스로 옷 입고 벗기, 식사하기, 대소변 가리기 등 독립적으로 행동하는 자조기술 발달 • 말놀이를 즐길 정도로 언어발달이 증가하며, 상상놀이를 즐겨함 • 호기심과 질문 증가 • 솔직한 감정표현과 자기중심적인 특성으로 또래 관계를 증진하는 기술이 부족함	• 바르게 앉아서 식사하는 식습관 지도 • 해도 되는 것과 안되는 것 구분하여 지도 • 상상ㆍ관찰한 것을 신체로 표현하는 놀이 • 직접 만지고 느껴보는 오감놀이 • 배려와 나눔, 공감의 경험 제공

■ **예상되는 놀이**: 오감을 활용한 놀이, 쉽게 접하는 소재로 놀이, 관심과 흥미를 보이는 놀이, 생활 습관을 익히는 놀이 등

4세 발달특성	교육과정에 적용
• 기본적인 대근육기능 모두 가능하며, 특히 소근육의 발달로 끼우기, 맞추기, 오리기 등 섬세한 표현을 즐김 • 상상력을 동원한 상징놀이를 즐기며 또래와의 협동 놀이가 가능 • 나누기, 도와주기, 감정이입하기 등을 통해 친사회적 기술을 형성함 • 함께 놀이를 위해 규칙과 질서가 필요함을 이해하며 도덕성이 발달함 • 성적 호기심과 성역할에 대한 관심 증가	• 다양한 역할놀이, 상상놀이 • 호기심과 궁금증을 충족하는 놀이 • 자유로운 감정 표현 지원 • 약속과 규칙을 지키는 일관된 교육 • 다름을 존중하는 성교육 • 주도성, 성취감을 느낄 수 있는 놀이 • 계절변화를 느끼고 탐색하는 자연놀이 • 놀이를 통해 가치를 배우는 공동체놀이

■ **예상되는 놀이**: 친구와 감정을 나누는 놀이, 계절변화에 따른 놀이, 함께 만드는 협동놀이, 공동체의 가치를 배우는 놀이 등

5세 발달특성	교육과정에 적용
• 신체 조절발달과 더불어 자신의 운동기술을 적용하고 시도함 • 자발적 관찰, 탐구, 발견을 토대로 새로움을 창조하는 능력 발달 • 공동의 목표를 달성하며, 소속감과 성취감을 습득하며 경쟁의 욕구가 강함 • 경험과 생각을 다양한 어휘로 표현함 • 자기주장에 논리력과 설득력이 있음 • 문제를 인식하고 해결하는데 있어서 공동의 영향력을 행사하는 것을 자랑스러워함	• 스스로 탐색ㆍ주도하는 창의놀이 • 흥미로운 비구조적 놀잇감 제공 • 존중하고 협력하는 공동체 놀이 • 다양한 문제상황을 경험ㆍ해결하도록 지원 • 호기심, 탐색, 독창적 행동 가치 인정 • 여러 환경에서의 모험놀이 허용

■ **예상되는 놀이**: 친구와 협력하는 놀이, 주도적으로 문제를 해결하는 놀이, 창의놀이, 즐겁게 탐구하는 놀이 등

를 들자면 이런 것이다. 가령 기관에서의 급식지도 이전에는 밥투정도 심하고, 누군가 옆에서 숟가락에 밥이며 반찬이며 일일이 떠서 입에 갖다 대줘야 간신히 먹는 시늉이라도 했던 유아가 있다고 하자. 그런데 기관에 다니면서 꾸준히 급식지도를 받아 온 결과 지금은 유아가 특별한 도움 없이 혼자서 밥을 잘 먹을 정도로 성장했다면, 유아의 이런 성장해 가는 모습을 담은 자료를 만들어 학부모와 공유하는 것이다. 숲 체험 및 견학 등의 경우도 마찬가지다. 전년도와 비교하여 유아 주도성이 어떻게 높아지고 있는지에 초점을 맞추어 학부모에게 전달한다면 학부모는 자녀의 성장과 발달에 따른 맞춤형 지원 방식의 변화가 필요함을 이해하게 될 것이고, 기관과 연계된 교육의 중요성에 공감하며 더욱 긍정적인 모습으로 기꺼이 동참하게 될 것이다.

이외에도 행정적으로 학부모가 꼭 알아야 할 내용은 서면을 통해 전달하되, 중요하게 전달해야 될 중점 내용은 특별히 강조하여 소개한다. 예컨대 학부모가 참여하는 상담 및 교육행사, 운영위원회와 학부모회 등의 일정은 시기적으로 꼭 기억할 수 있도록 안내하고, 제출해야 할 서류와 학비지원과 관련한 내용, 착오가 발생하면 안 되는 출석 인정 사항 등은 설명회에서도 특별히 강조하면 좋다. 덧붙여 아동학대 및 실종유괴예방 교육이나 불법찬조금 근절교육 등 입학 전에 꼭 필요한 학부모교육도 곁들일 수 있다. 생활 안내 자료는 학부모가 필요시 수시로 참고할 수 있도록 책자로 제작하여 전달해도 좋다.

이상에서 정리한 내용에 관한 전반적인 설명이 끝났다면 교원과 학급담임교사를 소개한다. 이때 교원과 학부모 모두가 일어선 상태에서 인사를 나누기도 하는데, 이는 1년을 시작하는 출발점에서 상호 존중 및 경의를 갖추고, 예의를 표현하는 데 도움이 된다. 기관에 따라 참석한 교직원 모두가 돌아가며 짤막하게 자기소개를 하기도 한다. 이런 경우 각자 자신이 맡은 업무와 이에 따른 다짐과 학부모를 향한 당부 등을 정중히 전달하면 된다. 이런 자리를 마련하면 학부모는 자신이 관심 있는 분야를 담당하는 교원을 기억할 수 있어 좋을 것이고, 담당자는 여러 학부모 앞에서 자신을 공개적으로 소개하는 만큼 책임과 소명을 다시금 되새길 수 있는 기회가 된다.

03 학급 오리엔테이션

담임으로서의 의지와
교육적 소명을 전달한다

시기	3월 입학식 당일 오후
기간 및 횟수	1회
참여대상	학급별 학부모
방법	대면 또는 비대면 모두 가능
장소	해당 학급 또는 ZOOM
준비물	빔프로젝트, 컴퓨터 등 프레젠테이션 준비 학부모 배포용 프레젠테이션 자료(유인물)

진솔함과 자신감으로 시작하기

신학기 학부모가 가장 크게 관심을 갖는 부분은 뭐니 뭐니 해도 자녀의 담임교사이다. 기대와 우려가 공존하는 만큼 담임교사와의 첫만남에는 미묘한 긴장감과 어색함이 흐르기도 한다. 이제 갓 교사의 길로 접어든 신입 교사일수록 담임교사로서 학부모와 처음 만나는 자리는 더욱 긴장되고 떨릴 수 있다. 특히 신입 교사라는 이유로 전문성을 의심하는 것 같은 학부모라도 만난다면 더더욱 위축될 것이다.

하지만 경력이 풍부한 교사라고 해도 마냥 느긋한 마음일 수는 없다. 게다가 경력 교사는 학부모가 기존 학부모들 사이에 퍼져 있는 평판과 그로 인한 선입견을 한가득 안은 채 첫만남의 자리에 나올 수 있으므로 오히려 심적으로는 더욱 부담스러울 수도 있다. 그러므로 교사는 학부모 개개인이 가지고 있는 교사에 대한 평판이나 선호도에 지나치게 경직되기보다는 해마다 새롭게 구성된 학급의 특성을 우선 파악하여 이에 대한 안내와 더불어 교사의 교직관과 신념, 학급운영 계획 등을 진솔하게 전달하는 데 집중하자.

학부모는 어떤 교사를 신뢰하는가?

현장에서 만나본 많은 학부모들은 전문용어를 섞은 교사의 유창한 언어보다 교사의 **따뜻한 마음**과 **분명한 신념**이 말속에 전달될 때 신뢰도가 한층 더 올라간다고 입을 모은다. 또한 교사 자신과 기관의 입장만 대변하며 설명하기보다는 아이를 중심에 두고 이야기할 때 훨씬 더 믿음이 간다고 했다. 따라서 교사는 담임으로서 확실한 의지와 소명이 학부모에게 잘 전달될 수 있도록 고민하고, 예상되는 문제의 사안에 따른 소통의 방식, 학부모의 협조가 필요한 내용 등을 미리 잘 정리해두었다가 놓치지 말고 전달하도록 한다. 이때 중요한 것은 학부모가 현재 직면한 문제행동 하나하나에 얽매여 전전긍긍하기보다는 자녀의 연령 변화에 따라 나타나는 문제들의 근본적 원인에 대한 이해를 바탕으로 자녀의 행동을 바라보며 교육에 적극 협력할 수 있도록 안내하는 것이다. 학부모가 자녀의 연령별 발달특징을 이해하고, 교사가 추구하고자 하는 교육의 방향과 의도를 알게 될 때, 학부모의 협력은 배가될 수 있다. 따라서 학부모의 마음을 움직이도록 교육자로서 진심을 담아 전달하는 교사의 개방적 태도와 수용적 자세는 매우 중요하다. 또한 교사와 학부모는 특정 자녀가 아닌, **학급의 모든 유아를 함께 교육하는 파트너**이자 상호 보완적 존재임을 잊어서는 안 된다.

학급운영의 방향과 중점과제 소개

2차 교육과정 설명회 때 소개한 내용과의 연계가 필요하다. 즉 기관의 연령별 교육중점과 연계하여 어떻게 학급 교육과정을 운영할 것인지 기본 방향과 중점과제를 소개하는 것도 중요하다. 예컨대 3세 반의 교사라면 이렇게 이야기해볼 수 있을 것이다.

> "올해 씨앗반은 3세 교육 중점과 연계하여 '놀이를 통한 주도성'과 '기본생활
> 습관 익히기'에 힘쓰고자 합니다. 3세 유아의 주도성과 자율적 습관 형성을 높

이기 위해서 오감을 활용한 놀이, 쉽게 접하는 소재를 활용한 놀이, 유아 개개인이 관심과 흥미를 보이는 놀이, 생활 습관을 익히는 놀이 등을 지원하려고 합니다. 또한 3세의 교육기관 생활은 유아가 처음 접하는 공동체이므로 '해도 되는 것과 하면 안 되는 것'을 구별하고 '더불어 살아가기 위해 서로 존중하고 배려해야 함'을 즐겁게 익힐 수 있도록 지도하고자 합니다."

또한 3세 유아의 학부모가 가장 궁금해하는 일과 운영 및 급식지도 등의 방법을 해소하기 위해 이에 대한 구체적인 안내를 하는 것도 필요하다. 예컨대 다음과 같은 내용이다.

"이곳에서의 하루일과는 놀이와 활동 그리고 일상생활의 3영역으로 운영됩니다. 가장 비중을 두는 것은 실내·외 놀이와 활동을 포함한 유아가 자유롭게 놀이하는 시간입니다. 충분한 놀이시간은 유아의 놀이 선택과 몰입을 통해 유아의 놀이 욕구를 충족시킴으로 즐거움과 주도성을 갖게 합니다. 교사는 유아의 놀이를 관찰하면서 개별적으로 도움이 필요한 부분과 보다 높은 수준의 배움으로 연결될 수 있도록 교육환경을 조성하고 상호작용을 합니다. 활동은 주로 놀이와 연계하여 지원되는 영역으로, 놀이를 통해 다른 경험을 확장하거나 놀이 과정의 문제를 해결하는 것, 발달과 교육을 촉진하는데 필요한 내용 등 교사의 적극적인 개입과 지원이 필요하다고 판단될 때 이야기 나누기, 토의, 신체활동, 동화, 동극, 음악활동, 실험 등의 방법으로 지원합니다. 활동에는 안전교육, 인성교육 등 유아 필수교육도 포함되죠. 유아에게 있어서 일상생활은 삶의 영역으로 매우 중요합니다. 특히 3세 유아의 경우 기본적으로 등·하원, 급·간식, 화장실 사용 등을 익히고 스스로 조절할 수 있는 생활을 의미합니다. 그리고 이는 가정과의 지속적인 연계가 중요한 부분이기도 하죠."

유아의 연령에 따라 발달적 특성이 다른 만큼 해당 연령에 따라 부모가 궁금해하는 내용을 미리 고민한 후에 잘 준비해서 전달한다면 상담의 효과는 배가된다. 특히 말이나 글로만 전달하기보다는 예시가 될 만한 놀이 장면 사진이나 영상 등을 함께 곁들이면 학부모의 이해를 돕는 데 훨씬 더 효과적이다.

학부모의 다짐과 진솔한 소통의 시간

오리엔테이션 당일, 한정된 시간에 모든 것을 공유할 수는 없다. 따라서 반드시 공유해야 할 것들에 대한 우선순위를 사전에 정리해둘 필요가 있다. 이를 위해 교사는 정해진 시간에 무엇을 어떻게 전달하고 공유하고 소통할 것인지에 대해 사전에 꼼꼼한 준비가 필요하다. 새로운 학년의 담임교사와 학급의 부모가 한자리에 모여 교육의 비전과 연계된 학급의 중점내용을 공유하는 시간은 참석한 구성원 모두에게 새로운 동기부여가 된다. 교사는 학부모가 일련의 생활에 대한 높은 기대감을 갖고 능동적으로 참여하고 협조할 수 있도록 분위기를 이끌 수 있다.

예를 들면 모임에 참여한 소감 나누기, 지난해와 비교하여 기대되는 것 공유하기, 학급의 중점사항에 대한 의견과 협조 가능한 것을 조율하기 등이 있다. 또한 교사의 설명을 듣고 난 후 부모가 당해연도 부모와 학부모로서의 다짐을 간략하게 기록할 수 있도록 종이와 펜을 준비하여 직접 적어보는 시간을 갖는 방법도 있다. 사실 별것 아닌 것 같지만, 막상 종이에 기록하면 말로만 다짐할 때보다 사뭇 진지한 마음가짐을 갖게 하는 데 도움이 된다.

"좋은 부모 내려놓고 행복한 부모가 되겠습니다."

"정답을 강요하기보다는 방법을 생각해보도록 질문하고 아이의 선택을 존중하는 부모가 되겠습니다."

"바른 인성으로 사회적 약자를 생각하는 모습을 보여주는 부모가 되겠습니다."

"유아·놀이중심 교육과정에 더 많은 관심을 가지고 협력하는 학부모가 되겠습니다."

"내 자녀보다는 우리 아이로 생각하고 바라보고 이해하는 학부모가 되겠습니다."

"학급에서의 놀이를 존중하고, 지지하는 학부모가 되겠습니다."

이렇게 기록한 내용에 대해 몇몇 학부모의 의견도 함께 들어본다면 효과는 배가된다. 이처럼 **학부모와 함께 가치를 공유하고 진솔하게 소통**하는 시간을 통해 따듯함이 전해지는 경험을 함께하면 새학년을 시작할 때 다양한 긍정의 효과를 기대할 수 있다. 이어서 교사와의 다양한 소통 방법은 물론, 소통에서 지켜야 할 예의 등도 함께 전달한다면 부모가 학부모로서 성숙한 태도를 갖추고, 교육공동체 구성원으로서의 역할 수행에도 도움이 될 것이다.

04 · 1학기 학부모 상담

유아의 적응을 궁금해하는
학부모의 마음을 헤아린다

시기	4~5월
기간 및 횟수	1회
참여대상	개별 학부모
방법	대면 또는 비대면 모두 가능
장소	해당 학급이나 상담실 또는 ZOOM, 전화상담
준비물	개별 유아 상담 자료 (예: 관찰기록지, 교우도 조사, 유아면담 자료, 포트폴리오 등)

1학기 학부모 상담의 의미와 가치

1학기 상담은 유아가 기관에 입학한 후 어느 정도 적응이 된 시점에 주로 이루어진다. 그러므로 교사는 처음부터 유아에 대한 너무 많은 정보를 제공하려고 애쓰기보다는 **학부모의 이야기를 경청**하는 데 무게를 두고 유아의 적응을 돕는 부모의 역할을 경청함으로써 원활한 소통을 이어간다. 이때 부모가 유아의 입학 이전의 경험과 교사가 알아두면 좋을 특이사항 등을 이야기하도록 한다. 학부모가 전달하는 유아에 관한 정보들은 교사가 짧은 기간 동안 해당 유아를 관찰하면서 느꼈던 유아의 행동특성을 이해하는 데 좋은 단서가 된다. 해당 유아의 표면적 행동은 물론이고 행동에 내포된 유아의 마음을 이해하고 소통하는 데도 큰 도움이 될 것이다. 또한 대화를 나누는 과정에서 교사는 자연스럽게 부모의 양육관과 교육적 기대감 등을 파악함으로써 향후 부모 지원을 위한 교육 계획에 반영할 수 있다.

1학기 상담을 위한 준비

교사는 학부모와의 첫 개별 상담에서 무엇을 전달해야 할까? 가장 먼저 1학기 상담에서 학부모가 알고 싶은 이야기는 무엇일지 생각해볼 필요가 있다. 학기 초, 학부모들은 대부분 자녀가 기관에 잘 적응하고 있는지, 친구와의 관계는 어떠하고 밥은 제대로 먹는지 등을 궁금해하며 자녀의 기관에서의 생활에 대해 듣고 싶어한다. 교사의 상담 준비는 바로 이러한 학부모의 마음을 헤아리는 것부터 시작해야 한다. 연령별로 학부모가 주로 궁금해하는 사항들을 정리해보면 대략 다음과 같다.

- 3세 유아의 학부모: 무엇보다 유아의 생활 적응에 대한 관심이 높다. 기관이 설정한 일과에 잘 적응하고 있는지, 교사와의 소통은 잘 되고 있는지, 식사 시간의 태도와 용변 처리, 놀이 선호도 등에 대하여 궁금해한다.

- 4세 유아의 학부모: 주로 또래 간의 관계 형성과 사회정서 부분에 대해 관심을 갖고 알고 싶어 한다. 특히 교우관계에서 문제가 발생했을 때 유아는 어떻게 대처하는지, 놀이상황에서 주도성은 얼마만큼 발휘하는지, 3세 때와 비교하여 언어 사용과 행동반경이 커졌는데, 부모 입장에서 어떻게 대응하면 좋을지 등을 알고 싶어한다.

- 5세 유아의 학부모: 초등학교 연계 부분과 관련하여 유아의 학습태도에 부쩍 관심을 보인다. 또한 향후 초등학교 적응을 위해 부모가 어떤 생활습관을 지도해야 하는지에 대한 질문과 자녀의 집중력과 친구와의 협력적 태도 등에 대해서 알고 싶어한다.

이렇듯 학부모의 관심은 유아의 연령별로 뚜렷한 차이를 보인다. 따라서 상담을 준비하는 교사는 위와 같은 학부모들이 주로 관심을 갖는 사항들을 정리하고, 이와 관련된 관찰과 기록 자료 등도 준비해야 한다. 또한 교사는 연령별 유아에게 나타나는 발달적 특징들을 상담 과정에서 학부모에게 전달하는 것도 좋다. 이는 학부모가 자녀를 좀 더 잘 이해하는 데 도움이 된다. 더불어 학부모가 마음을 열고 유아에 관한 내용을 이야기할 수 있도록 **편안한 환경을 조성**하는 것 역시 필요하다. 교사가 사전에 유아의 특성을 고려한 간략한 질문 목록을 만들어두었다가 이를 활용한다면 학부모와의 상담을 한층 더 유익한 시간으로 만들 수 있다.

- 주 양육자는 누구이며, 가정에서의 자녀의 모습은 어떤가요?

- 가정에서 가장 중요하게 생각하는 교육의 방향과 가치는 무엇인가요?

- 자녀 양육에 있어서 아빠와 엄마의 주 역할이 있나요?

- 자녀가 가장 힘들어하는 것은 무엇인가요?

- 자녀가 속상하거나 화날 때는 주로 어떻게 행동하며, 그럴 때 부모는 어떻게
  반응하나요?

- 가정에서 주로 누구와 무슨 놀이를 하며 지내나요?

- 자라면서 많이 아팠거나 힘들었던 경험은 있나요?

- 자녀를 양육하면서 부모로서 행복감을 느낄 때는 언제인가요?

- 자녀 양육이 어렵거나 부담스럽게 느껴질 때는 언제인가요?

- 부모와 자녀가 함께 보내는 시간은 충분한가요? 주로 무엇을 하며 지내나요?

- 자녀가 어떤 아이로 성장하기를 바라나요?

- 자녀에게 어떤 부모로 기억되기를 바라나요?

- 교육기관에 특별히 바라는 게 있다면 무엇인가요?

함께 공감하고 마음 나누기

교사가 학부모에 대한 모든 선입견을 버리고 진솔한 대화를 나눌 수 있는 환경과 마음의 준비가 되었다면 계획한 일정대로 상담을 진행한다. 다만 학기 초는 학부모와의 관계에서 **래포(rapport)** 형성이 아직 부족한 시기이다. 따라서 이때는 교사의 언어보다는 눈빛이나 표정, 미소, 상담에 임하는 태도 등, 교사의 **비언어적 메시지**가 학부모에게는 더 강렬하게 전달되고 각인되는 점을 기억해야 한다. 따라서 상담이 진행되는 동안 교

사는 이런 비언어적 메시지에 신경쓰면서 학부모의 이야기에 진심으로 공감하고 경청하는 자세로 임해야 한다.

또한 이 시기에는 학부모의 이야기를 함부로 판단하거나 섣부른 조언을 하지 않도록 유의해야 한다. 관계 형성이 제대로 되지 않은 상태에서의 조언은 비록 선의일지라도 학부모에게는 일방적인 충고로 간주되어 거부감을 일으키거나 더 이상 솔직한 이야기를 털어놓지 않으려고 꺼리는 방어적인 태도를 유발하기 때문이다.

현장에서 오랜 시간 학부모들을 만났던 경험들로 미루어봐도 '자녀에 대한 문제점을 마냥 솔직하게 설명하는 교사'는 별로 달가워하지 않는다. 설사 교사의 말이 모두 사실일지라도 그 말을 듣는 학부모의 입장에서는 어쩐지 마음 한구석이 불편해지는 것이 인지상정이다. 학부모는 그런 솔직함보다는 **자신의 자녀를 아끼고 염려하며 보듬어주는 교사**를 더 신뢰하는 경향을 보인다. 그러므로 상담 과정에서 학부모가 말하는 유아에 관한 정보들을 교사는 적극적으로 경청하며 학부모가 염려하는 자녀의 성향과 행동 등에 대해 함께 고민하는 모습을 보여주는 한편, 신뢰할 수 있는 교육자로서의 모습을 전달하는 데 주목하자. 또한 유아를 위해 여러 방법으로 수시 상담이 가능하며, 학부모가 염려하는 부분에 대해서는 좀 더 면밀히 관찰하고 협력하겠다고 전달한다면, 학부모는 교사를 더욱 신뢰하게 될 것이다. 이러한 신뢰는 이후 교육과정 운영에서 학부모가 진정한 협력자로 성장해 나가는 데 도움이 된다.

유아의 성장을 공유하며, 진술한 대화를 나눈다

시기	10~12월
기간 및 횟수	1회
참여대상	개별 학부모
방법	대면 또는 비대면 모두 가능
장소	해당 학급이나 상담실 또는 ZOOM
준비물	개별 유아 상담자료 (예: 관찰기록지, 교우도 조사, 유아면담자료, 포트폴리오 등 1학기 대비 유아의 성장과 변화를 근거하는 자료 중심)

2학기 학부모 상담의 의미와 가치

1학기 상담과 달리 2학기 상담은 유아의 기관 생활이 쌓이며 유아에 관한 다양한 관찰 자료들이 누적된 만큼 교사가 주도적으로 유아에 관한 의견을 부모와 깊이 있게 나눈다. 교사는 그동안 기관에서 함께 생활하며 놀이, 활동, 일상생활에서 관찰해온 것을 토대로 유아에 관한 다양한 정보를 수집했을 것이다. 이를 근거로 학부모와 함께 유아에 대한 정보와 고민을 나누면 된다. 예컨대 유아의 성장과 발달 측면, 유아의 장점과 놀이 선호도, 또래와의 관계, 향후 지속적인 교육지도가 필요한 사안 등을 공유한다. 2학기 상담은 교사와 학부모 모두에게 매우 의미 있는 시간이다. **1년간 쌓아온 다양한 성장과 발달의 기록들을 학부모와 나눔**으로써 학부모는 자녀에 대한 객관적인 정보를 얻을 수 있게 된다. 교사는 학부모로부터 기관 생활을 통해 느낀 자녀의 변화는 물론, 이러한 변화와 관련해 달라진 부모 자신의 생각과 태도 등에 관한 진솔한 이야기를 들음으로써 자연스럽게 교육과정 운영에 대한 성찰과 평가를 할 수 있다.

2학기 학부모 상담을 위한 준비

전체 학부모를 대상으로 한 교육과정 설명회나 부모교육을 통해 유아교육에 대한 정보를 충분히 제공했다고 해도, 학부모가 바라보는 놀이중심 교육과정이 교사의 관점과 일치하기는 쉽지 않다. 그러므로 상담을 통해 **유아의 배움과 성장을 공유**하는 것이 중요하다. 이를 통해 학부모 스스로 자녀를 위한 유아교육의 올바른 방향성을 고민하고 나아갈 수 있게 도와

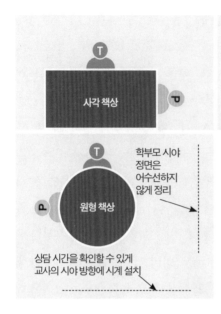

개별 상담 시 자리 배치

학부모 상담 시 자료를 공유하면서 이야기를 나누려면 원형 테이블에서 대화를 하거나 사각 테이블인 경우 기역자나 니은자로 앉아서 대화를 나누면 좋다. 단, 학부모의 시야가 산만하면 상담에 집중하기 어려우므로, 학부모의 주의를 흩트리지 않도록 출입문이나 창문 등은 가능하면 등지거나 시야와 정면으로 마주하지 않도록 배치한다.

야 한다. 따라서 교사는 개별 유아의 놀이를 관찰, 기록하고 분석한 자료를 충분히 준비하는 것이 좋다. 특히 놀이를 통해 유아가 구체적으로 경험한 다양하고 유익한 배움들을 분석하여 이것이 유아의 성장과 삶에 어떤 긍정적 영향을 미치고 있는지를 보여준다면 놀이중심 교육에 대한 부모의 이해와 함께 신뢰를 이끌어낼 수 있다.

특히 자료들을 준비하여 상담할 때는 서로 정면을 마주보고 앉기보다는 약간 사선으로 앉아 자료를 함께 보면서 이야기를 나누는 것이 좋다. 따라서 원형 책상이 더 좋지만, 사각형 책상이라면 기역자나 니은자 형태로 앉는 것이 소통에 유리하다. 상담 시 부모의 자리는 시야가 산만하지 않은 곳으로 하여 교사의 이야기에 집중할 수 있도록 한다. 또한 교사의 시야 방향 벽면에 시계를 두어 자칫 상담 시간이 계획보다 길어져, 다음 학부모가 오래 기다려야 하는 등의 영향을 주지 않도록 유의한다.

유아의 성장과 발달 과정을 학부모와 함께 나누기

상담의 시작은 교사가 부모를 맞이하며 인사를 나누는 순간부터 시작된다. 다만 다소 서먹했던 1학기 상담 때와 달리 교사와 학부모는 이미 일정 부분 래포가 형성되었을 것이다. 그런데 자칫 이러한 점 때문에 오히려 상담이 교육적인 내용에서 벗어나 일상적인 화제로 귀중한 시간을 흘려보낼 수 있음에 주의한다. 이를 예방하기 위해 상담을 시작하는 시점에 먼저 간략한 상담 목적을 학부모에게 전달하는 것이 좋다. 이를 통해 제한된 상담 시간 동안, 유아가 보냈던 지난 생활과 변화와 성장 과정에서 보여준 유아의 노력과 유아의 잠재된 능력 등을 중심으로 이야기가 진행됨으로써 상담의 목적에서 벗어나지 않도록 도울 것이다. 또한 학부모가 열린 마음으로 교육과정과 자녀를 이해하는 데도 도움이 된나.

이때 학부모의 이해를 돕기 위해 학년 초의 자료와 현재의 자료를 함께 준비하자. 과거와 달라진 모습, 성장해가는 과정을 한눈에 보면서 이야기를 나눌 수 있기 때문이다. 무엇보다 교사는 성장과 변화의 과정에서 나타나는 유아의 수행 능력을 부모에게 잘 전달할 필요가 있다. 이러한 설명은 이후 학부모가 유아의 성장에 따른 변화에 주목하고, 교육에 대한 기대감을 높이는 효과를 거둘 수 있다. 동시에 교사와 학부모가 유아에 대한 공동의 목표를 설정하도록 돕는 데 큰 의미가 있다. 또한 이러한 과정을 거치며 학부모는 교사의 전문성을 더욱 신뢰하게 된다.

자녀의 성장에 대한 만족감과 기대감으로 학부모의 마음을 열었다면, 이번에는 좀 더 구체적인 교육적 관심사로 상담의 내용을 옮겨보자. 가령 자녀가 더 나은 방향으로 성장하기 위해 발달 시기상 놓치지 말아야 하는 지도와 지원에 관해 학부모와 공유함으로써 기관과 가정이 연계하여 일관된 교육을 진행할 수 있도록 협조적 관계를 유지해야 한다는 등의 내용도 꼭 언급할 필요가 있다.

만약 학부모와 반드시 공유해야 할 유아의 문제행동이나 태도가 있다면 알려주어야 할 것이다. 다만 이때 주의할 것이 있다. **너무 직설적인 부정적 평가나 단정적인 언어 사용은 지양**하는 것이다. 자칫 자녀를 감싸며 문제행동의 모든 원인이 마치 교육기관에 있는 것처럼 방어할 수도 있기 때문이다. 말하자면 이런 식이다.

"우리 애는 집에서는 전혀 그런 문제가 없는데요?"
"예전엔 그랬던 적이 한 번도 없었는데요?

따라서 유아의 반복적인 행동이 가져올 부정적 영향에 대하여 진심으로 걱정하는 마음을 담아 설명하되, 이때 평소 유아를 관찰했던 자료들을 공유하며 이를 근거로 이야기를 진행한다. 교사의 이러한 노력을 통해 학부모는 방어적 태도를 내려놓고, 자녀를 진심으로 생각하는 교사가 제기한 염려들에 대해 함께 고민하고 해결하려는 협력자로서의 전향적인 태도를 보이게 될 것이다. 이처럼 자녀의 바른 성장을 위해서 교사가 언제든지 학부모인 자신을 기꺼이 도울 것이라는 믿음과 공감대가 형성되면 교사와 학부모 양측은 서로에게 큰 힘이 되는 존재가 된다.

또 때로는 학부모가 유아에 대하여 생각지도 못한 문제를 제기하여 교사를 당황스럽게 만들 때도 있다. 이런 경우 교사가 문제행동의 전문가는 아니므로, 학부모가 제기하는 모든 문제 상황을 해결할 수는 없다는 점을 기억하자. 그저 당황스러운 마음을 감추려고 즉석에서 자신이 모르는 문제에 섣불리 해결방안을 제시하기보다는 추후 좀 더 자세히 알아보겠다는 말로 충분하다. 또한 교사가 보기에 우려의 수준을 넘어선, 유아의 특별한 행동들에 관해서도 교사가 학부모에게 특정 해결방안을 제시하기보다는 외부 전문가의 도움을 받도록 권면하는 것도 필요하다.

상담의 후속 지원

학부모와의 상담 과정에서 새롭게 공유된 중요한 사항에 대해서는 메모해두었다가 추후 이에 대한 피드백을 부모와 나누는 것이 필요하다. 이러한 추후 행동은 교사가 학부모의 이야기를 경청했다는 주요 근거가 되며, 교사에 대한 신뢰감을 한층 더 높여줄 것이다. 교사가 상담과정에서 제기된 사항 중 학부모에게 따로 제안했던 내용이 있다면 가정에서의 적용 여부를 추후 확인하고, 제안이 적절한 해결책이 되지 못하였다면 다른 **대안을 찾아 지원하는 배려**도 함께 이어지면 좋을 것이다.

무엇보다 중요한 것은 학부모와의 상담을 어쩔 수 없이 치러야 하는 연례행사나 형식적인 업무 중 하나로 생각하지 않는 것이다. 학부모와의 상담 시간은 유아의 성장을 위해 꼭 필요한 교육과정 활동의 일부이다. 그와 동시에 향후 어떤 교육을 진행할 것인지를 결정할 수 있는 중요한 정보 교류의 장이 되기도 한다.

물론 짧은 상담 시간에 교사가 할 수 있는 일은 제한적일 수밖에 없다. 그러므로 학부모와의 진솔한 소통 속에서 유아를 위한 최선의 지원이 무엇인지를 발견하고, 이를 교육기관과 가정에서 함께 실현하려는 노력이 필요하다. 아울러 동료 교사 간의 지속적인 소통과 협의를 통해 유아의 현재 발달이 다음 발달 연령에서도 안정적으로 전이되도록 해야 할 것이다.

놀이중심 교육에 대한
신뢰와 협조를 이끌어낸다

시기	5~6월 또는 9~10월
기간 및 횟수	1회(30~50분)
참여대상	학급별 희망하는 학부모
방법	교실수업 참관(30~50분 정도)
장소	해당 학급이나 공개 장소
준비물	공개안내 자료, 등록부, 평가지(온라인 평가도 가능) 학급배치도, 학급 및 동선 안내 표시판

참관수업의 의미와 가치

이미 잘 알고 있겠지만, 참참관수업은 유아의 놀이와 활동을 일정한 시간 동안 학부모에게 공개하는 것으로 부모는 자녀의 생활을 관찰하며 기관의 교육과정을 이해하게 된다. 주로 연 1회 정도 운영한다. 그렇다면 기관에서는 학부모에게 수업 장면을 왜 공개하는 것일까? 참관수업을 진행하는 일반적인 이유를 꼽자면 다음과 같을 것이다.

- 자녀의 기관 생활에 대한 학부모의 불안과 궁금증을 해소하기 위해서
- 유아 · 놀이 중심 교육과정에 대한 학부모의 이해를 돕기 위해서
- 학급에서 발현된 특별한 놀이 및 활동의 진행 과정을 공유하기 위해서
- 교육과 자녀에 대한 기관과 학부모와의 한층 더 긴밀한 소통을 위해서 등

이처럼 각 기관에서는 참관수업에 여러 가지 의미를 담아 추진하고 있다. 즉 교육의 실제를 학부모와 공유함으로써 자녀가 건강하게 잘 적응하고 있음과 교사가 정성을 다해 잘 지원하고 있음을 직접 확인하게 한다. 이를 통해 교육기관에 대한 학부모의 신뢰를 쌓고, 적극적인 지지와 협조를 구하기 위한 목적으로 참관수업을 운영하게 된다.

참관수업은 흔히 '수업(놀이)공개의 날' 등 특정한 날을 정해 학부모에게 방문을 허용하는 형태로 운영되는 경우가 많다. 일반적으로 참관수업은 교육기관에서 특별한 연례행사로 여겨지다 보니 성공적으로 운영하기 위해 교사들도 여러 날을 걱정과 긴장 속에서 분주하게 이것저것 준비하는 모습을 볼 수 있다. 하지만 원래 참관수업의 의미라면 이런 부산한 준비과정이 과연 필요한지 의문이다. 차라리 평소 모습을 그대로 보

여주는 것이 마땅하지 않을까?

이는 참관수업을 준비하는 교사들의 마음이 그리 편안하지 않은 이유와도 연결된다. 교사는 유아의 실제 생활 모습을 있는 그대로 공유하고 싶은데, 막상 별다른 준비 없이 그대로 공개했다가 행여 교사의 자질과 역량에 대해 의심받으면 어쩌나 걱정하게 된다. 교사들조차 참관수업을 일종의 평가받는 자리로 생각하는 것이다. 실제로 일부 유아교육기관에서는 교원능력개발평가 등을 위한 과정으로 참관수업을 운영한다. 즉 참관수업을 통해 학부모가 교사의 수업 능력을 관찰하고 평가하게 하는 것이다. 이런 참관수업이라면 교사는 마치 시험대에 오른 것처럼 두렵고 떨리는 마음으로 학부모를 맞이할 수밖에 없다.

한편 특정한 날이 아니라 수시로 참관수업을 허용하는 기관도 있다. 주로 학년 초 유아의 기관 생활을 공유하기 위해 많은 학부모님들이 기관에 별도로 설치된 참관실을 이용하곤 한다. 때때로 유아의 문제행동을 함께 고민하고자 할 때도 학부모의 수업 참관이 필요하기도 하다. 하지만 이런 경우라도 공개에 대한 교사의 부담은 마찬가지이다.

참관수업의 준비와 안내

학부모 참관수업을 어떻게 운영하면 좋을지에 관한 고민에서, 특정한 날을 잡아서 할 것인지, 아니면 수시로 진행할 것인지를 결정하는 것보다 더 중요한 것이 있다. 어떻게 하면 교사의 부담은 덜어내면서도 참관수업 본연의 목적을 효과적으로 달성할 수 있을지를 고민하는 것이다.

무엇보다도 교사가 먼저 참관수업에 대한 목적을 명확하게 인식하고 학부모와 참관수업의 의미를 공유하는 것이 필요하다. 이를 위해 학부모가 수업을 참관하면서 무엇을 중점적으로 관찰해야 하는지를 사전에 안내하는 것이 좋다. 그리고 **교사의 수업 의도나 방향도 정확하게 안내**할 필요가 있다. 이때 교사중심의 계획서보다는 학부모가 공개 내용을 쉽게 이해하고 공감할 수 있도록 교사의 의도와 생각을 담아 간략하게 정리하여 안내하는 것이 더 효과적이다.

무엇을 공개하면 좋을까?

현재의 개정누리과정은 **유아중심 놀이중심 교육과정**을 표방한다. 따라서 놀이중심 교육과정을 충실히 실천하는 기관이라면 참관수업에서도 과거처럼 교사가 주도하는 정제된 활동보다는 유아가 주도하는 놀이를 공개하는 것이 훨씬 더 의미 있지 않을까? 유아가 좋아하는 놀이 유형은 무엇인지, 놀이를 어떻게 선택하고 어떤 방식으로 놀이에 참여하는지, 놀이에서의 또래와의 관계는 어떤지, 그리고 교사는 어떻게 유아들의 놀이를 관찰하고 지원하는지에 주목하여 학부모가 참관할 수 있도록 놀이시간의 일부를 공개하면 좋을 듯하다. 이는 학부모의 유아중심 놀이중심 교육과정에 대한 실질적 이해를 도울 수 있을 것이다.

하지만 유아의 발현적 놀이 공개는 워낙 변수가 많다 보니 교사 주도의 활동을 공개하는 것보다 돌발 상황이 발생할 가능성이 훨씬 높다. 때론 아이들 특유의 산만하거나 어수선한 분위기에서 자유롭게 진행되는 다양한 놀이를 지켜보며, '이게 대체 뭐지?' 하며 당황스러워하는 학부모도 있을 것이다. 그러므로 참관수업 전에 놀이에 대하여 학부모와 충분히 공유하는 것이 필요하다. 또 주제별 놀이가 끝날 때마다 '사후 놀이 안내'로 놀이 과정과 배움을 지속적으로 공유하면 학부모도 놀이중심 교육과정에 관심을 갖고, 유아의 놀이에 담긴 다양한 배움의 의미와 가치도 올바로 인식하게 될 것이다.

만약 특별히 날을 잡아 수업을 공개하기로 했다면 참관수업 전까지 학부모들에게 사전정보들을 제공하는 것이 좋다. 예컨대 놀이의 흐름, 다양하게 전개되는 놀이별 특징, 함께 놀이하는 유아집단의 관계성 등의 정보를 사전에 공유하면 학부모가 참관을 통해 놀이 과정을 이해하는 데 큰 도움이 될 것이다.

참관 당일에는 원감이 학부모들에게 해당 학급에서 전개되는 놀이의 흐름과 양상 등을 소개하고, 무엇을 중점으로 관찰해야 하는지를 미리 안내한다면, 학부모가 참관 포인트를 인지하고 참여할 수 있어서 큰 도움이 된다. 이때 원감이 일방적으로 학부모에게 전달할 내용을 결정하지 않는 것이 중요하다. 교사들도 부모 소통의 일환으로 부모교육 중요성과 본질을 이해하고 준비할 수 있도록 사전에 그들과 논의해야 한다는 뜻이다. 예컨대 놀이 코칭과 놀이 사례 나눔 등을 통해 학부모들에게 무엇을 안내하고 지원해야 하는지를 원감과 교사들이 사전에 충분히 논의하는 식이다. 다만 원감이 협의 결과와 필요한 정보들을 모아 학부모들에게 전달하는 가교역할을 하는 것이다. 이런 논의 과정을 거칠 때 학부모가 교사의 교육 의도를 충분히 공감하고, 놀이를 더욱 잘 이해하게 되며, 참관수업의 본질을 실현하는 데 도움이 된다. 아울러 이는 기관 내에서의 교육적 소통이 원활하게 이루어지고 있음을 전달하는 것이기도 하므로 기관에 대한 학부모의 신뢰를 높이게 된다. 오른쪽의 표는 4세 유아들의 놀이 참관수업 안내 예시인데, 참고가 되었으면 한다.

| 참관수업 안내-예시 | |

햇살반 참관수업			
학급 소개	4세 유아(남: 10명, 여: 12명, 계: 22명)	교사	○○○(경력4년)

놀이주제 (놀이의 시작)	"우리가 만든 자동차 동네" 블록으로 자동차를 만들던 유아들이 늘어나면서 자동차를 위한 동네를 만들고 싶다고 제안하여 놀이가 전개됨.
유아가 주도하는 놀이의 흐름	[주제놀이] ① 바닥에 테이프로 구불구불 자동차가 다니는 길 만들기 → ② 주차장과 쉼터 그리기 → ③ 길 옆에 건물과 나무 그리기 → ④ 길에 방향표시와 횡단보도 그리기 → ⑤ 주유소와 카센터 만들고 놀이 → ⑥ 대형상자로 터널세차장 만들고 놀이 → ⑦ 현재 블록으로 도로 주변에 입체건물 공사놀이가 진행 중 [주제 외 놀이] 딱지 따먹기, 레고로 동물농장 만들기, 식당놀이가 동시에 전개되고 있음
교사의 놀이지원	① 공간지원: 교실 전체를 놀이 주제 공간으로 확대 ② 상호작용: 자동차 동네에 '딱지 경기장' '동물농장', '기사식당'을 제안하여 주제외 놀이가 　연계되도록 지원 ③ 자료: 유아가 들어갈 수 있는 공간을 만들 수 있도록 대형상자, 빅블록 지원
학부모의 참관 중점 (놀이와 배움)	[다음을 참고로 자녀가 놀이에서 무엇을 배우는지 관찰해보세요] ① 공감: 친구를 존중하고 배려하며 긍정적으로 소통하는가? ② 협력: 친구와 생각을 나누고 협동하며 자신의 역할을 수행하는가? ③ 조절: 주도적으로 놀이하며, 놀이규칙을 지키고 스스로 조절하는가? ④ 탐구: 놀잇감을 탐색하고 문제를 해결하며 성취감을 느끼는가? ⑤ 감성: 즐겁게 놀이하며 아름다움을 느끼고 생각을 잘 표현하는가? ⑥ 창의성: 호기심과 상상력을 발휘하며 새로운 아이디어를 시도하는가? 등
(　)의 놀이배움 및 참관소감 (메모란)	

참관수업의 후속 지원

유아·놀이중심 교육과정에서는 비단 참관만 하고 끝내지 말고, 학부모와 함께 **놀이의 의미를 읽어보는 후속시간**을 마련해도 좋을 것 같다. 사실 학부모는 자녀가 재미있게 노는 모습을 흐뭇하게 지켜보는 것을 넘어, 놀이를 통해 과연 아이가 무엇을 배우고 성장하는지에 더 관심이 많다. 따라서 관찰한 놀이 장면에 대하여 배움을 분석하여 공유하거나 함께 이야기를 나눠보면 분명 유익한 시간이 될 것이다. 부모가 관찰하고 느낀 이야기를 학급 유아들에게 전달하면 유아들은 학급에 대한 소속감을 키우고, 자신들의 놀이에 대한 뿌듯함을 갖게 된다. 또한 가정에서도 이와 관련된 부모와 유아 간의 즐거운 소통이 이어지게 된다.

나아가 여건이 된다면 참관 후 개별상담도 함께 진행해볼 것을 권한다. 이를 통해 학부모가 관찰한 자녀의 놀이와 배움을 함께 나눈다면 참관수업의 의미는 배가될 것이다. 하지만 여건상 바로 개별상담을 이어가기 어려운 경우도 많을 것이다. 그렇다면 당일 공개한 놀이에 대한 의미를 분석하여 '참관수업 놀이 이야기' 등의 형태로 자료를 만들어 학부모와 공유하는 것도 좋을 듯하다. 학부모가 참관수업을 통해 놀이 속에 다양한 배움의 의미와 가치가 들어 있음을 확인하는 것만으로도 유아의 놀이를 지지하고 응원하는 든든한 교육 협력자로 변모해가는 데 도움을 줄수 있기 때문이다.

유아와 함께 놀면서
놀이의 의미를 직접 경험하다

시기	5~6월 또는 9~10월
기간 및 횟수	1~2회(40~60분)
참여대상	학급별 희망하는 학부모
방법	교실놀이, 바깥놀이, 마당놀이, 숲놀이 참여 등 다양한 접근 가능
장소	해당 장소
준비물	참여수업 안내 자료, 등록부, 평가지(온라인 평가도 가능) 장소 배치도, 장소 및 동선 안내 표시판

참여수업의 의미와 가치

앞서 소개한 학부모 참관수업과 달리 학부모 참여수업은 학부모가 교육활동에 직접 참여한다는 점에서 뚜렷한 차이가 있다. 즉 부모가 자녀와 함께 놀이와 활동을 몸소 경험해봄으로써 교육과정을 이해하고, 기관 내에서 자녀의 생활을 직접 체험해볼 수 있는 기회를 갖게 된다.

다만 최근 수년간 코로나 상황으로 인하여 참여수업은 온라인상에서 비대면으로도 운영되기도 했다. 이처럼 참여수업의 진행 형태와 내용은 사회적 상황에 따라서도 달라질 수 있다. 그러나 참여수업이 어떤 형태로 진행되든 간에 그 목적은 **교육기관에서 추구하는 교육의 방향과 자녀의 기관 생활에 대한 학부모의 이해를 증진시키는 것**에 초점을 맞춰야 할 것이다. 여기서 학부모의 이해를 높인다는 것은, 자녀의 양육과 교육의 협력자로서 학부모의 역량을 높이고, 교육과정을 함께 만들어가는 교육주체로서의 적극적인 역할 참여를 지원하는 데 목적이 있다.

참여수업의 구성과 운영 방법

유아교육기관에서 연간행사를 계획된 일정에 따라 운영하다 보면, 참여수업이 이벤트 같은 뭔가 특별한 행사처럼 형식적으로 진행될 수 있다. 일반적으로 매년 1회 정도 운영되다 보니 자칫 교육기관에서는 참여수업을 부모와 자녀가 함께하는 즐겁고 재미있는 시간을 보내며 추억을 쌓는 데만 중점을 두고 운영하게 된다. 하지만 기관에서 이루어지는 모든 행사는 교육의 연장선이다.

그렇다면 교사는 이때 무엇을 염두에 두고, 어떤 방식으로 참여수업을 운영하면 좋을까. 이러한 결정은 교사 개인이 결정할 수 있는 성질의 것이 아니다. 따라서 교원 간의 충분한 사전협의에 따라 참여수업의 운영 방식을 결정해야 할 것이다.

사전협의에서 가장 중요하게 다뤄져야 할 부분은, 참여수업을 통해 부모에게 전달하고자 하는 **교육목표가 무엇인지 결정**하는 일이다. 어디에 좀 더 중점을 둘 것인지에 따라 참여수업의 시기와 내용 그리고 방법까지 달라질 수 있기 때문이다. 예컨대 연령별로 유아들이 선호하는 놀이의 유형과 유아 주도적 놀이를 지원하는 부모의 상호작용을 이해하고 학부모가 이런 놀이를 직접 경험하는 데 주안점을 두고 운영할 것인지, 바깥놀이의 중요성을 부모가 이해할 수 있도록 텃밭 놀이와 물모래 놀이, 그리고 다양한 도구를 이용한 놀이 등을 제공할 것인지, 또는 현재 교실에서 진행되고 있는 놀이에 부모를 참여시킴으로써 놀이가 확장되도록 하는 데 필요한 부모의 역할을 경험하게 할 것인지 등의 결정된 사안에 따라 얼마든지 달리 진행할 수 있다.

만약 코로나19 팬데믹처럼 어쩔 수 없는 상황적 여건으로 말미암아 온라인으로 참여수업을 진행하는 경우라면 수업에 사용되는 프로그램 선정과 접속 방법, 그리고 원활한 소통을 위해 필요한 부모 역할 등을 반드시 사전에 안내해야 한다. 특히 쌍방향 원격수업의 경우에는 대면수업과 달리 유아의 즉각적인 참여가 어렵고 집중력도 낮을 수 있다. 따라서 교사는 이러한 점까지도 감안하여 시간과 수업 내용을 선정하는 데 좀 더 깊이 고민할 필요가 있다.

참여수업에 대한 부모의 이해와 적극적인 놀이 참여를 유도하기 위하여 관련 일정표를 사전에 배부하고 안내하면 좋다. 참여수업에서의 부모의 역할과 유아 놀이 관찰의 포인트, 상호작용의 예시 등을 안내하는 것이다. 특히 어른들과의 놀이시간이 익숙하지 않은 유아들은 기관에서 보여주던 평소 모습과 전혀 다른 모습을 보이거나 돌발행동을 할 수 있다는 점도 구체적인 예시와 함께 제공하면 효과적이다. 그래야 수업 도중에 자녀가 특이한 행동을 보여도 학부모가 당황하지 않고 놀이자(者)와 놀이 촉진자의 역할을 충실히 수행할 수 있기 때문이다.

참여수업의 효과를 높이는 방법은?

학부모 교육과정 오리엔테이션 시간을 활용하여 참여수업의 목적과 중요성을 강조해 전달한다면 참여수업에 대한 학부모들의 참여동기를 높일 수 있다. 또한 참여수업의 일정은 촉박하게 전달하기보다 충분한 여유를 두고 미리 공지함으로써 학부모가 자신의 일정을 조율하여 참여수업에 맞출 수 있게 배려한다면 자발적 참여율도 높아진다.

매년 참여수업에 함께하여 기관의 교육목표와 놀이교육의 주안점을 알게 되는 학부모일수록, 기관에서 강조하는 교육철학을 자연스럽게 공감하고, 교육방법에 대해서도 좀 더 유연하게 받아들이게 된다. 비록 참여수업이 일회적인 행사이기는 하지만, 학부모와 함께 만들어가는 놀이중심 교육의 의미와 가치를 전달하는 등의 큰 교육적 효과를 거둘 수 있다. 따라서 참여수업의 목적을 무엇에 두고 진행할 것인지에 관한 교육적 합의와 철저한 준비가 필요하다.

간혹 참여수업에 부모나 조부모 등 가족구성원 모두가 참여를 희망하는 경우도 있다. 이런 경우 교육기관에는 다양한 형태의 가족관계가 늘

어남에 따라 한부모 또는 조부모 가정 등 다양한 가족구성원이 함께할 수 없는 유아도 있음을 알리고, 가족 중 참여 가능한 양육자 1인만 참여해줄 것을 전달한다. 즉 유아의 개별적인 특성에 따라 아이와의 친밀도가 높은 양육자 또는 해당 유아와 놀이 시간이 더 많이 필요한 양육자가 참여하도록 안내하는 것이다.

또한 참여수업을 실행하기 전, 참여 희망자들과의 사전 부모교육을 간략하게 진행하여 **참여수업의 의의와 역할을 전달**하는 것도 참여수업의 효과를 높일 수 있는 좋은 방법이다. 특히 제한된 시간 동안 진행되는 참여수업의 특성상, 준비된 모든 놀이를 다 할 수 없음을 부모에게 설명하고, 자녀가 원하는 놀이를 선택하여 충분히 놀이 경험을 할 수 있도록 안내한다.

만약 부모가 자녀와 함께 상대편과 겨루는 게임의 형태로 참여하게 된다면 경쟁이 너무 과열되지 않도록 하자. 즉 참여 학부모가 경쟁보다는 정해진 규칙을 잘 지키고, 상대편을 진심으로 격려하고 축하할 수 있는 마음을 보여주고, 아이들이 배울 수 있도록 안내하는 것도 좋다. 이렇듯 부모의 긍정적인 모습을 아이들에게 보여주는 것이야말로 진정한 부모의 역할이자 교육이 추구하는 방향임을 학부모에게 전달해야 한다.

자녀가 교육기관에 다니는 동안 학부모가 다양한 형태의 참여수업을 경험하고, 기관으로부터 부모의 역할을 전달받아 수행하는 경험이 쌓이면 부모 역시 자존감 향상과 더불어 이웃 부모와의 친밀도도 높아질 수 있으며, 나와 다른 부모의 마음과 그들의 자녀를 이해하는 데도 도움이 된다.

의견 수렴과 결과 공유로
교육 파트너십을 형성한다

시기	7월(1학기), 12월(2학기)
기간 및 횟수	2회 정도(필요에 따라 수기 가능)
참여대상	평가 목적이나 방법에 따라 해당되는 학부모
방법	의견수렴(설문조사), 대표자 참여(교육과정TF, 교육과정 운영회 등), 교육활동 참여(교육지원단, 교육봉사 등), 전체 학부모 대집단 참여 등
준비물	설문지, 해당연도 교육과정, 교육과정 평가 자료 등

학부모는 왜 교육 파트너가 되어야 하나?

학기 초, 학부모들은 교육과정 설명회를 통해 교육기관 소개와 함께 담임교사의 학급운영 방법 등에 관한 안내를 받게 된다. 또한 기관의 교육철학과 함께 교육 비전과 방향에 대해서도 알게 되며, 유아의 놀이가 일상생활에서 어떻게 구체화되고 실현되는지 등도 연간 교육행사와 가정통신문 등을 통해 전달받게 된다. 위와 같은 일련의 과정에서 교사들은 많은 수고와 정성을 다한다. 하지만 안타깝게도 학부모의 입장에서는 이런 내용들에 대해 그저 일방적이고 형식적인 통보로만 간주하기 쉽다. 어떻게 해야 학부모도 스스로를 교육 파트너 혹은 유아교육의 한 축을 담당하는 교육주체 중 한 명이라고 생각하게 할 수 있을까?

지금 우리의 교육환경에서 교사와 학부모의 파트너십은 왜 중요할까? 유아교육은 비단 기관에서만 이루어지는 것이 아니라 유아의 삶 전체로 이어져야 한다. 따라서 학부모는 교육기관과 가정을 이어주며, 교사와 함께 유아교육을 완성해가는 중요한 주체이다. 유아기에 부모가 바람직한 교육파트너로서 제 역할을 다하면, 자녀에게도 의미 있는 경험으로 쌓이게 된다.

또한 자녀가 더 성장하여 상급 학교로 진학한 후에도 학부모는 자연스럽게 상급 교육기관의 협력자이자 조력자로서 역할을 계속해서 충실히 수행할 가능성이 높다. 자녀가 놀이와 배움의 주체가 되고 삶의 주체자로 성장하기 위해서 무엇이 필요한지 고민하는 학부모, 지속가능한 사회 발전을 위해 교육기관과 교육철학을 공유하며 같은 방향을 향해 나가려고 노력하는 학부모, 이러한 학부모는 결국 자녀뿐만 아니라 학부모 자신의 역량을 키우는 결과로도 이어진다. 무엇보다 학부모가 이런 든든한 조력자의 역할을 할수록, 교육과정을 운영하는 교사 또한 자신의 전문성과 자율성을 마음껏 발휘할 수 있게 된다. 따라서 앞으로는 교육과정 평가회와 같은 자리에서 학부모와 교육 결과를 공유하고, 또 그들의 의견에 귀를 기울여 수렴하는 등 그들이 교육주체로서의 정체감을 확인할 수 있는 기회를 자주 마련해야 할 것이다.

의미 있는 학부모 교육과정 평가를 위한 방안은?

교육과정 평가회의 과정에 학부모가 참여하는 방식은 평가회의 목적에 따라 다르게 운영할 수 있다. 이미 교육기관 내에는 학부모가 참여하는 다양한 구성체제가 운영되고 있으므로, 단위별 소모임을 가질 수 있다. 예를 들어 급·간식 모니터링을 위한 소위원회의 모임, 교육과정 지원단으로 활동한 부모들의 모임 등 다양한 중소규모 모임을 통해 각 활동 간운영 사례를 공유하고, 다음의 활동 방향을 협의하는 것이다. 이러한 모임에서 중요한 것은 모든 학부모가 자발적으로 자신의 생각과 의견을 표현하며 적극 참여하는 데 있다. 부모의 입장에서 자신이 낸 의견이 소중히 다뤄지고 있으며, 나아가 교육계획에도 반영되고 있음을 느낄수록 참여 욕구는 점점 더 강화된다.

위와 같은 교육과정 운영에 대한 학부모의 생각을 알아보는 방법으로 설문지를 활용해볼 수 있다. 매번 학년말이면 으레 진행되는 **설문지**의 내용을 조금 바꿔보면 어떨까? 단순히 기관의 만족도 조사에서 벗어나서, 1년 동안 중요하게 다루었던 교육 내용을 학부모가 얼마나 이해하고 함께 실천했는지에 대해 질문하는 것이다. 그리고 그 결과는 반드시 학부모들에게 다시 알려주어야 한다. 이처럼 형식적인 설문조사에서 벗어나 학년말 전체 학부모를 대상으로 설문 결과를 안내하는 한편, 다음 교육과정 운영에서 중요하게 다루어야 할 교육내용을 학부모와 공유하는 시간을 갖는다면 학부모로 하여금 교육기관의 전체 교육과정의 흐름을 이해하는 데 많은 도움이 된다.

이러한 시간을 통해 학부모와 공유된 교육의 결과와 방향은, 다음 연도에 운영될 교육과정 설명회를 통해 좀 더 구체적으로 전달할 필요가 있다. 즉 교육과정의 계획과 실행과 평가가 형식적인 것이 아니라, 학부모의 의견이 실제로 환류, 즉 피드백되어 선순환되고 있음을 알리는 것이다. 이러한 과정에서 학부모는 자신이 교육의 주체자로서 중요한 역할을 하고 있음을 자각하게 될 것이다.

때론 학부모 설문조사 결과가 교육기관의 의도와는 다른 결과로 나타날 때도 있다. 물론 기관의 입장에서는 조사 결과가 당황스러울 수 있지만, 이러한 결과마저도 솔직하게 부모와 나눌 수 있어야 한다. 좋은 결과든 그렇지 않은 결과든 간에 솔직한 피드백은 부모의 역할을 재정립하고 교육의 주체자로 스스로를 인식하는 데 긍정적인 결과를 가져오기 때문이다.

사례로 보는 교육주체로서 학부모 역할의 중요성

학부모가 자신의 의견이 교육에 실제로 반영되는 경험을 함으로써 스스로 교육주체라는 자각을 하게 되는 것이 어떤 교육적 의미가 있는지 실제 사례를 통해 살펴보자. 한 유아교육기관에서 학부모를 대상으로 설문조사를 실시하였다. 설문의 내용은 운영 중인 도서대여 프로그램의 필요성에 대하여 학부모의 의견을 물은 것이다. 결과를 들여다보니(아래 그림 참조) 대부분의 학부모는 유아가 책 읽기에 관심을 갖거나, 독서 습관을 형성하고, 다양한 도서를 접하는 목적으로 도서대여 프로그램의 필요성을 말했다.

과연 해당 교육기관의 프로그램 운영 목적도 같은 것이었을까? 물론 학부모의 바람도 운영 목적에 일부 포함되기는 한다. 하지만 교육기관이 주목한 도서대여 프로그램 운영의 근본적인 목적은 부모와 자녀 간의 유대감 형성과 유아의 책임감을 기르는 것에 좀 더 중점을 두고 있었다. 이처럼 본질적인 목적에 대해 기관과 학부모의 생각이 일치하지 않을 경우, 프로그램을 제대로 운영하기 위해서는 서로의 관점을 조율하여 맞추는 과정이 반드시 필요하다. 학부모들에게 기관의 의도를 직접적으로 설

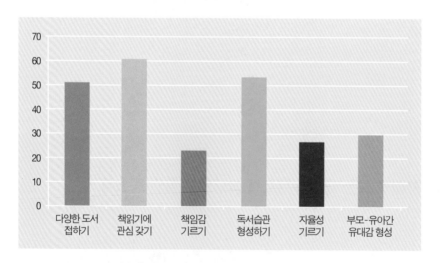

도서대여 프로그램의 목적에 대한 학부모의 답변
지학부모들은 이 프로그램의 주 목적을 '책읽기에 관심 갖기'로 생각했지만, 기관에서 생각한 목적은 '부모-유아 간 유대감 형성'이었다. 이처럼 기관과 학부모와의 간격이 존재함을 인지하고 이 간격을 좁힐 때 프로그램도 본래의 목적대로 잘 운영될 수 있다.

명하고 설득하는 한편, 열린 마음으로 학부모의 목소리도 귀담아 듣고자 노력해야 한다는 뜻이다.

교육과정 평가회 시간을 통해 도서대여 프로그램이 추구하는 본질적인 목적을 이해한 학부모는 다음 해에 해당 프로그램을 접했을 때, 분명 달라진 부모의 역할을 수행하려고 노력할 것이다. 즉 자녀가 글을 읽을 수 있고 혼자 책을 볼 수 있을지라도 되도록 함께 책을 읽는 시간을 마련함으로써 부모-자녀 간의 긍정적인 유대감을 형성하기 위해 더욱 노력할 것이라는 뜻이다. 또한 자녀가 스스로 빌려온 책을 소중하게 다루고 반납일을 잘 지킬 수 있도록 할 것이며, 찢어진 페이지를 자녀와 함께 보수하는 작업을 함으로써 공동의 물건을 소중하게 사용하며 책임감을 배울 수 있도록 지도할 것이다.

새로운 학년을 맞이하여 정성스럽게 마련한 1년간의 교육과정 운영 계획을 학년 초에 학부모와 나누는 것은 중요하다. 그러나 시작하는 시점에서 함께 공유한 내용이 1년 동안 유아와 함께 어떻게 실현되고 있는지 그 결과를 부모에게 명확하게 전달하는 것도 그 이상으로 중요한 일임을 꼭 기억했으면 한다.

다양한 소모임을 운영해 학부모의 자발성을 높이다

시기	5~11월
기간 및 횟수	1~2회 정도(필요에 따라 수시 가능)
참여대상	희망하는 학부모 20명 이내
방법	1회 2시간 3~6회 운영 기관 여건 및 필요에 따라 모임의 횟수 자율 운영
장소	워크숍이 가능한 장소
준비물	모임의 성격에 따라 자료 준비

학부모 소모임을 하는 이유

유아의 놀이를 유아의 삶 그 자체로 이해한다면 교육기관에서의 놀이와 가정에서의 놀이를 별개로 분리할 순 없다. 유아의 관심이나 흥미와 같은 내적 동기가 자연스럽게 발현된 놀이는 당연히 교육기관을 넘어 가정에서도 함께 이루어져야 한다. 따라서 교육기관에서는 물론 가정에서도 유아가 주도적으로 놀이에 몰입하여 놀이의 교육적 의미가 배가되도록 하려면 가정과 기관의 놀이 연계가 반드시 필요하다.

　놀이에 대한 부모의 교육적 신념이 높을수록 유아들은 한층 더 높은 **놀이성**을 발현하게 된다. 여러 연구에서도 가정에서 부모의 '놀이 지지'가 높을수록 자녀와 더 많은 시간을 보내게 되고, 그 결과 더 높은 수준의 놀이 양상이 나타난다고 이미 검증된 바 있다. 따라서 학부모 소모임을 통하여, 학부모 스스로 놀이의 주체가 되어볼 기회를 제공하는 한편, 놀이에 대한 학부모 간 토론을 통해 유아 놀이에 대한 인식 변화를 이룰 수 있는 기회도 함께 제공되어야 한다. 이러한 기회 제공은 놀이에 대한 학부모의 이해를 증진시킬 뿐만 아니라 기관과 가정에서 놀이중심 교육을 연계해 나가는 데 많은 도움이 된다.

학부모 소모임이 잘 운영되려면?

유아가 놀이를 선택할 때 **자발성**과 **주도성**을 가질수록 놀이의 교육적 효과가 높아지는 것처럼 부모교육도 동일한 맥락에서 접근할 때 만족스러운 결과를 얻게 된다. 이를 위해 학부모 소모임을 구성하고 운영하기 전에, 모임의 운영 목적과 방법을 충분히 안내하는 것이 중요하다.

특히 부모의 능동적 참여를 위해서는 10~15명 단위 등의 인원 제한과 5~7회차와 같이 소모임 주제에 걸맞은 시간과 회차를 정해 탄력적으로 운영하는 것이 좋다. 또한 소모임 운영 활성화를 위해 중요하게 고려해야 할 것이 바로 **계획과 홍보**이다. 먼저 계획 단계에서 어떻게 소모임을 운영할 것인지를 정한다. 계획 단계에서는 학부모의 다양한 요구조사를 어떻게 반영할지에 대한 계획뿐만 아니라 기관에 대한 부모의 이해가 필요한 부분과 당해년도 기관의 중점사항 등을 부모가 올바로 이해하고 가정과 연계되어 실천될 수 있도록 계획하되 기관의 비전과 교육의 방향을 공유할 수 있도록 한다. 그리고 홍보 단계에서 적절한 홍보 매체의 활용 등 학부모 참여를 높이는 방안을 고민하여 실천한다.

학부모 소모임 프로그램 운영 사례

소모임의 프로그램 운영 방법은 수립된 기초 계획을 실행하기에 가장 적절한 방식을 선정하여 운영한다. 가령 아래의 예시는 놀이에 대한 부모의 이해를 돕기 위해 총 5회차로 운영된 사례인데, 회차마다 주제와 모임의 형태를 달리하며 소모임의 목적을 충족할 수 있도록 계획했다.

• 1회차> 소모임 참여 배경 및 놀이에 대한 생각 나눔

앞서도 언급한 바 있지만, 공감대를 형성할수록 어색한 분위기는 빠르게 사라진다. 소모임 참여 배경에 관해 함께 이야기를 나누는 동안 참여자들 간에 공감대가 형성되면서 한층 자연스러운 분위기로 발전한다.

"아이를 처음 기관에 보내다 보니 걱정이 많아져서 다른 부모님들의 이야기를 듣고 아이와 어떻게 하면 잘 놀이할지 배우려고 참석하였습니다."

"제가 잘 놀 줄을 몰라요. 아이랑 놀다 보면 어느새 내가 놀이를 주도하고 있어요. 나도 아이도 놀이가 지루해질 때가 있어서 어떻게 해야 다양하게 놀이할 수 있을지 알고 싶어요."

"사교육을 시키지 않고 키우자는 마음을 갖고 있는데 사실 계속 흔들리잖아요. 아이 연령이 높아지면서 주변 아이들은 다 학습지를 하는데 혼란도 되고 해서 여러 부모님들과 선생님의 이야기를 들으려고 참석했습니다."

위와 같은 생각 나눔을 통해 학부모 간 이해와 친밀도가 높아지면 소모임 내에서 다시 2~3조로 더 작은 소모임으로 나누어 부모 개개인이 생각하는 유아 놀이에 관한 생각을 좀 더 깊이 나눌 수 있도록 한다. 이때 여러 이미지나 사진 등을 준비하여 부모 개개인이 놀이를 비유하여 설명할 수 있게 한다면 훨씬 더 능동적인 참여를 유도할 수 있다.

교육기관에서 이런 학부모 소모임을 직접 운영하며 지켜본 바로는 대다수의 학부모들이 놀이에 대한 긍정적인 생각을 갖고 있지만, 정작 놀이에 대한 실천은 서툴렀다. 이런 자신의 모습을 토의 과정 중에 깨달으며, 모임을 통해 유아 놀이에 대해 성찰하는 모습을 보이기도 했다.

• 2회차> 독서토론

2회차는 독서토론 학부모 소모임이었다. 이때 모임을 갖기 전에 놀이 이해를 돕기 위해 관련 도서 몇 권을 추천하고, 그중에서 학부모가 하나의 책을 선택하여 읽도록 했다. 이후 소모임은 동일한 책을 선택한 학부모들끼리 모여 앉아 이루어졌다. 학부모들은 자신이 읽은 내용 중에서 각자 인상 깊게 읽은 부분을 발췌하여 공유하고, 또 각자의 느낀 점과 실천할 사항을 포스터로 만들어 발표하며 내용을 공유하였다.

토의 과정에서 학부모들은 부모와 자녀의 놀이에 대한 생각과 입장의 차이가 많이 다르다는 것을 알게 됐으며, 더불어 **아동권리협약**에 "어른들은 아동의 의견에 귀를 기울여야 한다."라는 조항이 있다는 사실을 알고 새삼 놀라워하기도 했다.

이러한 그룹별 토의 과정이 끝나자 학부모들은 자신들이 일상생활에

독서토론 소모임을 진행하는 모습
학부모들은 책을 읽고 토론하면서 미래사회에 필요한 역량과 연결지어 놀이의 중요성을 재인식하였고, 놀이에 대한 자신의 생각과 입장이 그동안 자녀와 많이 달랐다는 점을 깨닫는 시간이었다고 했다. 앞으로 아이의 의견에 좀 더 귀를 기울여야 한다는 점에 공감하며, 가정에서의 인성교육을 시작하겠다고 소회를 밝혔다.

서 아이들에게 무심코 자주 사용하는 '**잠깐만, 나중에, 기다려**' 같은 말들은 되도록 삼가는 대신에 아이 눈높이에 맞는 선택권을 더 많이 제공해야겠다고 말했다. 나아가 이를 위해 실천해야 할 부모의 역할들에 대해 더욱 구체적으로 이야기를 나누었다.

• 3 · 4회차> **놀이 워크숍**

3·4회차 소모임에서는 학부모가 **직접 놀이에 참여하는 경험**을 제공하였다. 이 놀이 워크숍에서는 유아가 즐겨 사용하는 개방적 놀이 소재를 가지고 부모가 직접 놀이자가 되어보는 경험을 제공한다. 예컨대 유아들이 좋아하는 블록과 점토 등 다양한 만들기 재료를 준비하고, 총 2회기 동안 학부모가 회차마다 각기 다른 한 가지의 놀잇감을 선택할 수 있게 함으로써 유아 놀이를 직접 경험할 수 있도록 한다. 만약 3회차 때 블록놀이를 하기로 선택했다면 가능한 넓은 장소에서 여러 종류의 블록들을 가지고 마음껏 놀이할 수 있도록 권한다.

블록을 가지고 유아 놀이를 직접 경험해본 부모들은 비로소 유아의 입장을 이해하게 된다. 예컨대 왜 아이들은 군이 모든 블록을 죄다 바닥에 어지럽게 꺼내놓고 놀이하는지, 왜 넓은 장소가 필요한지, 작은 플라스틱 블록을 바구니에서 찾아 꺼낼 때의 어려움과 그에 따라 어쩔 수 없이 상당한 소음이 발생한다는 것을 직접 체험하며 유아의 놀이를 유아의 입장에서 이해하게 되는 것이다.

• 5회차> **종합토의**

5회차는 **성찰의 시간**이다. 부모 소모임 전체 과정에 참여하면서 느낀 소감과 소모임 참여 이후 달라진, 부모 역할 등에 대해 자유롭게 이야기하는 시간이다. 이러한 과정에서 학부모들은 소모임을 시작할 당시, 자신이 유아 놀이에 대해 가졌던 '재미'를 넘어 **'놀이의 교육적 가치'를 발견**하게 되었으며, 놀이를 바라보는 시각이 이전과 달라진 자신의 모습에 새삼 놀라워하기도 했다. 다음은 소모임에 참여한 학부모들이 직접 밝힌 놀이에 관한 이야기들 중 일부이다.

> "함께 놀아야 나도 상대방도 즐겁다는 것을 알게 되었어요."

> "부모의 놀이 수용 범위를 넓히는 것이 중요함을 알게 되었고, 무엇보다 결과 물보다 과정의 소중함을 알았습니다."

> "놀이로 기다림과 양보와 배려 등 사회생활에 필요한 습관을 배울 수 있네요."

> "이야기를 하면 할수록 혼란스러워지기도 해요. 다른 의미에서 더 많은 준비와 해야 할 것들이 있는 것 같은데 계속 더 공부하고 배워야 할 것 같아요."

학부모 소모임의 효과와 교육적 의미

학부모 소모임의 장점 중 하나는, 특정 주제에 관심을 가진 부모끼리 일정 기간 해당 주제에 대해 서로의 의견을 깊이 있게 나눠볼 기회를 가질 수 있는 점이다. 나아가 이러한 과정을 통해 학습한 내용을 가정에서 실천한다는 점에서 상당한 의미가 있다. 즉 학부모는 놀이에 대한 긍정적인 피드백을 통해 가정에서 유아 놀이의 지지자와 협력자 내지는 조력자의 역할을 수행하게 된다. 결국 소모임은 유아 놀이에 대한 학부모의 본질적 이해를 높여주는 효과를 기대할 수 있다.

학부모 소모임의 또 다른 장점 중 하나는, 학부모와 교육기관 또는 교사와의 관계를 동등한 교육의 협력자적 관계로 형성하도록 돕는 것이다. 이는 양육과 교육에 필요한 내용을 서로 주고받으며 상호 간 이해를 높이는 효과를 얻을 수 있다. 기관에서 일회성 부모교육이 아니라, 이처럼 수차례에 걸쳐 비교적 긴 시간을 필요로 하는 소모임을 진행하고 또 모임에서 제기되는 토의 내용을 집약하여 교육적으로 설명하는 일은 어렵고 불편할 수 있다. 그러나 학부모의 자발적 참여 아래 행해지는 부모 소모임은 교육의 참된 방향을 함께 설정하고 공동체의 소중함과 필요성을 알리는 데 큰 의미가 있다. 무엇보다 가정과 연계된 유아 놀이의 교육적 가치를 한층 더 높일 수 있다. 아울러 학부모공동체의 소중함과 필요성을 알리는 데도 큰 의미가 있다.

학부모 소모임 운영 성찰을 위한 질문

- 소모임 안내 과정에서 프로그램의 목적과 내용, 방법 등이 잘 전달되었는가?
- 학부모의 관심과 참여율은 어떠하였는가?
- 내용의 구성이 부모의 이해를 높이도록 조직되었는가?
- 부모의 능동적 참여와 원활한 진행을 위해 공간과 장소는 적정했는가?
- 운영 기간과 소요 시간은 적정하였는가?

3장은 독자들과 눈높이를 맞추기 위해 **'다움 선생님'**과 **'이음 선생님'**이라는
가상의 인물을 설정하여 좀 더 생생한 현장의 목소리를 전달하고자 한다.

아이들이 하루하루 성장하는 모습에 보람을 느끼고, 아이들의 놀이를 의미 있는 배움으로 가득 채울 방법을 끊임없이 고민하며 노력하는 의욕 충만한 MZ세대 유아 교사. 때때로 예기치 못한 문제상황에 당황할 때가 있지만, 포기하지 않고 가장 나다움, 또 유아 교사다움을 잃지 않는 최선의 방안을 찾으려고 노력하는 당찬 선생님

다움 선생님

놀이가 아이들에게 얼마나 의미 있는 배움으로 이어지는지 경험적으로 깨달은 선배 교사. 초임 시절 의욕만 앞세우다 어린애 같은 생각으로도 많이 경솔했지만, 그 모든 경험이 헛되지 않았음을 잘 안다. 아이들과 놀이, 놀이와 배움, 교사와 아이들, 교사와 부모를 이어주기 위해 노력한다. 문제상황이 발생하면 냉철히 분석하되 후배 교사들에게는 따뜻한 조언과 격려를 아끼지 않는 푸근한 선생님

이음 선생님

유아교육기관에서는 다양한 학부모를 만나게 된다. 협조적인 학부모도 있지만, 때론 유아발달에 대한 이해가 부족한 학부모도 있고, 교사의 전문성을 의심하는 학부모도 있다. 또 자녀 양육에 대한 불안을 호소하거나 교사에게 무리한 요구를 하기도 한다. 이렇듯 다양한 상황에서 학부모와의 소통 문제는 또 다른 갈등을 유발시키며 교사의 피로감을 증가시키는 이유가 된다. 소통 부재에서 나타날 수 있는 부작용은 결국 유아에게 그 피해가 돌아간다는 점에서 더욱 깊은 주의와 예방이 필요하다. 교사와 부모와의 공통된 관심사는 유아이다. 교사와 학부모는 아이의 성장과 발전을 위해 정보를 공유하고 힘을 합치는 교육적 파트너십을 만들어가야 한다. 이 장에서는 학부모와의 소통과 관련하여, 유아교육 현장에서 만날 수 있는 다양한 문제상황을 소개하고, 어떻게 하면 학부모의 마음을 읽고 대처할 것인지 실제 사례를 바탕으로 안내하였다. 소개하는 내용이 공감적 의사소통의 모범답안이 될 수는 없지만, 소소한 일상에서 발생하는 다양하고 복합적인 문제를 지혜로운 소통으로 풀어가는 데 조금이나마 도움이 되기를 바란다. 이 장에 등장하는 유아의 이름은 모두 가명으로 바꾸었음을 밝힌다.

사례를 통한 학부모의 마음 읽기

이럴 땐
어떻게 소통하면
좋을까?

모든 게 불안하고
걱정스러워요

유아교육기관은 아이가 태어나 처음으로 맞이하는, 생애 첫 번째 교육기관이다. 특히 맞벌이가족이 많아진 요즘 유아들은 교육기관에서 더 많은 시간을 보내게 됐다. 따라서 낯선 교육기관에 어린 자녀를 보내고 오랜 시간 떨어지게 되는 학부모는 모든 것이 걱정스럽고 불안하다. 아토피나 알레르기 등 몸이 약한 아이에 대한 걱정, 소심한 성격에 따돌림은 당하지 않을까 하는 걱정, 자꾸만 반복하는 아이의 문제행동에 대한 걱정, 혹시 내 아이만 불이익을 당하지는 않을까 하는 걱정 등, 학부모의 불안은 꼬리에 꼬리를 물고 이어진다. 자녀에 대한 깊은 사랑에서 비롯된 이러한 불안과 걱정은 때로 교사의 고단함으로 이어지기도 한다. 예컨대 교사의 업무 상황은 생각지 못하고 잦은 전화로 일과 시간 중 일어날 수 있는 작은 사항 하나하나에까지 특별한 요구와 확인을 하려는 경우도 있으며, 다른 아이들은 모두 괜찮은데 혹시 우리 아이만 문제가 있는 것 같다며 불안한 마음을 호소하기도 한다.

그래서 이번 장에서는 학부모의 불안과 걱정에서 비롯된 다양한 사례들을 모아보았다. 학부모의 마음 읽기를 통해 불안해하는 학부모의 속마음을 알아보고, 이에 대처할 수 있는 지혜로운 소통 방법을 찾아보자!

사실 나도 아이와 떨어지기 불안해요

새 학기가 되면 차마 엄마 손을 놓지 못한 채 떨어지지 못하고 불안한 표정으로 머뭇거리는 유아를 종종 만날 수 있을 것이다. 엄마와 떨어지는 것에 대한 분리불안을 느끼는 것이다. 그런데 애착관계가 과도하게 형성된 경우 자녀 못지않게 분리불안을 경험하는 학부모도 있다. 이와 관련된 사례를 만나보자.

 교사, 학부모를 만나다

초임 교사지만 누구보다 열정적인 다움 선생님. 오늘 새 학기 첫날, 불안한 눈동자로 엄마 손을 놓지 못하는 다희를 보며 난감해하던 학부모의 모습이 유독 눈에 밟혔다. 난처한 표정으로 다희 어머니가 말했다.

"다희야, 울지 말고 재미있게 놀다 와!"

그날 다희는 모든 아이들이 교실에 다 들어갈 때까지도 엄마의 손가락 끝을 부여잡은 채 놓지 않았다. 엄마 손을 놓지 못하고 머뭇거리는 아이의 모습에서 그동안 늘 의지했던 애착의 대상인 엄마와 갑자기 떨어져 낯선 환경에 홀로 남겨진 아이의 분리불안감을 읽을 수 있었다. 다움 선생님은 다희에게 작고 귀여운 알람 시계를 건네주며 말했다.

"다희야, 괜찮아 조금 천천히 들어와도 돼. 처음 와서 조금은 낯설게 느껴질 거야. 선생님도 친구들도 기다릴게, 그동안 선생님 시계를 잠깐 맡아주겠니?"

다움 선생님의 말에 다희가 순간 엄마를 꼭 잡은 손을 놓더니 두 손을 모아 시계를 받았다.

"다희야 큰 바늘이 숫자 10에 올 때까지 여기 의자에 앉아서 복도를 보고 있으렴. 신발을 벗고 들어오면 더 가까이에서 어항 속 물고기도 볼 수 있단다. 친구들이 놀이하는 소리도 더 잘 들릴 거야. 큰 바늘이 숫자 10을 가리키면 선생님이 다희를 만나러 다시 올게. 다희가 좋아하는 인형을 가지고 올 테니 그때 다희가 시계를 다시 선생님에게 돌려주렴."

교실로 향하는 다움 선생님에게 다희 어머니가 살포시 다가와 묻는다.

"선생님, 다른 아이들은 잘 들어갔는데 우리 아이만 왜 이럴까요? 문제가 있는 건 아니겠죠?"

약속 시간이 되자 다희는 한 손으로 인형을 품에 꼭 안고는 수줍게 엄마에게 인사하며 다움 선생님의 손을 잡고 교실로 향한다. 이를 본 다희 어머니의 눈가가 갑자기 촉촉해진다. 3주 후, 다희의 변화는 놀라웠다. 미소를 지으며 씩씩하게 등원했고 기관 생활에도 잘 적응했다. 그런데 뿌듯한 마음으로 다희를 맞이하는 다움 선생님과 달리 다희 어머니의 반응은 전혀 뜻밖이었다. 차마 다희 손을 쉽게 놓지 못하는 다희 어머니의 얼굴에 서운한 기색이 역력한 것이 아닌가.

"선생님, 내 아이가 단번에 내 손을 놓고 저와 헤어지는데 이상하게 제 마음이 기쁘지 않아요. 늘 아이와 함께했는데 저렇게 즐겁게 교실로 뛰어가다니…"

아이가 교실로 들어가지 못하는 것도 걱정, 잘 들어가도 걱정. 부모들은 항상 걱정이 많다. 낯선 환경에서 아이가 울고 긴장하는 것은 이해하겠지만, 성인인 부모가 자녀와 잠시 떨어지는 것에 마음 아파하며 힘들어하는 모습을 보니 분리불안은 유아만의 문제는 아닌 것 같다.

 학부모의 마음 읽기

"부모도 학부모로서 첫 등원이에요. 설레는 한편으론 두렵기도 해요."

다희 어머니의 육아 경험은 유아의 놀이 경험만큼이나 지극히 다양하고 개인적이다. 다희가 외동 자녀인지라 아마 그동안 살아오면서 다희 어머니도 다희도 서로 오랜 시간 떨어져서 생활해본 적이 없을 것이다. 그러니 짧은 헤어짐의 인사만으로 돌아서기가 그리 쉽지는 않았을 것이다. 또한 부모도 자녀와 같이 학부모로서는 첫 등원의 경험이기에 설렘뿐만 아니라 약간의 두려움도 느꼈을 것이다. 다희 어머니는 다희의 첫 등원이 걱정되면서도 기관에 잘 적응하기를 바라는 마음으로 이것저것 아이에게 당부했을 것이다. 다만 아이의 입장이 아니라 기관에 가서 실수하지 말고 알아서 잘해주길 바라는 부모의 입장에서 뭔가 전달하거나, 미리 해결책을 제시했을 것이다. 그리고 그것이 자녀를 도와주는 거라고 생각했을 것이다. 다음과 같은 식으로 말이다.

"내일 첫날인데 엄마와 잘 떨어질 수 있지? 교실이 어디에 있는지 혼자 찾을 수 있지? 화장실 가고 싶을 때 어떻게 하는지도 알고 있지? 만약 걱정되면 전화해 엄마가 빨리 올게."

이렇게 거듭 당부해도 부모 마음은 아이에 대한 불안과 걱정투성이다. 그런데 한편으로는 아이가 부모의 예상을 넘어 잘 헤어지면 안심되면서도 내심 서운하고 묘한 감정이 든다.

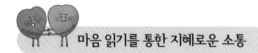 **마음 읽기를 통한 지혜로운 소통**

새학기에는 다양한 유아만큼이나 따라 다양한 상황을 만나게 된다. 다음 선생님은 신입 유아와 어떻게 인사하며 친밀감을 높일지, 어떤 이야기와 태도로 유아가 심리적으로 안정감을 느끼게 할지 고민이 많다. 다만 이러한 교사의 고민과 고민 해결을 위한 다양한 대응 방법을 교사 혼자만 알고 있을 것이 아니라 학부모와 공유할 필요가 있다. 즉 부모와 얼마나 어떻게 소통하고 있는가에 따라 유아의 분리불안뿐만 아니라 새로운 환경의 적응과 부모가 학부모로서 갖는 우려가 달라질 수 있다는 뜻이다. 새로운 기관 또는 익숙하지 않은 교실과 친구들을 만나야 하는 아이의 마음을 헤아리는 것, 부모의 작은 행동과 말이 자녀에게 영향을 미치는 것, 아이에 따라 적응 시간이 더 필요할 수 있다는 것 등에 대하여 교사는 사전에 충분히 소통함으로써 학부모의 이해를 도와야 한다. **불안한 아이에게 필요한 것은 빠른 적응을 바라는 조급함이 아니라 부모의 꾸준하고 안정적인 태도**임을 정작 부모는 잘 알지 못하기 때문이다.

새로운 환경, 낯선 사람을 처음 접하면 자연히 두렵고 불안해지며 빨리 벗어나고 싶어진다. 잘 놀던 유아가 갑자기 울며 엄마를 찾아 뛰쳐나가는 것도 이런 이유이다. 따라서 학기 초에는 애착 물건을 갖고 오게 하거나, 가족사진을 교실에 두는 등 유아가 정서적 안정감을 갖게 한다.

또한 교사는 부모와 강제로 떨어져 심하게 우는 자녀의 모습을 보면서 차마 떨어지지 않는 발걸음을 돌려야 했던 부모의 마음도 헤아리고자 노력해야 한다. 예컨대 유아가 잘 놀이 하는 모습의 장면을 사진을 찍어 남긴다거나, 일과를 마친 이후 귀가 지도 시간에 부모와 짧은 이야기를 하거나 전화와 온라인매체를 통해 자녀의 놀이 모습을 전달할 수도 있다. 이런 노력만으로도 부모는 한결 안심하며 기다릴 수 있게 되고, 학부모와의 신뢰도 조금씩 쌓여간다. 만약 당해연도에 첫 기관 생활을 하는 어린 유아들이 많다면 기관 차원에서 학부모와의 소통을 통해 적응 기간을 탄력적으로 운영하는 것도 좋겠다. 또는 여건이 된다면 유아의 하원 시간을 탄력적으로 운영해 적응에 맞추어 교육기관에 머무는 시간을 점차 늘려나갈 수 있는 방법도 있다.

만약 유아가 부모로부터 분리되는 상황에서 심한 거부감을 정서적으로 표현한다면 일정 기간 부모가 교실에서 자녀와 함께 놀이하면서 점차 유아가 독립적으로 놀이하며 안정감을 찾을 수 있도록 하는 방법도 시도해 볼 수 있다. 교사는 유아의 기질과 특성, 사전경험, 불안의 원인 등을 관찰하고 부모와 충분히 나눔으로써 개개인의 적응을 돕도록 한다.

 이음 선생님은요 '잘 적응한다'라는 건 유아가 '접하게 될 불안감'을 잘 배우는 것입니다. 이를 전달하여 부모가 자녀의 마음을 읽고 학부모로서의 첫걸음을 원활하게 시작할 수 있도록 지원하는 것이 좋습니다.

이음 선생님의 Think Plus
"분리불안과 신학기증후군에 관하여"

분리불안은 정서발달의 한 단계로 생후 8개월 때 시작해 10~18개월 극심하게 나타난다. 새로운 사람을 만나거나, 부모와 떨어지는 경험을 안전하지 못하다고 생각하여 울음 등 극심한 불안감을 표현한다. 다만 대부분 성숙하면서 그 정도가 줄어드는데, 주 양육자와의 불안정 애착관계나, 과잉 애착관계의 부작용으로 분리불안 장애가 될 수 있다. 분리불안 장애가 있으면 등교거부 행동을 보이고, 심한 경우 또래들과 정상적으로 놀지도 못한다. 기질적으로 불안을 더 많이 느끼는 몇몇 유아를 제외하고는 기관에서 1달 정도 생활하면 자연스럽게 적응한다. 따라서 교사는 유아가 낯선 환경에 대한 두려움인지, 기질적으로 예민한 정서적 표현인지, 치료가 병행되어야 하는 상황인지를 살펴 두려움의 자극을 줄여나가도록 한다.

신학기증후군은 자칫 일반적인 적응 과정이라고만 여겨 방치했다가 불안증상, 학습장애 등 심각한 상태로 번질 수 있어 주의가 필요하다. 통학거리, 인간관계, 놀이 공간과 놀이 방식의 차이 등 다양한 요소가 원일일 수 있으므로 새 학기 스트레스 완화를 위해 교사뿐만 아니라 가정에서도 관심과 교육이 중요하다.[*]

〈새학기 증후군 체크리스트〉 내용 중 5개 이상 해당되면 의심해본다.

☑ 짜증과 화를 자주 낸다.
☑ 기관에 대한 이야기를 꺼린다.
☑ 아침에 잘 일어나지 못한다.
☑ 식사량이 눈에 띄게 줄었다.

☑ 하교 후 평소보다 피곤해 한다.
☑ 기관에 가고 싶지 않다고 자주 말한다.
☑ 등교 전 두통이나 복통을 호소한다.
☑ 일어나지도 않은 일에 불안해 한다.

....

[*] 분리불안과 신학기증후군의 내용은 서천석의 《우리아이 괜찮아요》(위즈덤하우스, 2019)와 대한민국 정책브리핑, '나도 새학기 증후군?'을 참고하여 재구성하였음.

왜 우리 애만 친구가 없을까요?

사회성이 부족한 자녀에 대한 걱정이 많은 학부모들이 있다. 교사에게 친구들과 잘 어울릴 수 있게 도움을 당부하지만, 때론 학부모 쪽에서 원인 제공을 하는 경우도 적지 않다. 예컨대 결석이 잦은 유아는 이미 형성된 또래관계에 제대로 녹아들지 못한 채 주변에서 겉돌 가능성이 높기 때문이다. 관련 사례를 만나보자.

 교사, 학부모를 만나다

현빈이는 몇몇 유아들이 종이로 팽이를 만들어 놀이하는 모습을 물끄러미 바라보다가 다움 선생님에게 팽이를 접어달라고 했다. 친구들과 함께 어울려 놀고 싶은데 선뜻 다가서지 못하는 현빈이의 마음을 알아챈 다움 선생님은 (팽이를 능숙하게 잘 접는) 정우에게 물었다.

"정우야, 우리한테 팽이 접는 것 좀 가르쳐줄 수 있니?"

그리고 다움 선생님은 정우, 현빈이와 함께 팽이를 접으며 이야기를 나누었다. 벌써 여름방학을 앞둔 7월 초인데, 현빈이는 친구에게 다가서는 것이 여전히 영 서먹하기만 하다. 사실 현빈이에게는 그럴 만한 사정이 있다. 학기 중 무려 절반 이상 결석했기 때문이다. '오늘은 늦게 일어나서, 컨디션이 좋지 않아서, 엄마에게 볼 일이 있어서, 가족들과 체험학습을 가서, 할머니가 오셔서…' 다양한 사유로 등원하지 못하는 날이 많았던 것이다. 특히 현빈이가 친구들과 친밀감을 형성할 만하면 개인 사정으로 2~3일씩 결석이 이어지는 바람에, 다시 등원하면 친구들과의 관계가 도로 서먹해지는 악순환을 반복하고 있었다.

"현빈이가 오랜만에 등원했는데 오늘도 혼자 놀았다고 하네요. 왜 친구를 못 사귀는 건가요? 혹시 현빈이의 사회성 발달에 문제가 있는 걸까요?"

현빈 어머니의 걱정을 들은 다움 선생님은 그동안 참아온 마음의 소리가 자신도 모르게 다음과 같이 툭 튀어나올까 봐 꾹꾹 참았다.

"자꾸 결석하면 친구를 사귀기 쉽지 않죠. 현빈이가 기관의 일과에 적응하며 친구들과 상호작용할 수 있는 충분한 시간을 주셔야 해요!"

어떻게 해야 현빈이의 결석일수를 줄일 수 있을지, 어떤 지원을 하면 친구들과 긍정적인 관계를 맺을 수 있을지, 다움 선생님은 오늘도 고민이다.

학부모의 마음 읽기

"함께 놀 친구가 없다고 하니까 속상하고 걱정이네요."
"현빈이가 친구들과 사이좋게 지냈으면 좋겠어요."
"원만한 관계를 형성할 수 있도록 선생님이 도와주세요."

현빈 어머니는 유독 아침잠이 많은 현빈이가 잠에서 깨며 투정을 부릴 때면 '그래, 조금 더 쉬게 하자, 잠이 먼저지!' 하는 마음으로 매번 등원시간을 늦추게 된다고 했다. 그로 인해 늦잠이 습관화되어 잦은 결석과 지각, 이로 인한 가정돌봄 시간이 길어지게 되었다는 점을 현빈 어머니도 인정하고 있다.

그러나 현빈이가 집으로 돌아와서 "오늘은 놀 친구가 없어서 나 혼자 놀았어.", "친구가 없으니까 심심해."라는 말을 할 때면, 혹시 아이의 사회성 발달에 문제가 있는 건 아닌지 걱정이 앞선다. 하지만 현빈 어머니는 정작 결석을 자주 하게 되면 친구들과의 관계가 소원해질 수 있다는 근본적인 문제는 미처 생각하지 못했던 것이다. 그래서 혹시 자신이 모르는 친구들과의 갈등 관계가 있는 건 아닌지, 따돌림 등 친구 사귀는 데 어려움을 겪고 있는 건 아닌지 걱정하면서, 선생님이 적극적으로 설명해 주길 원했다. 나아가 교사가 현빈이의 교우관계에 좀 더 신경을 써주면 좋겠다는 생각만 자꾸 드는 것이다.

마음 읽기를 통한 지혜로운 소통

유아가 기관 생활에 잘 적응하기 위해서는 가정에서의 기본적인 협조가 꼭 필요하다. 예를 들면 규칙적인 생활하기, 등원시간 지키기(지각이나 결석하지 않기), 하원시간 지키기, 준비물 챙기기와 같은 것들이다. 현빈 어머니는 이 중 등원시간 지키기를 하지 않았지만, 그것이 현빈이의 기관 생활 적응을 어렵게 한다는 생각은 하지 못했다는 것을 알 수 있다.

한 학기가 지났음에도 불구하고 친구에게 다가서는 것이 어색할 만큼,

현빈이는 그동안 친구들과 친밀감을 형성할 충분한 시간과 기회가 부족했던 것이다. 학기의 절반 이상을 결석했으니 당연히 규칙적인 생활과 거리가 멀었을 것이고, 이미 친밀한 또래관계가 형성된 놀이집단에 파고들어 친구들과 어울려 놀이에 자연스럽게 참여한다는 것이 현빈에게는 쉽지 않았을 것이다. 이런 상황을 무시한 채 현빈이가 친구를 잘 사귀고 잘 어울리길 바란다는 것은 어불성설이다. 먼저 현빈이가 **규칙적인 기관 생활이 가능하도록 돕는 것**이 순서이다.

 이음선생님은요 한 학기가 지나면 대체로 친밀한 또래관계가 형성됩니다. 현빈이는 학기 중 절반 가량 결석하다 보니 이미 형성된 놀이집단에 자연스럽게 어울리기가 쉽지 않았을 거예요. 먼저 어머니께서는 현빈이가 규칙적인 기관 생활이 가능하도록 도와주시고, 저도 현빈이가 좀 더 친구들과 즐겁게 지낼 수 있도록 돕겠습니다.

현빈이의 규칙적인 생활을 돕고 친구들과 즐겁게 지내기 위해 다음과 같이 지원해줄 수 있다. 첫째, 다움 선생님은 '등원시간 지키기'에 대한 현빈 어머니의 적극적인 협조를 요청한다. 자녀의 요구를 무조건적으로 수용하고 허용하는 것이 오히려 자녀의 성장을 방해할 수 있다는 것을 알려야 한다. '일찍 자고 일찍 일어나기'와 같은 기본을 지키는 것은 규칙적인 생활을 위한 최우선이다. 둘째, 잦은 결석으로 인한 현빈이의 부적응 문제를 관찰 기록하여 현빈이의 기관 생활에 대해 꼼꼼하게 정보를 제공한다. 단순히 현빈이가 친구가 없고, 친구들이 안 놀아주는 것이 아니라 친밀감 형성을 위한 시간이 필요함을 안내하고 기다려줄 것을 학부모에게 제안한다. 셋째, 부득이한 사정의 결석으로 현빈이가 친구 관계에 어려움을 느낄 때는 다음 선생님의 따뜻한 관심과 적절한 개입으로 현빈이가 친구들과 자연스럽게 어울릴 수 있는 기회를 마련해주도록 한다.

마지막으로 현빈이가 친구들과 즐겁게 놀이하는 장면, 대화 내용 등을 사진, 동영상, 메모 등으로 남겨 현빈 어머니와 공유한다. 이를 통해 학부모의 불안이 해소될 뿐만 아니라, 학부모의 변화에 따라 유아도 변화될 수 있음을 깨닫게 될 것이다.

이음 선생님의 Think Plus
"유아기 또래관계 형성, 이렇게 도와주세요!"

자녀의 또래관계와 사회성에 대한 걱정을 하며 상담을 요청하는 학부모들이 있다. 이와 관련된 학부모의 질문에 어떻게 소통하면 좋은지 예시로 소개하고자 한다.

유아기에는 발달특성상 자기중심적인 생각을 하게 됩니다. 이것은 성인의 이기적인 성향과는 다른 것이며, 나이가 들어가면서 사람은 각자 다른 생각을 한다는 것을 이해하게 되죠. 또래관계를 잘 형성하려면 나와 친구의 마음이 다를 수 있음을 알아야 하며 상대방의 입장에서 느끼고 생각할 수 있을 때 진정한 '관계'가 시작되지요.

 선생님, 우리 아이가 친구와 잘 관계 맺을 수 있도록 어떻게 도와주면 좋을까요?

친구들과 만날 수 있는 기회를 많이 만들어주세요. 특히, 유아는 친구들과 함께 놀면서 협력하고 배려하는 태도도 배우지만, 다양한 갈등상황을 경험합니다. 이를 해결해 가는 과정을 통해 아이는 친구와 함께하는 즐거움, 관계 맺기의 기술 등을 체득하게 되지요.

 가정에서도 다른 사람의 입장에서 이해할 수 있도록 대화하고 지도할 수 있도록 노력해야겠어요.

아이들은 싸우면서 큰다고 하지요. 이러한 갈등을 통해 아이는 작은 사회를 경험하게 됩니다. 이때 어떻게 문제를 해결해 가는지 어떻게 의사소통하고 협상하는지 믿고 기다려주세요. 처음엔 당황하겠지만 점차 자신만의 전략으로 갈등을 해결해 나가고 다른 사람들과 어울릴 줄 아는 유능성을 발휘해 나갈 겁니다. 아이가 상처받을까봐 부모님이 바로 바로 개입하게 되면 아이는 독립심이나 자율성보다는 의존성을 먼저 배우게 됩니다. 그러니 아이가 스스로 해결할 수 있도록 먼저 믿고 기다려주세요.

 아, 앞으로 아이들 간의 갈등 상황에 덜 여민해야겠어요.

---

* 학부와의 소통 사례는 여성가족부(2017)의 〈부모교육 매뉴얼 제6권 유아 부모〉에서 참고하여 재구성한 것임.

왜 이렇게 전화를 안 받으세요!

교사와 학부모의 소통은 중요하지만, 선을 넘는 잦은 연락은 교사에게 큰 부담이 된다. 불안함이 강한 학부모들 중에는 중요한 사안도 아닌데 수시로 교사에게 전화나 문자로 확인받기를 원한다. 시도 때도 없이 연락하는 학부모를 응대하다 보면 교사도 자연히 피로감을 느낄 수밖에 없다. 관련된 사례를 만나보자.

 교사, 학부모를 만나다

출근 준비로 한창 바쁜 오전 7시, 다움 선생님의 휴대폰 벨이 울린다. 다움 선생님은 발신자를 보기도 전에 벌써 누군지 알 것 같았다. 바로 현우 어머니! 현우 어머니는 등원 전 전달사항이나 요구사항을 다움 선생님 휴대폰으로 빈번히 연락한다. 오늘도 어김없이 "현우의 컨디션이 좋지 않다, 잘 살펴봐 달라, 중간에 전화달라."며 끝없이 당부하는 통에 다움 선생님의 출근 준비를 늦춘다. 가끔은 퇴근시간 이후에도 전화를 걸어오는 현우 어머니 때문에 다움 선생님은 어느새 휴대폰 벨이 울리면 마음이 매우 불편해졌다. 얼마 전에는 퇴근 시간 이후 전화를 제때 받지 않았다는 이유로 현우 어머니의 큰 원성을 산 적도 있다.

"선생님, 왜 이렇게 전화 연결이 안 되는 거예요? 급해서 연락한 건데 바로 안

받으시니까 너무 답답하네요!”

“아침에 바빠서 연락을 못 드릴까봐 지금 전화해요. 내일 가족행사가 있어서
일찍 하원해야 하니까 조기하원 부탁드려요.”

학기 초 학급연락망(온라인 알림장, 교원안심번호 등)을 안내했고, 통화 가
능 시간에 대해서도 공지했으나, 현우 어머니는 이를 까맣게 잊었거나,
아랑곳하지 않는 것 같다. 이렇게 본인 편한 시간에 불쑥불쑥 연락하는
것을 보면……. 사실 다움 선생님은 비상상황이 아닌 이상 근무시간 이전
과 이후에는 학부모와 연락하고 싶지 않다. 하지만 현우 어머니의 감정이
상할까 봐 차마 전화를 거절할 수도, 너무 이르거나 늦은 시간대의 연락
은 자제해 달라고 다시 말씀드리기도 조심스럽다.

 학부모의 마음 읽기

“선생님과 언제든 연락이 돼야 마음이 놓여요.”
“현우는 전달을 잘못하니까 제가 선생님께 직접 전하고 싶어요”
“바쁜 시간에 알림장 쓰기가 불편해요. 시간대 맞추기도 힘들고요.”

현우 어머니는 늦둥이에 외동인 현우를 ‘금이야 옥이야’ 귀하게 키우는
중이다. 부모 마음이 다 그러하겠지만, 현우 어머니의 자식에 대한 마음
은 유독 남달라 보인다. 특히 현우의 기관 생활에 대해 시시콜콜 담임교
사인 다움 선생님과 대면하거나 통화로 확인해야만 마음이 놓인다. 다움
선생님의 답을 즉시 듣지 못하면 불안하고 조바심이 난다.

한편 워킹맘이기도 한 현우 어머니는 기관의 알림장이나 전화통화 가능한 시간대를 맞추기가 상당히 어렵다. 업무에 몰두하다 보면 현우에 대해 전달할 내용을 깜빡하는 경우도 부지기수다. 그러다 보니 어쩔 수 없이 이른 아침이나 저녁 시간에 전화통화를 하게 된다.

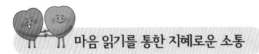

마음 읽기를 통한 지혜로운 소통

행복한 학급운영을 위해 유아와 교사는 긍정적인 관계를 형성해야 한다. 하지만 학부모와 교사의 관계도 그 못지않게 중요하다. 학부모와의 관계가 틀어지면 유아를 중간에 두고 서로의 입장이 난처함을 넘어서 아주 사소한 일로 갈등의 골이 깊어지는 지경까지 이르곤 한다.

다움 선생님은 현우 어머니와의 관계가 불편해지는 상황을 막기 위해 근무시간 이전과 이후 늦은 시간대의 전화 연락을 받아내고 있지만, 이로 인한 스트레스가 만만치 않다. 학부모와의 원만한 관계 유지를 위해 이러한 스트레스까지 참아내는 것이 과연 최선의 방법인지 고민해볼 필요가 있다. 사실 우리는 이러한 학부모를 만났을 때 어떻게 대처해야 하는지 잘 알고 있을 것이다. 다만 이것이 나의 상황이 되었을 때, 그저 매뉴얼대로 대처하기가 결코 쉽지 않다는 것 또한 공감할 것이다. 다움 선생님도 이미 우리가 머릿속으로 구상한 갖가지 방법을 학기 초 안내했지만, 학부모의 비협조로 어려움을 겪고 있다.

일단 다움 선생님은 전체 학부모를 대상으로 '기관과의 원활한 소통을 위한 방법'에 대해 다시 한번 가정통신문을 발송하여 학부모의 이해와 협조를 당부할 필요가 있다. 중간 입학한 유아도 있을 것이고, 현우 어머니처럼 제대로 숙지하지 못한 채 본인 편의대로 연락을 취하는 경우도 있기 때문이다. 또 현우처럼 맞벌이가족의 경우, 학부모가 궁금해할 만한 자녀의 기관 생활을 (당분간) 수시로 알림장을 남긴다거나, 정기적으로 유아의 기관 생활을 공유한다면 학부모의 분리불안감을 다소나마 해결할 수 있을 것으로 보인다. 마지막으로 학부모의 자잘한 요구사항을 들은 후에 소극적으로 대응하기보다 **요구사항 발생 이전에 적극적으로 학부모의 가려운 곳을 긁어주면 어떨까?** 예를 들면, "유아의 컨디션이 어떠했으니 귀가 후 살펴봐 달라, 급식시간에 어떤 반찬을 잘 먹더라, 친구 누구와 어떤 놀이를 하며 즐거워하더라" 등을 하원 시 또는 전화상담이 가능한 오후 시간대를 통해 학부모와 미리 소통하는 것이다. 이를 통해 학부모의 불안감 해소는 물론, 최소한 관련 내용으로 인한 전화는 없을 테니 교사의 스트레스도 한결 줄어든다.

이음선생님은요 오늘 현우는 하루종일 컨디션도, 기분도 좋아 보였습니다. 급식시간에는 밥도 잘 먹었고요. 현우가 친구와 함께 블록으로 유치원 가는 길을 만들었는데, 주도적으로 놀이를 이끌고 자신의 의견을 적극적으로 표현하는 모습도 보였답니다.

아울러 온라인 알림장이나 휴대폰 연락 가능한 시간대를 교사 스스로 지키는 것도 필요하다. 이른 시간부터 밤늦도록 학부모의 모든 전화를 받아주는 것은 정작 교사 본인이 사전 안내한 시간대를 어기는 것이며, 추후 긴급한 전화를 분간할 수 없게 한다. 불쑥불쑥 아무 때나 전화하는 학부모 때문에 스트레스 받는 교사들에게 제안한다. 근무시간 이외의 통화는 **응급이나 비상 상황**으로 제한하자.

우리 애는 일일이 다 챙겨줘야 해요

유아는 아직 많은 부분 어른의 살뜰한 지원을 필요로 한다. 그렇다고 유아 스스로 아무것도 못한다고 생각해서는 곤란하다. 스스로 할 수 있는 것은 조금 느려도 참고 기다려줄 필요도 있다. 독립심은 하루아침에 형성되지 않기 때문이다. 여기 사소한 것 하나도 모두 챙겨달라고 요구하는 학부모 사례를 만나보자.

 교사, 학부모를 만나다

오늘도 어김없이 영희 어머니는 다움 선생님에게 구구절절한 장문의 알리미 글을 보내오셨다.

> "선생님! 오늘 귀연이가 우리 영희가 쓰려는 색종이를 다 가져가서 혼자 사용
> 했다고 하는데 선생님은 보셨나요? 귀연이가 그렇게 할 때 못하게 해주세요.
> 우리 영희는 마음이 여려서 싫은 소리를 못해요."

다움 선생님은 영희 어머니의 글을 읽으며, 상담을 위해 수화기를 들었다. 영희는 평소 친구들과 속상했던 일을 친구나 교사에게는 전혀 표현하지 않다가 집에 가서 엄마에게 말한다. 다움 선생님은 본의 아니게 영희의 속상한 일도 몰라주는 무심한 교사가 되고 말았다.

"어머니! 영희가 친구에게 속상했던 것이 어머니를 보며 생각이 났나 보네요. 영희의 이야기를 듣고 많이 속상하셨겠어요. 유아의 시기는 발달상 자기중심적이라 다른 사람을 잘 생각하지 못할 때가 있어요. 교실에서 색종이를 사용할 때 다른 친구와 함께 사용할 수 있도록 지도하겠습니다. 영희도 속상할 때 친구에게 자신의 의견을 이야기할 수 있도록 지도하고 노력해보는 것이 필요할 것 같아요. 영희와 귀연이는 서로 좋은 친구랍니다. 아이들이 나쁜 마음으로 하는 행동들이 아니니 조금만 더 이해를 부탁드립니다."

한참의 통화 끝에 영희 어머니도 한결 목소리가 차분해졌고, 다움 선생님도 한숨을 돌릴 수 있었다. 하지만 하루 이틀도 아니고, 다움 선생님은 매일 영희를 대신해서 영희의 친구 관계를 해결해 달라는 영희 어머니의 끝없는 요구에 영희를 어떻게 지원해야 할지, 영희 어머니와 어떻게 소통해야 좋을지 깊은 고민에 빠진다.

 학부모의 마음 읽기

"우리 아이가 기관에서도 속상한 일이 생기면 선생님이나 친구들에게 이야기했으면 좋겠어. 선생님도 우리 아이가 속상해하는 일이 생길 때 마음을 잘 어루만져주면 좋으련만…"

영희 어머니는 작은 변화 앞에서도 불안하다. 새로운 학기에 교사가 바뀌었는데 우리 영희는 잘 적응하고, 친구들과 잘 지낼지 걱정이다. 영희가 속상한 일이 있어도 선생님이 어려워서 말도 못 꺼내는 건 아닌지 궁금하다. 영희가 어려움이 생길 때 다움 선생님에게 도움을 요청하거나 다움 선생님이 영희를 먼저 보시고 잘 도와준다면 내가 선생님께 전화를 자주 하지 않아도 될 텐데… 그러니 다움 선생님이 우리 영희의 기관 생활에 대해 자주 알려주시면 좋겠다. 집에서 엄마에게 하듯이 선생님에게 좀 더 편하게 말하고 친구들과 행복하게 지내면 좋겠는데.

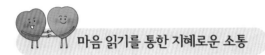

마음 읽기를 통한 지혜로운 소통

유아 간에 일어나는 갈등 상황이 기관 내에서 제대로 해결되지 못한 채 가정으로 이어져 학부모가 문제를 제기되는 상황이 반복되면 학부모와 교사 사이는 자연히 불편해질 수밖에 없다. 무엇보다 유아에 대해 늘 불안해하고 보호하려는 욕구가 강한 학부모라면 유아의 기관 생활을 유심히 관찰하고 이를 자주 전달함으로써 교사의 마음이 한결같으며 신뢰할 수 있는 존재임을 느낄 수 있도록 해야 한다.

유아의 발달 과정에서 무수히 많은 일들이 벌어질 수 있으며, 친구들 사이에 일어나는 일에 대해서도 **유아 스스로 해결할 기회를 제공하고, 나아가 스스로 갈등을 해결하는 힘을 키우도록 지도**해야 함을 부모에게 이해시키는 과정이 필요하다. 친구와 의견이 다르거나 갈등이 생겼을 때 어떻게 반응을 보였는지 관찰해보아야 한다. 아무런 표현을 하지 않았을 때는 다른 친구의 생각과 마음을 몰랐었을 수도 있다.

> "귀연아! 나도 예쁜 색종이 쓰고 싶었어. 네가 다 가져가서 나의 마음이 많이
> 속상했는데 말을 할 수가 없었어. 속상해서 울 것 같았거든."

귀연이에게도 친구와 함께 공유해야 할 물건이 있을 때는 다른 사람도 필요한지 물어보는 배려의 태도가 필요하다는 것을 알려주어야 한다.

> "귀연아! 영희도 예쁜 색종이를 쓰고 싶었나 봐. 근데 네가 다 가져갔을 때 영희의 마음이 어땠을까? 색종이는 함께 사용하는 물건이니 혹시 너도 필요한지 물어봤다면 영희의 마음은 어땠을까? 배려하는 네 마음을 느끼면 영희는 너를 더 좋아하게 될 거야. 더 좋은 친구가 되는 거지."

유아가 갈등이 생겼을 때 자신의 생각과 감정을 표현하고 갈등을 스스로 해결할 수 있는 기회를 제공하고 갈등을 해결할 수 있도록 안내해야 한다.

> "귀연아! 색종이 정말 이쁘지? 나도 그 색종이 필요한데 같이 써도 될까? 부족하면 선생님께 더 달라고 말하자. 그러면 둘 다 작품을 완성할 수 있을 것 같아. 네 생각은 어때?"

또 유아가 평소 자신의 마음을 표현하기 어려워하고, 친구와의 갈등 상황을 잘 해결하지 못한다면 교사는 유아뿐만 아니라 부모도 지원해야 한다. 즉 부모가 유아에게 자신을 표현하는 법, 갈등을 해결하는 법을 꾸준히 알려주고 격려할 수 있도록 학부모에 대한 지원이 필요하다.

이음 선생님은요 어머니! 영희가 집에 와서 속상한 것을 말할 때 영희의 마음과 생각을 경청해주는 것은 정말 잘하고 계세요. 그러나 영희가 친구와의 관계 속에서 속상한 일이 생겼을 때 말로 표현하지 않으면 친구는 영희의 생각과 마음을 모를 수 있다는 것을 꼭 알려주셔야 해요. 하지만 친구에게 자신의 생각과 마음을 표현하는 것이 두려울 수 있으니 용기가 생기도록 격려도 필요합니다. 친구에게 자기의 생각과 마음을 잘 표현해야 자존감이 형성됩니다. 또한 친구와의 의견 차이를 긍정적으로 해결해야 친구들 사이에서도 존중받을 수 있어요. 친구를 존중하면서도 자신의 마음과 생각을 표현할 수 있도록 도와주세요. "나도 ~을 하고 싶어.", "~야, 나에게 나누어주면 너가 부족하지는 않아?", "가위, 바위, 보로 정해보면 어떨까?", "~하면 우리 둘 다 재미있을 것 같아.", "이번 순서는 나야. 너의 순서는 마지막이잖아.", "난 그런 마음은 몰랐네.", "세 명이 하거나 아니면 팽이치기하자."와 같이 상황에 따라 대화 속에서 갈등을 해결하는 방법을 알려주시고 표현할 수 있도록 하는 것이 필요합니다. 저도 잘 지도하겠습니다. 가정에서도 함께 노력해주세요.

이음 선생님의 Think Plus
"스스로 갈등을 해결해요!"

유아들이 겪는 갈등 중에는 해결을 위해 부모나 교사의 도움이 필요한 것들도 있지만, 시간이 조금 걸리더라도 유아 스스로 해결할 수 있는 것들도 있다. 조금의 기다림도 없이 부모와 교사가 일일이 해결해준다면 유아는 타인과의 관계 맺음에 대해 어려움을 겪게 될 것이다. 유아 스스로 친사회적인 관계를 맺어가는 방법을 알아가고, 사회적 기술과 태도를 배워가는 데 성공적인 전략과 경험이 필요하다.

친구와 의견이 다를 때 갈등을 어떻게 해결하는지에 따라 친구 관계의 지속성은 달라진다. 자신도 만족하고 다른 사람의 의견 차이를 긍정적으로 해결할 수 있어야 유아들과의 관계가 지속될 수 있기 때문이다. 너무 수동적이어서 자기 주장을 못하는 유아의 경우 자존감을 잃고, 친구들 사이에서도 존중을 받지 못하게 된다. 공격적인 반응의 유아도 또래의 관계 속에서 어려움을 겪게 된다. 협상 기술을 효과적으로 사용하는 것과 정확하게 의사소통을 하는 능력은 깊은 관계가 있다(Holden, 1997). 기관과 가정에서는 유아들의 갈등상황 시 성공적으로 타인과의 대화를 할 수 있도록 지원해야 한다. 그 과정을 통해 성공적인 협상을 경험하며 다른 사람들과 긍정적인 관계를 맺을 수 있도록 해야 한다.

| 갈등상황 시 성공적으로 문제해결을 이끄는 대화법 |

개인의 권리, 욕구, 감정 표현하기	"이번에는 내가 색깔을 고르고 싶어."
타인의 권리와 마음을 읽고 인정하기	"그래, 네가 그 블록을 놀이하려고 오래 기다렸지. 기다린다고 힘들었겠다."
갈등에 대해 평화로운 해결책 제안하기	"그럼, 우리 주사위를 던져서 정하는 것은 어때?"
제안한 해결책의 이유 설명하기	"이렇게 하면 우리 둘 다 할 수 있어. 둘 다 재미있는 방법을 선택하자."
부당한 요구에 맞서기	"아니야, 네가 마지막에 해야 해. 지금은 나의 순서야."
합리적인 불일치 받아들이기	"그래, 난 그런 생각은 못했어."
해결책 제안하기	"너랑 나랑 같이 기다리거나, 아니면 블록놀이를 하러 가자."

우리 애가 ADHD일 리 없어요!

유아 문제행동의 상당수는 성장하며 자연스럽게 개선될 수 있다. 하지만 전문적인 도움이 필요한 심각한 문제행동을 보이는 유아도 있다. 이때 학부모는 자녀에게 문제가 있다는 사실을 인정하기 어려워하는 경우도 많다. 하지만 무조건 회피하다가는 자칫 치료의 골든타임을 놓칠 수 있다. 관련된 사례를 만나보자.

 교사, 학부모를 만나다

시끌시끌~ 와글와글~ 아이들과 즐겁게 놀이하고 있는 다움 선생님. 놀이에 한창 빠져 있는데 아이들의 웅성거리는 소리가 들린다.

"선생님! 화장실 물이 안 내려가요!"
"선생님, 화장실 고장났어요!"

다움 선생님이 화장실을 살펴보니 남자용 소변기에 작은 레고 조각들이 떨어져 있고, 여자용 양변기 안에도 작은 레고 조각이 한가득이다. 그 순간 조금 전까지 레고놀이에 열중하던 철호의 모습이 떠오른다.

"선생님! 철호가 했을 거예요. 지난번에도 그랬잖아요!"

사실 철호는 지난번에도 레고를 화장실 양변기에 넣어서 고장을 냈던 전례가 있었기에 다움 선생님은 철호를 불러 이야기를 나누어본다.

> "철호야, 아까 철호가 레고놀이를 하고 있었지? 친구들이 철호가 레고를 들고
> 화장실로 들어가는 걸 봤다고 하는데 혹시 그 레고를 어떻게 했니?"

그런데 철호는 그냥 갑자기 변기에 넣고 싶어서 그랬다며 너무나 당당하게 말한다. 사실 이번 일뿐만 아니라 철호는 평소 충동적인 행동이 잦았다. 수업 시간에 갑자기 교실 밖으로 뛰쳐나가 복도를 마구 달리는 건 예사이고, 방과후과정 선생님 시간에는 전혀 수업을 듣지 않고 교실을 돌아다니거나 누워 있기 일쑤였다. 심지어 자기 뜻대로 되지 않으면 친구에게 침을 뱉거나 놀잇감을 집어던지며 울어버리고, 선생님이나 친구들에게 고성을 지르는 일도 허다했다.

다움 선생님은 그동안에도 어머니와 철호의 문제행동에 자주 대화를 나누기는 했지만, 오늘은 마음을 굳게 먹고 어머니께 철호의 치료 이야기를 조심스레 꺼내보았다. 그런데 철호 어머니의 반응은 완강했다.

> "선생님! 우리 애가 집에서는 안 그래요. 얼마나 집중해서 잘 노는데요? 친구
> 들이랑 싸우는 것도 그래요. 친구 잘못도 있겠죠. 철호가 키가 작아서 제 딴에
> 는 힘이 부족하니까 침을 뱉거나 했을 수 있고요. 선생님이 우리 애한테만 너무
> 엄하신 거 아닌가요? 우리 철호, 병원 갈 정도는 아니에요!"

다움 선생님은 철호의 더 나은 성장을 위해 고민 끝에 굳게 마음을 먹고 전문가의 상담을 조심스레 제안했건만, 어머니는 거절은 물론, 오히려

다움 선생님의 지도 방법을 지적한 것이다. 교사와 부모가 한마음으로 유아의 발달을 지원할 때 행복하고 따뜻한 성장이 이루어질 텐데, 교사의 제안을 단칼에 거절하고 마음의 문을 닫아버리는 학부모. 이런 상황에서 다움 선생님은 어떻게 해야 할까?

학부모의 마음 읽기

"우리 철호가 정말 치료까지 필요할 정도로 심각할 리가 없어. 물론 다른 아이들보다 조금 특별하고 힘들 때도 있긴 했지만… 다른 아이들도 전혀 문제가 없는 건 아닐 텐데… 충분히 기관과 가정에서 해결할 수 있는 일인데 괜히 아이만 고생시키고 이상한 아이라는 낙인이 찍히는 것은 아닐까? 선생님도 분명 고민 끝에 치료를 권유하셨겠지만… 부모로서 너무 무서운걸…"

하루 중 가장 오랜 시간 유아를 곁에서 지켜보고 관찰하는 것은 유아 교사 이전에 부모일 것이다. 어쩌면 교사가 관찰한 문제상황들은 이미 부모가 먼저 알아챘을 가능성이 크다. 다만 부모로서 문제를 인정하는 것이 두렵기도 하며, 마음도 아프고, 한편으론 화가 나는 등의 다양한 감정이 뒤섞여 심리적으로 복잡하고 어려운 상황일 수 있다.

교사는 자녀의 문제를 인정해야만 하는 부모의 복잡한 마음을 이해하려고 노력하며 좀 더 여유를 갖고 기다리는 것이 좋다. 아마 교사가 말을 꺼낸 순간부터 학부모는 이미 갖고 있던 생각들이 한껏 증폭되어 온갖 감정들이 오갔을 것이다. 부모도 부모가 처음이다. 부모가 마음을 가라앉히고 인정할 시간을 기다려주면 어떨까?

마음 읽기를 통한 지혜로운 소통

전문가 상담과 치료는 타이밍이 중요하다. 교사와 부모는 모두 유아들의 따뜻하고 행복한 성장을 목적으로 하는 만큼 힘을 합쳐야 한다. 이에 자녀의 상황을 쉽게 인정하기 어려운 부모의 마음에 공감하며 대화를 어떻게 풀어갈 것인지 고민해보자.

> **이음 선생님은요** 철호에 대한 상담 권유로 많이 놀라셨죠. 철호가 더 많은 친구들과 즐겁게 잘 지냈으면 하는 마음에서 말씀드렸어요. 철호는 기관에서도 혼자 놀이할 때는 집중하지만, 친구들과 함께할 때면 유독 힘들어하는 것 같거든요. 앞으로 철호가 성장할수록 타인과 함께할 일들이 점점 많아질 텐데, 타인과의 관계 속에서 기다리고 이해하며 함께 문제를 해결하고 어울리는 법을 배우는 것도 중요하지 않을까요?

또 교사의 판단을 신뢰해준 부모의 결정에 감사를 표함으로써 학부모와 교사의 신뢰관계를 더욱 공고히 할 수 있음을 이야기하고, 이러한 판단과 상담의 과정이 전적으로 유아를 위한 것임을 다시금 이야기한다.

> **이음 선생님은요** 결정하기 힘든 이야기였을텐데 제 말을 함께 들어주시고 이해해주셔서 감사합니다. 앞으로 부모님과 제가 함께 철호의 이야기를 공유하면서 철호가 더 사랑받고 행복한 사람으로 자랄 수 있도록 노력하고 싶습니다. 특별히 제 도움이나 지도가 필요한 일이 있으면 편하게 말씀해주세요. 저도 철호가 친구들과 함께 행복한 기관 생활을 할 수 있도록 더욱 노력하도록 하겠습니다.

전문 상담이나 치료를 권유하는 것은 굉장히 조심스럽고 신중한 판단이 필요하다. 때로는 전문가를 만난 후 아이의 문제행동이 상담이나 치료까지는 필요 없는 정상범주로 진단될 수도 있다. 결과적으로는 다행이지만, 부모의 입장에서는 교사의 신중하지 못한 판단 때문에 공연한 호들갑을 떨었다며, 자칫 교사의 판단력에 대한 불신을 갖게 될 수도 있기 때문이다. 그러므로 교사가 그러한 판단에 이르기까지의 과정을 부모가 신뢰할 수 있도록 다양한 유형의 자료(영상, 사진, 일화기록, 유아와의 상담 내용 녹음 등)를 풍부하게 준비하는 것이 좋다. 모든 치료는 적기에 이루어져야 한다. 유아들의 성장을 위한 교사의 용기가 필요하다.

이음 선생님의 Think Plus
"학부모에게 전문가의 진단을 권하기 전에"

다음은 유아 ADHD 간편 평가지다. 주의력만 결핍되거나, 과잉행동만 중점적으로 나타나거나, 혼재하여 나타날 수 있다.(① 전혀 없음, ② 약간, ③ 상당히, ④ 아주 심함)[*]

☑ 차분하지 못하고 지나치게 활동적

☑ 쉽게 흥분하고 충동적

☑ 다른 아이들에게 방해가 됨

☑ 시작한 일을 못 끝내고, 집중시간이 짧음

☑ 늘 안절부절못함

☑ 주의력이 없고 쉽게 주의가 분산됨

☑ 요구사항을 들어주지 않으면 쉽게 좌절

☑ 자주 또 쉽게 울어버림

☑ 기분변화가 심함

☑ 분노폭발, 격한 감정, 행동 예측이 어려움.

....

[*] 안성시 장애아 재활치료센터에서 제공한 평가지(오경자 · 이혜련, 1989 재인용)이다. 16점 이상이면 전문가 상담과 정밀한 심리검사를 권고.

매번 우리 애만 당하는 거 같군요

늘 함께 지내다가 자녀를 기관에 보낸 학부모는 마치 위험한 물가에 내놓기라도 한 것처럼 불안해하기도 한다. 또 자녀가 어떤 갈등상황에 놓였을 때, 문제를 객관적으로 바라보기보다는 내 아이만 늘 일방적으로 피해를 입는 것처럼 불안하며 교사에게 억울함을 호소하기도 한다. 이와 관련된 사례를 만나보자.

 교사, 학부모를 만나다

다움 선생님은 귀가시간에 지수를 데리러 온 지수 어머니에게 오늘 놀이 과정에서 있었던 갈등상황을 전달했다. 오늘 지수가 친구들과 블록으로 주차장을 꾸미고 있었는데, 함께 놀던 준호가 갑자기 친구들과 만든 것이 마음에 안 든다며 처음부터 다시 만들자고 이야기하는 과정에서 갈등상황이 발생했다. 준호는 주차장을 2층으로 하려면 오르막길을 만들어야 하니 다시 만들자는 의견을 냈지만, 친구들이 동조해주지 않자 신경질을 내는 과정에서 지수의 팔을 내리친 것이다. 사실 그동안에도 준호는 친구들과 블록놀이를 즐겨 하지만, 자기 마음대로 친구들이 따라주지 않으면 고함을 지르거나 주먹을 쥐고 때리려는 위협적인 행동을 많이 해서 함께 놀던 친구들이 "오늘도 준호한테 맞았어요.", "준호는 매번 자기 마음대로 안 되면 화를 내요." 라며 속상하다고 말하곤 했다.

지수 어머니도 학기 초에는 "아이들이니까 그럴 수도 있지요."라며 이해해주셨다. 하지만 비슷한 상황이 반복되자 이제는 교사의 훈육과 생활지도 방법에 문제가 있는 것 아니냐며 아쉬움을 드러내기도 했다. 오늘도 상황을 설명하니 지수 어머니의 표정이 금세 어두워지더니 지난번 일까지 꺼내 이야기하며 속상함을 토로한다.

> "선생님이 무섭게 화도 내고 혼도 내고 해야 준호가 그런 행동을 안할 텐데,
> 너무 약하게 이야기하시니까 우리 애만 또 맞는 일이 생기는 거 아닌가요?"

다움 선생님은 유아의 생활지도와 학부모 상담 과정에서 난처함과 자신의 전문성에 대한 고민으로 착잡함마저 느낀다.

 학부모의 마음 읽기

> "우리 애만 친구들 사이에서 계속 치이는 것 같아서 너무 속상해."
> "선생님이 평소에 친절하신 건 좋은데 때로는 훈육이 필요한 상황에서는 좀 더
> 엄하게 지도해주시면 좋겠어."

지수 어머니는 안 그래도 체구가 작은 지수의 안전과 건강을 중요시하여 기관의 규칙과 약속을 꼭 지키도록 아이에게 자주 이야기하며, 매일 하원 시에 마음과 건강 상태를 자주 챙기며 확인하는 편이었다. 그래서인지 지수가 조금이라도 속상한 내색을 보이면 불안해하며 이와 관련한 걱정이 꼬리에 꼬리를 물고 이어지곤 한다.

마음 읽기를 통한 지혜로운 소통

다움 선생님은 지수 어머니의 불안한 마음을 이해하고 **학급경영에 대한 교사의 철학, 훈육과 생활지도 방법 등에 대해 자주 소통**할 필요가 있다. 또 아이들 간의 갈등을 평소 어떻게 해결하려고 노력하는지도 지속적으로 알려주어 신뢰감을 주면 불안감을 덜어줄 수 있을 것이다.

이음 선생님은요 지수 어머니, 또 이런 말씀을 드리게 되어서 저도 너무 안타깝네요.
어머님도 이런 일이 반복되니 얼마나 마음이 속상하시겠어요. 저도
아이들의 놀이를 관찰하다가 아이들끼리 해결하기 어려운 갈등이
생기면 직접 개입해서 도움을 주고 있어요. 그리고 상황에 따라 친절하게 이야
기할 때도 있지만, 단호하게 주의를 주기도 합니다. 하지만 아이들마다 자신의
감정을 적절하게 조절하고 긍정적으로 표현하도록 변화하는 데 시간이 더디 걸
릴 수 있습니다. 제가 더 열심히 아이들의 놀이를 관찰하고 생활지도를 하며 주
의 깊게 살펴보겠습니다.

사례의 지수 어머니처럼 교사의 교육 방법에 대해 불안감을 드러내는 경우, 학부모가 인내심을 갖고 유아의 행동이 변화되기까지 함께 기다려주도록 이해와 협조를 간곡히 부탁드리자.

이음 선생님은요 어머니께서는 당연히 그렇게 생각하실 수 있죠.
많이 속상하셨을 텐데, 이해해주셔서 감사드려요.
모든 아이들을 함께 키우는 마음으로 인내심을 갖고 협조해주셔
서 감사합니다.

또한 준호처럼 자신의 감정 조절에 어려움을 겪는 유아와 학부모에게도 도움을 줄 수 있도록 **가정과 연계하여 생활지도**를 하는 것이 필요하다.

이음 선생님은요 준호가 학기 초보다 공격적인 행동을 보이는 빈도가 조금씩 나아지고 있어요. 저는 준호가 친구들과 의견이 다를 때 자신의 감정과 생각을 긍정적으로 표현해서 친구들과 사이좋게 지낼 수 있도록 도와주고 싶어요. 그래서 준호가 감정을 잘 조절하여 정서적·심리적으로 안정감을 갖고 친구들과 행복하게 생활하며 성장하면 좋겠어요.

이음 선생님의 Think Plus
"유아교육기관에도 '학폭위'가 있다? 없다?"

최근 기관에서도 아이들 간의 갈등 상황이 원만히 해결되지 않아 유아 간 폭력 사안이 점점 증가되면서 기관에도 초등학교처럼 학교폭력대책심의위원회를 운영할 수 있는지에 대해 문의를 하는 학부모가 있다. 학교폭력예방 및 대책에 관한 법률([시행 2021. 6. 23.] [법률 제17668호, 2020. 12. 22., 일부개정])의 의하면 '학교'란 「초·중등교육법」 제2조에 따른 초등학교·중학교·고등학교·특수학교 및 각종학교와 같은 법 제61조에 따라 운영하는 학교를 의미한다. 따라서 유아 간 폭력 사안 발생 시 학교폭력 관련 법률, 교육부와 교육청의 지침 및 매뉴얼 등 적용 범위에 유치원은 대상으로 규정되지 않아 전문적 도움을 받기 어렵다. 그러나 학교폭력의 범위가 점차 저연령화되어 가고 있으며 학교폭력 예방을 위해 유아기부터 인성교육 및 조기 예방교육의 중요성이 강조되고 있다.

아픈 애니까 당연히 걱정스럽죠…

아픈 손가락이라고 했던가? 몸이 약한 자녀를 둔 부모는 행여 자녀가 기관 생활에서 건강에 해로운 뭔가를 접하거나 하면 어쩌나 불안한 마음에 전전긍긍한다. 특히 아토피가 심한 자녀를 둔 부모들은 관리 소홀로 인해 증세가 심해져 고통스러워할 아이 생각에 걱정이 이만저만이 아니다. 관련된 사례를 만나보자.

 교사, 학부모를 만나다

이른 아침, 출근 준비로 바빠 걸려온 전화를 받지 못했더니 교실에 발을 들이기도 전에 다움 선생님의 핸드폰이 다시 요란하게 울렸다. 예상은 했지만, 역시 도영 어머니의 전화였다.

> "선생님, 오늘 우리 도영이가 컨디션이 너무 안 좋아요. 어제 피부가 유난히 더 간지러웠는지 긁다가 늦게서야 잠들었거든요. 아침도 조금 먹다 말았어요. 기분이 어떤지 오늘 특히 더 잘 좀 봐주세요."

바쁜 와중에도 다움 선생님은 도영 어머니에게 그러겠다고 답하며 전화를 끊었고, 도영이를 유심히 살폈다. 다행히 그날 도영이의 모습에서는 다른 날과 특별히 다른 점은 찾지 못했다. 아이들과 놀이하고 이야기를 나누고 부지런히 하루를 꾸려가는 와중에 다움 선생님 주머니 속 핸드폰이 계속 울렸다. 역시나 오전에 이미 통화한 도영 어머니의 전화이다. 아이들과 함께하느라 결국 전화를 받지 못하자 얼마 후 교무실에서 메시지가 왔다. 도영 어머니가 교무실로 전화를 한 것이다.

> "다움 선생님, 도영이가 오늘 아침을 조금밖에 안 먹었다고 도영 어머니가 전화하셨어요. 오늘 밥 좀 잘 먹는지 봐달라네요? 그리고 오늘은 소시지라 먹으면 아토피가 심해질 수 있다고 3개 이상 못 먹게 해달라고 하시네요."

도영이는 아토피가 심한 편이다. 그리고 워킹맘인 도영 어머니는 본인의 근무 시간이 아닌 이른 아침, 늦은 밤, 때론 주말까지도 아이의 컨디션 체크나 그 밖에 다양한 요구사항 전달을 위해 다움 선생님에게 수시로 연락하곤 한다. 전화를 받지 않으면 이번처럼 교무실로 전화하거나 메시지를 남겨달라는 부탁도 한다. 이런 상황에서 다움 선생님을 더 힘들게 하는 건 아토피와 관련된 일뿐만이 아닌 도영이가 아토피라는 이유로 건강 외적 사항들에 대한 특별한 배려를 바란다는 점이었다. 예컨대 도영 어머니는 날씨가 더우면 도영이는 물론 반 전체가 바깥놀이를 자제해달라고 요구하거나, 어느 날은 도영이의 기분을 특별히 살펴 중간중간 계속 연락을 달라고 하거나, 친구와 싸우면 열이 올라 피부에 좋지 않다면서 친구관계에 있어서까지 도영이가 무조건 배려받기를 원하는 바람에 다움 선생님은 곤란할 때가 많다. 한편으론 아픈 아이 걱정에 전전긍긍하는 도영 어머니의 마음이 이해되면서도 도영이로 인해 배려받지 못하는 다른 아이들과, 하루 종일 연락에 시달리며 배려받지 못하는 다움 선생님 본인을 생각하니 마음이 답답할 뿐이다.

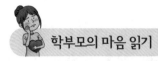

"우리 도영이는 아프잖아요. 매일 피가 나도록 긁는 모습을 지켜보면 마음이
너무 아파요. 도영이가 제일 오랜 시간 머무는 곳이 기관이니 제가 선생님에게
부탁을 안 드릴 수가 없어요. 선생님이 바쁘신 건 당연히 저도 알죠. 하지만 아
이를 상대하는 직업을 가진 선생님은 아이가 가장 최우선이어야 하지 않나요?
도영이에 대한 이야기를 나누어야 하는데 저도 업무가 바쁠 때는 통화를 할 수
가 없어요. 그래서 어쩔 수 없이 가능한 시간에 전화드리는 거예요. 그리고 우
리 아이가 아프니까 다른 아이보다 좀 더 배려해주면 안 될까요?"

부모에게 아픈 아이는 늘 안타깝고 마음이 쓰일 수밖에 없다. 또한 아이
와 오랜 시간 떨어져 지내는 맞벌이가족의 경우 더 심할 수도 있을 듯하
다. 판단의 기준은 모두 다르지만, 상황 속 도영이는 계속해서 의료연고
를 바르거나, 때때로 피부에서 진물과 피가 날 만큼 심한 아토피를 가진
유아이다. 이에 도영 어머니는 자신이 직접 지켜볼 수 없는 시간대에 기
관에 가 있는 동안 계속적으로 교사에게 연락해서 확인하는 등의 방법으
로 자신의 불안을 해소하고 싶어하는 것 같다.

　하지만 교사는 도영이뿐만이 아닌 다른 많은 유아들과 함께하는 시간
또한 소중히 여겨야 할 책무가 있다. 아울러 교사의 사생활과 휴식 또한
당연히 존중받아야 한다. 하지만 사례에서 나타난 도영 어머니는 자기
아이에 대한 걱정 때문에 아이 외 다른 사람들에 대한 배려는 다소 소홀
해 보이는 듯하다. 어머니의 걱정과 불안을 덜어드리고, 다른 아이들의
시간과 다음 선생님의 사생활 또한 도영 어머니에게 배려받을 수 있는
타협점은 없을까?

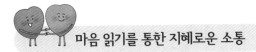

마음 읽기를 통한 지혜로운 소통

아이들의 작은 상처나 건강상의 문제도 부모에게는 큰 걱정거리가 된다. 평소 잦은 병치레를 하는 유아도 있을 것이고, 특히 환경문제가 날로 심각해지는 요즘, 아토피와 같은 피부질환을 겪고 있는 유아들이 점점 더 많아지고 있다. 아토피를 가진 유아의 학부모와는 어떻게 소통해야 신뢰를 증진하고 협력적인 관계를 형성할 수 있을까?

이음 선생님은요 도영이에 대한 걱정이 많으시죠? 그런데 도영이는 참 의젓하게 기관 생활을 잘하고 있습니다. 음식에 대한 것은 제가 일방적으로 먹지 못하게 하는 것보다는 도영이가 자제해야 하는 것들에 대해 저는 물론, 가족도 도영이와 함께 관련된 이야기를 지속적으로 나누면 도영이 스스로 건강에 좋은 음식을 선택하고 그렇지 않은 음식을 참는 힘을 기르는 데 도움이 될 것 같아요.

또한 외부활동이 부적절한 수준의 폭염이 아닌 이상, 더운 날씨라고 해서 모든 아이들이 도영이 때문에 바깥놀이나 외부활동을 못하게 되는 것은 교육적으로 바람직하지 않다. 따라서 도영 어머니와의 타협점을 함께 찾아갈 기회를 갖도록 하자. 친구관계도 마찬가지로 도영이가 스스로 해결해나갈 수 있는 교육적 방안을 제시해봐야 할 것이다.

이음 선생님은요 저희도 너무 더운 날씨에는 실외활동을 피하고 있습니다. 하지만 덥다고 무조건 실외활동을 하지 않을 순 없습니다. 도영이에게 모자나 선크림 등을 준비시켜주시면 제가 더 신경 써서 착용하거나 바를 수 있도록 도와주겠습니다. 걱정하시는 친구관계에 있어서도 도영이가 스스로 노력하면서 잘 지내고 있습니다. 저도 도영이 건강에 무리가 가지 않는 선에서 스스로 문제를 해결할 수 있도록 돕겠습니다.

이처럼 음식, 바깥놀이, 친구관계 등 도영 어머니가 가장 걱정스럽게 생각하는 사안들에 대해 구체적인 협력 방안을 함께 이야기해본다. 이 외에도 걱정되는 바가 있으면 구체적인 내용을 들어보고 대처 방안을 함께 찾아보면 좋을 것이다. 그리고 중요한 것은 도영이만이 아닌 **교사와 다른 유아들의 시간 또한 배려받아야 하는 점**이다. 이에 대해 명확한 한계선을 지켜주길 바란다는 것도 단호하게 명시할 필요가 있다.

[이음 선생님은요] 도영이의 아토피 개선을 위해 또 걱정하시는 점은 무엇이 있을까요? 말씀해주신 부분에 대해 제가 좀 더 신경써서 관찰하고 지도하도록 하겠습니다. 다만 도영이 말고도 다른 아이들이 교실에서 함께 생활하고 있기 때문에 아이들과 함께하는 시간에는 아이들에게만 집중해야 하다 보니 걸려오는 전화나 메시지를 모두 받기는 힘든 상황입니다. 다른 아이들의 시간도 소중하기 때문에 이에 대해 이해해주셨으면 좋겠습니다. 또 어머니께서도 직장에서 시간을 맞추는 것이 힘드시겠지만, 되도록 늦은 시간 연락은 피해주시면 감사하겠습니다.

최근에는 기관 차원에서 아예 교사의 개인번호를 공개하지 않는 등 사회적으로 교사의 사생활을 존중하는 흐름을 지향하는 점은 바람직하다. 교사의 입장에 대한 고려가 전혀 없는 학부모의 경우 기관 차원, 기관의 관리자 차원에서 소통 방법에 대한 고민을 함께해주어야 할 것이다.

증상의 경중은 있지만, 아토피를 가진 유아들이 많다. 특히 아토피 증상이 심한 경우 유아 삶의 질을 크게 떨어뜨리는 만큼 잘 관리할 필요가 있다. 아래의 내용은 가정에도 함께 공유하면 좋을 것이다.

☑ 건조하면 더 가려워요~ 보습 및 피부 관리를 철저히!

☑ 목욕은 미지근한 물로 매일! 단 10분 내외로!

☑ 보습을 위해 하루 2번 목욕 직후 보습제를 발라요!

☑ 피부 자극이 없는 천연 소재의 옷을 입어요!

☑ 손톱과 발톱은 최대한 짧게 깎아요!

☑ 알레르기가 있는 식품만 제한해요!

☑ 스트레스를 받지 않도록 주의해요!

☑ 섣부른 민간요법은 위험! 검증된 전문가의 치료가 필요해요!

....
* 싱크플러스에서 안내한 아토피 관리방안은 질병관리청 사이트에서 참고하여 재구성한 것임.

자꾸 친구 몸을 궁금해한다고요?

자녀의 문제행동 중 특히 성 문제는 부모들의 말 못할 고민 중 하나이다. 혹시 내 아이가 정말로 성에 문제가 있으면 어쩌나 불안해한다. 특히 요즘 들어 부쩍 성에 잔뜩 호기심을 보이는 아들을 둔 부모라면 고민은 더욱 깊어진다. 행여 친구에게 성 관련 문제를 일으킬까 봐 전전긍긍하는 것이다. 관련된 사례를 만나보자.

 교사, 학부모를 만나다

자유놀이시간에 4세 시우는 친구들과 함께 까르르 웃으며 아기를 돌보는 역할놀이에 빠져 있다. 아기 옷을 갈아입히던 시우가 말했다.

"어? 아기도 찌찌가 있네?"

시우의 말을 들은 지아는 "야, 사람들은 다 있는 거야!"라고 말을 한다. 시우가 지아에게 "너도 있어?"라고 하자, 지아는 "당연히 나도 사람인데 있지."라고 대답했다. 자유놀이시간이 끝나고 시우와 지아는 화장실로 들어갔다. 잠시 후 크게 놀란 표정의 지아가 "선생님, 선생님!" 하고 다급하게 부르며 다움 선생님에게 달려왔다. 다움 선생님이 놀란 지아를 토닥거려준 후에 무슨 일이냐고 묻자, 지아는 "선생님. 시우가요. 저에게 찌찌 보여달라고 했어요. 자기가 먼저 보여주겠다고 하면서 옷을 이렇게 올렸구요. 저한테 자꾸 보여달라고 했어요." 이야기를 들은 다음 선생님은 놀랐지만 차분하게 지아를 달래주었다. 지아가 진정되자 다움 선생님은 시우와 이야기를 나누었다. 시우는 억울한 표정으로 말했다.

> "선생님. 지아는 왜 화를 내는 거예요? 지아가 아까 자유놀이시간에 자기도 찌찌 있다고 해서 제가 궁금해서 보여달라고 했어요. 그리고 내 거도 보여준다고 했어요. 전 진짜 있나 궁금했어요."

다움 선생님은 시우에게 친구의 몸이 궁금할 수 있지만, 친구의 몸을 보려고 하는 것은 친구를 불편하게 하는 행동임을 알려주었다. 다움 선생님은 우리 반 아이들이 남자와 여자 신체의 차이에 대한 성교육이 필요함을 느끼고 이를 메모하였다. 그날 아이들이 모두 귀가한 후 다움 선생님은 시우 어머니에게 전화를 걸어 오늘 있었던 일들을 말했다. 시우 어머니는 요즘 시우가 부쩍 누나랑 엄마의 몸을 자꾸 보려고 한다고 말하며 성에 대한 문제가 있는지 걱정했다.

> "선생님, 우리 시우가 성에 대한 무슨 문제가 있는 건 아니겠죠? 뉴스에서 보니 기관에 다니는 어린아이들이 친구를 만지려고 해서 여자아이의 부모가 경찰에 신고한 거 저도 봤어요. 설마 우리 시우도 그런 문제에 휘말리는 건 아니겠죠? 만약 지아 부모님이 우리 시우를 이상한 아이로 생각하면 어떡하죠? 선생님, 딸 키울 땐 몰랐는데 아들은 왜 이렇게 어려울까요?"

다움 선생님은 시우 어머니에게 시우의 연령에는 다른 사람의 신체에 대한 호기심이 커지기 때문에 일시적인 성 행동이 나타날 수 있다는 말로 안심시키면서도 가정에서의 성교육도 중요하니 함께 해달라는 당부도 잊지 않고 덧붙였다. 전화를 끊은 다음 선생님은 한숨을 내쉬었다. 시우 어머니에게는 호기심으로 인한 일시적인 성 행동이라고 말하긴 했지만, 혹시라도 시우의 이런 행동이 지속되거나 우려할 만한 성 행동 문제로 커지면 어쩌나 하는 걱정도 완전히 지울 수 없기 때문이다.

학부모의 마음 읽기

"설마, 우리 아들이 성 문제행동을 보이는 걸까?"

"딸 키울 땐 안 그랬는데, 아들은 왜 자꾸 이런 일까지 생기는 걸까?"

시우 어머니는 다움 선생님의 전화를 받고 걱정이 이만저만 아니다. 불과 며칠 전까지도 시우와 시우의 누나는 함께 목욕하였다. 항상 퇴근이 늦은 시우 아버지는 육아에 거의 도움을 줄 수가 없어서 두 자녀를 돌보는 건 오롯이 시우 어머니 몫이었다. 성별이 다른 두 자녀를 따로 씻겨야 한다는 것을 알고 있었지만, 시간이 너무 오래 걸리다 보니 아직 시우가 어려서 괜찮겠거니 하는 마음으로 한꺼번에 목욕을 시켰다.

그런데 며칠 전부터 시우가 자신의 몸과 누나의 몸이 다르다고 하면서 엄마에게 왜 다른지를 꼬치꼬치 물어보는 게 아닌가. 시우 어머니는 갑자기 성에 대한 궁금증이 폭발한 아들의 모습에 당황하며 일요일에 아빠에게 물어보자고 미뤄두었다. 그런데 고작 며칠 미뤄둔 사이에 오늘 같은 일이 벌어진 것이다.

딸인 큰아이를 키울 때는 이런 일이 전혀 없었는데, 왜 아들에게는 이런 일들이 생기는지 너무 당황스럽고, 혹시 시우의 성에 대한 호기심이 걷잡을 수 없이 커질까 봐 걱정되기도 한다. 그리고 며칠 전 뉴스에서 어린 아이들의 성 문제행동에 대해 나왔는데, 그 뉴스에 나온 아이들처럼 우리 시우가 기관에서 친구들을 막 만지려고 할까 봐 두렵다. 제발 단순한 호기심이기만을 바랄 뿐이다.

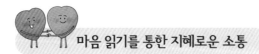

마음 읽기를 통한 지혜로운 소통

유아의 성은 출생부터 지속적으로 발달해간다. 그리고 유아의 성 행동 대부분은 발달상 나타나는 행동특성과 유사하게 개방적인 공간에서, 호기심에 의해, 일상적으로 자연스럽게 나타날 수 있다(교육부, 2020).[1]

특히 4~5세는 성 안정성에 대한 성 개념을 획득하는 시기로 일반적인 성 행동으로는 엄마 아빠 놀이 시 행동을 모방할 수도 있고, 의사 놀이 시 옷을 벗기려고 하기도 하며, 일시적으로 화장실을 엿보는 행동도 나타날 수 있다. 연령과 발달 수준에 따라서 성 개념과 행동의 특성이 달라지기에 유아들과 오랜 시간 함께 하는 부모, 교사들은 유아의 성 행동에 대해서 이해하고 적절하게 대처해야 한다.

또래 간 성 행동 문제 예방을 위해서는 놀이에서 성적 호기심이나 성 행동 문제가 나타날 경우 자연스럽게 성교육을 실시한다. 그리고 **성 행동 문제가 나타날 수 있는 일과 및 환경 요소가 없는지 지속적으로 점검**한다. 또한

---

1. 교육부, 2020, 〈유치원 유아의 성 행동문제 관리 대응 지침〉.

시우처럼 평소 성에 호기심을 자주 보이거나 성 행동 문제가 반복·지속되는 유아는 좀 더 주의 깊게 관찰해야 한다.

 이음 선생님은요 어머니, 4~5세는 성 안정성에 대한 성 개념을 얻어가는 시기로, 놀이할 때 엄마 아빠의 행동을 모방한다거나 의사 놀이나 화장실 엿보기 등의 행동도 일시적으로 나타날 수 있습니다. 다만 시우는 평소 성적 호기심을 자주 드러내고, 친구들에게도 문제행동이 반복되고 있어 주의가 필요합니다. 저도 지속적으로 관심을 가지고 살피겠지만, 가정에서도 자연스럽게 성교육이 이루어질 수 있도록 협조 부탁드립니다.

이음 선생님의 Think Plus
"일상적인 수준의 성 행동 지도 방법은?"

유아가 성적 호기심을 드러내는 등 일상적인 수준의 성 행동을 할 때 유아를 꾸짖거나 당황하지 말고 자연스러운 교육의 기회로 삼는다. 그리고 일상적인 성적 호기심이나 성 관련 행동이 자주 나타나는 시간이나 놀이 방식을 파악하여 지도 방법을 모색한다.

1. 지루한 상황에서 나타나는 성 행동(자위)
- 자위행위 상황과 빈도수를 파악하고 자위행위의 심리적·신체적 원인을 파악한다(양육자가 갑자기 바빠진 경우, 동생이 생긴 경우, 하의가 꽉 끼어서 성기가 자극되는 경우, 청결 문제로 가려운 경우 등).
- 해당 원인을 해결할 수 있도록 지원한다.
- 타인 앞이나 공개된 장소에서 자위를 할 경우 올바른 상호작용을 통해 행동을 멈출 수 있도록 유도한다.

- 유아의 관심사가 전환될 수 있도록 다양한 놀이를 제안한다.
- 유아의 자위행위에 대해 상호 작용하거나 교육을 할 때 '자위'라는 단어를 사용하기보다는 '성기를 만지는 것' 등으로 풀어서 설명한다.

2. 다른 사람의 관심을 끌기 위해 혹은 재미로 자신의 신체 일부를 보여주는 일시적 성 행동

- 차분한 태도로 행동에 대해 지도한다.
- 유아의 행동에 주의를 기울이고 관심과 애정을 표현한다.
- 타인의 신체를 존중하고 자기 신체 존중에 대한 성교육을 진행한다.

다른 사람의 몸에서 우리가 함부로 만지면 안 되는 부위가 있지? 수영복이나 팬티를 입는 부위는 장난으로라도 만지면 안 돼.

3. 타인 신체에 대한 호기심으로 비롯된 엿보기 등의 일시적 성 행동

- 올바른 상호작용을 통해서 호기심을 수용하고 행동을 인지한다.
- 그림책, 영상을 활용하여 성별 간 신체적 차이에 대한 성교육으로 호기심을 해소한다.

시우야, 친구의 몸이 궁금했구나. 하지만 다른 친구의 몸을 보는 건 친구를 불편하게 하는 행동이야.

#돌발행동 #교육행사 참여거부

참관수업에서 또 돌발행동하면…

참관수업은 아이들이 평소 기관에서 어떻게 생활하는지 학부모에게 보여줄 절호의 기회이다. 기관에서 이루어지는 교육활동에 대한 신뢰감을 줄 기회이다. 하지만 혹시 내 아이의 돌발행동으로 인해 많은 사람들 앞에서 망신이라도 당할까 불안해하며 참여를 거부하는 학부모도 종종 있다. 관련 사례를 만나보자.

 교사, 학부모를 만나다

다움 선생님은 며칠 앞으로 다가온 학부모 참관수업 준비로 바쁜 오후 시간을 보내고 있었다. 그때 서한 어머니에게 전화가 왔다.

"선생님! 이번 학부모 참관수업 내용이 뭔가요? 혹시 극놀이하나요?"

작년 학부모 참관수업 때 서한이의 교실에서는 모든 유아들이 가면을 쓰고 극놀이를 했다. 그런데 그날 서한이는 하기 싫다며 고집을 부리다 급기야 책상 밑으로 들어가더니 "싫어, 나 안해!"라고 소리를 지르며 내내 나오지 않았던 것이다. 다른 학부모들이 모두 보는 앞에서 책상 밑으로 들어간 서한이를 달래느라 서한 어머니와 작년 담임선생님 모두 진땀을 뺐다고 한다. 서한 어머니는 이렇게 말했다.

"선생님! 저는 참관수업때 참석하고 싶지 않아요. 서한이도 결석시킬 거예요.
다른 엄마들 앞에서 또 서한이가 이상한 아이처럼 취급받는 거 싫어요."

작년 학부모 참여수업의 충격이 다시 떠오른 듯 서한 어머니는 울먹거리
기까지 했다. 이에 다움 선생님이 서한 어머니를 위로하며 말했다.

"어머니. 작년 학부모 참관수업 때 서한이가 보인 모습으로 그렇게 느끼실 수
있어요. 하지만 그렇다고 해서 서한이를 참여수업에 결석시키면 아이에게 더 큰
상처가 될 수 있어요."

다움 신생님의 설득에도 불구하고, 서한 어머니는 참여하고 싶지 않다고
완강하게 말하며 전화를 끊었다. 안 그래도 학부모 참관수업을 앞두고
분주한 다움 선생님의 머릿속이 더더욱 복잡해진다.

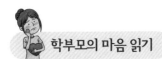
학부모의 마음 읽기

"다른 부모들이 우리 서한이를 이상하게 보는 것 같아."
"아이가 이상한 아이 취급을 받을 바에는 차라리 참석하지 않는 게 낫겠어."

서한이는 평소에도 얼굴이나 몸에 뭔가를 뒤집어쓰는 걸 싫어했다. 학부
모 참관수업 날에도 서한이는 가면 쓰기 싫다고 소리 지르며 책상 밑으
로 들어가버렸다. 다른 학부모들도 다 지켜보는데 싫다고 소리 지르는
서한이를 달래며 솔직히 쥐구멍에 숨고 싶은 심정이었다. 사실 서한이는

어릴 적 교통사고로 인한 트라우마로 놀이치료를 받고 있었다. 그런데 학부모 참관수업 이후 동네에서 서한이를 이상한 아이로 취급하며, 마치 정신적으로 무슨 큰 문제라도 있는 아이인 양 수군대는 것 같았다. 놀이치료도 이런 돌발행동 때문에 받는 거라고 오해하는 듯하다.

아이가 어릴 적 교통사고에 대한 충격에서 아직 벗어나지 못한 것만으로도 부모로서 마음이 너무 아픈데, 이제 서한이를 예민하고 이상한 아이로 오해하는 소문까지 동네방네 퍼진 것 같아 마음이 너무 불편했고, 다시는 학부모 참관수업 같은 공개 행사에 서한이를 보내고 싶지 않다.

마음 읽기를 통한 지혜로운 소통

학부모 참관수업은 평상시 유아들이 기관에서 어떻게 생활하는지 참관하며 자녀의 기관 생활에 대해 이해를 높이는 데 목적이 있다. 하지만 평상시에 잘 놀던 유아들도 달라진 교실 상황과 어른들과 함께하는 특별한 분위기에 기존 모습과 달리 예상치 못한 돌발행동을 보이는 경우도 있다. 또 평소 활발하게 자신감 있게 표현하던 유아들도 여러 친구들의 부모님이 모두 계신 곳 앞에서는 긴장해서인지 쭈뼛거리며 자신의 생각을 표현하기 어려워하기도 한다. 먼저 학부모 참관수업의 목적을 모든 학부모에게 함께 안내하는 것이 필요하다. 학부모 참관수업에서 보이는 돌발행동은 3~5세 유아들이 흔히 보일 수 있는 행동임을 미리 안내하는 것이 필요하다. 그래서 가끔 보이는 돌발행동에 '이상한 아이'라는 취급을 하는 것이 아니라 '지금 긴장을 했구나', '불편한 것이 있구나'라고 함께 공감하며 그 상황을 조용히 지켜봐주는 것이 필요하다.

이음 선생님은요 작년에 서한이가 학부모 참관수업 때 보인 행동 때문에 많이 놀라셨나요? 하지만 참관수업에는 많은 학부모가 함께하다 보니 그런 상황에서 많은 유아들이 긴장하거나 불편하게 생각하고 때론 돌발행동을 보일 수 있어요. 그러한 돌발행동 때문에 참관수업에 빠지는 것보다 참관수업에 참여했을 때의 교육적 효과를 감안하시어 가능하면 참여해주세요. 만약 또 그런 돌발상황이 발생해도, '오늘 조금 긴장했구나…' 하며 함께 공감해주시면 좋을 것 같습니다.

 이음 선생님의 Think Plus
"학부모 참관수업 전 학부모 안내 사항"

학부모 참관수업은 유아들의 수업하는 모습을 참관하면서 유아의 기관 생활과 교육에 대해 이해를 돕고자 마련하는 자리이다. 학부모 참관수업을 진행하기 전에 학부모들에게 아래와 같은 사항을 공유하고 지켜주기를 당부하는 것이 좋다.

1. 각 학급별 출입문으로 조용히 입실해주시고 담임교사가 안내하는 교실내 정해진 구역에서 참관해주시기 바랍니다.
2. 유치원 수업은 상황과 장면에 따라 다양한 변화가 일어납니다.
   - 참관 시 자녀와 눈이 마주치더라도 지나치게 반응하지 않기를 바랍니다.
   - 유아가 긴장할 수 있고 또한 수업활동에 집중하는 데 방해가 될 수 있습니다.
3. 수업 참관 중 카메라 사용은 자녀들의 배움이 일어나는 순간을 방해할 수 있습니다. 사진 촬영 및 동영상 촬영은 금지합니다. 이 점 양해부탁드립니다.
4. 수업 참관을 마친 후 참관록을 작성하여 제출하신 후 귀가하시면 됩니다.

아시죠? 우리 애 알레르기 심한 거

과거에 비해 부쩍 이런저런 알레르기 질환을 가진 아이들이 늘고 있다. 특히 심각한 알레르기 반응의 경우 호흡곤란 등 심각한 상황으로 이어질 수도 있다. 그래서인지 알레르기가 심한 자녀를 둔 부모들은 불안한 마음에 급식 메뉴의 미세한 변화에도 재차삼차 확인하기도 한다. 이에 관한 사례를 만나보자.

 교사, 학부모를 만나다

오늘 아침도 어김없이 핸드폰의 알림이 떠 있다. 혜진 어머니다. "오늘은 또 어떤 요구를 하시려는 걸까…" 다움 선생님은 심호흡과 함께 겨우 마음을 다스리며 알림을 확인한다.

"선생님, 아침에 아이가 옷을 두 겹으로 입고 갔어요. 저번에 옷을 그대로 입고 있어서 더웠는지 자꾸 몸을 긁더라고요. 교실은 따뜻하니까 도착하면 바지 하나는 꼭 벗겨주시고요. 오늘 급식으로 나오는 ○○은 절대 주지 마세요."

이처럼 혜진 어머니의 메시지는 늘 자신의 할 말만 일방적으로 줄줄 나열한 채 끝난다. 매일 아침 날아오는 혜진이에 대한 다채로운 요구사항을 볼 때마다 다움 선생님은 어디서부터 어디까지 학부모의 요구를 수용해야 하는 건지 난감하기만 하다. 정작 기관에서의 혜진이는 자신이 해야할 일을 잘 알고 실천하고 있으며, 천천히 알려주면 서툴더라도 스스로 해보려고 노력하는 유아다. 그래서 다움 선생님은 혜진이에게 땀이 나거나 몸이 불편하면 언제든 선생님에게 말하도록 알려주고 스스로 해볼 수 있는 기회를 주면서 교육하고 있다. 그래서 혜진 어머니에게 가정에서도 주도적인 행동이 지속될 수 있도록 함께 지도를 부탁드렸다. 그럼에도 아침마다 교사에게 혜진이를 이렇게 저렇게 챙기도록 요구하는 혜진 어머니의 알림은 그리 달갑지 않다. 그런데 혜진 어머니는 다움 선생님에게만 이런 요구를 하는 것이 아니었다.

영양사 선생님은 학기 초에 혜진 어머니와 전화 상담을 통해 알레르기가 있는 음식 종류와 알레르기 반응 정도 등을 알아본 후 급식실에서 제공할 수 있는 부분을 이미 협의한 바 있다. 하지만 이후에도 수시로 연락이 온다고 했다. 오늘도 급식 지도를 온 영양사 선생님은 아침, 오후 상관없이 혜진 어머니가 늘 전화로 이런저런 요구를 한다고 말했다.

"성분 표시가 된 부분을 찍어서 보내주세요."
"○○는 몸에 안좋은 성분이 들어 있는 거 아닌가요? 먹이지 말아주세요."

영양사 선생님이 알레르기 음식은 최대한 제거하거나 별도로 조리하여 대체식을 제공하는 등 최선으로 노력하고 있다고 아무리 설명을 드려도, 매일 연락이 온다고 했다. 이처럼 매일 걸려오는 전화와 요구사항에 영양 선생님도 지쳐간다고 호소했다. 다움 선생님은 매일같이 이어지는 혜진 어머니의 직접적인 요구는 물론 업무적으로 연관된 영양사 선생님과 방과후 선생님의 노고까지 돌보느라 점점 힘에 부쳤다. 교실에는 혜진이만 있는 것이 아니다. 20명이 넘는 유아와 함께 생활해야 한다. 그런데 혜진 어머니의 끝없는 요구사항에 따라 매일 혜진이의 상태를 확인해야 하고, 옷을 입혔다 벗겼다 하며, 급식시간에는 혹여나 알레르기 음식을 먹지는 않을까 식단표와 급식판을 매번 확인하며 노심초사해야 한다. 혜진 어머니는 그런 다움 선생님의 마음을 아는 것일까?

 학부모의 마음 읽기

"알레르기가 있는 우리 아이한테 선생님은 무엇을 해줄 수 있을까? 음식을 잘 못 먹으면 큰일이니 부모인 내가 꼼꼼하게 챙겨야지."
"아토피가 심한 우리 아이, 아이도 나도 힘든 상황을 만들기보다는 그 상황을 만들지 않도록 계속 신경쓰고, 선생님께는 내가 요구해야 해!"

혜진 어머니는 혜진이가 음식에 대한 알레르기와 함께 아토피까지 있어 걱정이 이만저만이 아니다. 조금만 관리에 소홀하면 밤새 긁어대며 힘들어하는 아이를 바라보는 마음도 편치 않고, 혹여나 눈에 보이는 빨간 흔적들이 다른 아이들에게 놀림감이 되지 않을까 걱정이다. 선생님은 혜진이가 스스로 할 수 있도록 가정에서도 격려해주고 도와주라고 하지만, 아직 어린아이 아닌가? 스스로 알아서 표현하고 행동하는 것은 아직 어렵다. 힘들지만 관리를 잘하면 아이의 생활과 부모의 마음도 한결 편안하다. 그래서 선생님에게 자꾸 요구하게 된다.

이전 기관에서도 음식 알레르기에 대해 잘 챙겨주었으니 이번에도 그럴 것이다. 학기 초 기관에서는 어디까지 해줄 수 있는지 궁금했다. 별도의 연락이 없으면 제대로 준비하는 건지 불안하고 뉴스에서 불량유통 음식이 나오면 혹시 우리 아이가 다니는 기관에서 해당 음식을 사용하는 건 아닌지 걱정이 된다. 혹시나 잘못된 상황이 생기지 않도록 부모가 계속 확인하고 또 확인할 수밖에 없다.

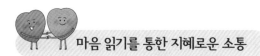

마음 읽기를 통한 지혜로운 소통

교사는 유아가 기관에서 안전하고 건강하게 지낼 수 있도록 교육하고 지원한다. 아침 등원 맞이를 통해 유아의 상태와 기분을 확인하고 일과 중에도 유아의 상태를 지속적으로 살피고 부모와의 연락이 필요한 경우 귀가 후 전화 등의 방법을 통해 가정과 공유한다. **불안도가 높은 부모에게는 학기 초에는 조금 더 세심한 연락을 취함**으로써 학부모의 이야기를 들어주고 원하는 답변을 통해 불안도를 낮춰준다.

이음 선생님은요 오늘은 혜진이가 놀이하다가 더웠는지 저한테 먼저 옷을 벗고 싶다고 이야기하더라고요. 선생님한테 이야기해줘서 고맙다고 말해주며 옷을 벗어 가방에 정리할 수 있도록 도움을 주었어요. 가정에서도 이런 부분을 칭찬해주시면 앞으로 혜진이 스스로 할 수 있는 부분이 점점 더 많아질 거 같아요.

또한 수업 중에는 교사가 연락을 받기 어려운 부분을 부모님께 안내하고 연락이 가능한 시간과 방법을 안내해주며 여러 유아들이 함께 생활하는 교실에서 교사가 오직 혜진이에게만 부모처럼 모든 것을 일일이 챙겨주기 어렵다는 부분을 말해준다. 또 가정과 함께할 수 있는 부분을 찾아 유아 스스로도 본인의 상태를 확인하고 해결할 수 있게 도움을 준다. 예를 들어 건조해서 로션이 필요한 경우 가정에서 사용하는 로션 등을 기관에 미리 갖다놓고 쓰도록 제안하고, 바깥놀이 시 선크림을 스스로 바르도록 가정에서 교육시켜 보내는 것이다

　기관에서는 유아의 건강한 발달과 성장을 위해 급식을 제공한다. 급식을 통해 올바른 식습관을 기르고 함께 먹는 즐거움을 통해 다양한 음식을 경험하기도 한다. 학기 초 영양사 선생님과의 충분한 상담을 통해 급식의 불안감을 낮추고 신뢰도를 높이는 것이 필요하다. 예컨대 음식에 대한 알레르기 진단서를 확인하며 매월 초 식단표로 상담을 한다.

　또 홈페이지에 유아 급식 사진을 확인할 수 있도록 안내한다. 식단표를 가정에 보내 먹을 수 없는 음식에 표시를 할 수 있도록 지원을 받고 교실에 게시해놓으면 배식할 때 한 번 더 확인이 가능하다. 가정에서는 유아에게 먹을 수 있는 것과 먹을 수 없는 음식에 대해 알려주는 것이 좋고, 학부모 동의 시 학부모가 직접 준비한 알레르기 비상약을 비치하여 필요한 경우 바로 복용할 수 있게 한다. 학부모 상담을 통해 급식에 대한 소식도 함께 전해주면 급식에 대한 신뢰도가 생길 것이다.

> "오늘은 대체식으로 영양사 선생님께서 ○○를 준비해주셨는데 오늘 혜진이
> 가 아주 잘 먹더라고요. 밥이랑 반찬을 모두 먹었어요."

그리고 우리 반 알레르기가 있는 유아를 위해 함께 애쓰는 영양사 선생님에게도 평소 감사의 마음을 표현한다면 식단을 준비하는 과정에서 서로에게 힘이 될 것이다.

아나필락시스의 주요 증상은 피부나 점막의 경우 80~90%가 가려움증과 발적, 홍조, 홍반
두드러기, 부종 등을 보인다. 그리고 호흡기의 경우에는 70%가 콧물, 기침, 호흡곤란, 청색
증, 발성장애 등으로 나타난다. 경미한 반응으로 끝날 수도 있지만, 자칫 생명까지 위태로울
수 있으므로 신속한 대응이 필요하다.

또한 전문가의 연구에 따르면 아나필락시스의 주요 원인으로는 85%가 식품이고, 7% 정도
가 약물로 인해 일어난다고 한다. 주요 원인 식품으로는 계란, 우유, 땅콩, 호두 등 견과류, 밀,
키위, 갑각류 등이다. 작은 부주의로 인해 아나필락시스가 일어날 수 있으므로, 유아가 먹으
면 안 되는 음식 등을 교사들이 숙지하는 것은 물론 다른 유아들에게도 알려주고 무심코 나
눠먹지 않도록 주의해야 한다. 만약 증상이 발생하면 신속한 도움을 받을 수 있도록 조치한
다. 알레르기가 심한 유아라면 에피네프린 자가주사를 챙기도록 가정에 협조를 요청하는 것
이 좋다.*

....
* 아나필락시스에 관한 내용은 질병관리청 사이트의 내용을 참고하여 재구성한 것임.

02
자꾸 의심하고
오해하게 돼요

학부모가 시시콜콜 오해와 의심의 시선을 거두지 않는다면 참으로 소통하기 힘들다. 그런데 이런 오해는 이해의 부족에서 오는 경우가 많다. 예컨대 놀이중심 교육과정에 대한 이해가 부족하면 자연히 놀이에 대한 가치 폄훼로 나타난다. 또 유아교육과 유아교사의 역할에 대한 이해가 부족하면 교사의 전문성을 의심하기도 한다. 이 밖에도 통합교육에 관한 이해, 유아발달에 대한 이해, 편식지도에 관한 이해 부족 등 현장에서 오해와 의심을 유발하는 다양한 문제상황들을 만날 수 있다. 궁금증이 제대로 풀리지 않은 채 쌓여갈수록 학부모의 오해와 의심은 증폭되며, 심지어 분노를 폭발시키기도 한다. 어딘가에서 잘못된 정보를 접해 야기된 오해도 있겠지만, 기관에서의 설명 부족에 기인하는 경우도 적지 않다. 학부모의 오해와 의심은 결국 비협조적인 태도로 이어져 가정으로 교육 연계가 제대로 이루어지지 않는 결과로 나타난다. 따라서 학부모가 교육기관을 신뢰하고 협조할 수 있도록, 나아가 가정에서도 놀이중심 교육이 이어지도록 학부모를 이해시키는 일은 중요하다. 그래서 여기에서는 놀이의 의미, 교육기관의 역할, 유아기 발달특성 등에 대한 이해 부족으로 오해와 의심이 야기된 다양한 소통 문제상황들을 모아보았다.

선생님은 왜 우리 애만 미워하시지?

> 자녀에 대한 부모의 지극한 사랑은 때론 엉뚱한 오해와 의심을 야기하기도 한다. 예컨대 기관에서 자기 자녀만 일방적으로 불이익을 겪는다고 의심하며 선의의 조언조차 왜곡하는 식이다. 모든 유아에게 최선을 다하고 있는 교사에게 당황스러운 일이다. 특히 저경력 교사일수록 더욱 당황하게 된다. 관련된 사례를 만나보자.

 교사, 학부모를 만나다

오늘도 다움 선생님은 단 한 명의 아이도 소홀하지 않도록 평소 아이들의 놀이를 열심히 관찰하며 다양한 방법으로 지원해주기 위해 매일매일 노력하고 있다. 그런 선생님의 눈에 영리하고 발달이 빠른 해수는 자신이 해야 하는 일을 잘 알고 훌륭하게 수행하는 유아지만, 아쉽게도 친구와의 관계에서는 배려가 부족한 행동을 보일 때가 종종 있다.

"선생님, 해수가 또 자기 맘대로 해요!"

"선생님, 해수 때문에 속상해요!"

"아니에요, 선생님! 내가 계속 가르쳐줬는데, 얘들이 못해서 그런 거예요!"

오늘도 자기 뜻대로 안 풀리는 놀이와 친구 관계에서, 해수는 '넌 왜 이런 쉬운 것도 못하니!' 같은 표현으로 친구의 마음을 상하게 하고 말았다. 사실 해수는 평소에도 친구와의 의사소통 상황에서 수려한 말솜씨를 발휘하여 일방적으로 자기주장만을 강요할 때가 많다. 이에 다움 선생님은 해수의 이러한 점들에 대해서 주의 깊게 관찰하고 자세하게 기록해두었다가 학부모 상담 시 이야기를 나누었다.

> "우리 해수는 이해력도 빠르고 활동을 수행하는 능력도 굉장히 훌륭해요. 그런데 친구들과의 관계에서는 조금 배려와 존중이 필요할 것 같아요. 다른 사람에게 감정이나 생각을 너무 직접적으로 표현하기도 하고… 자기주장이 너무 강해서 다른 친구들에게 상처를 줄 때가 종종 있네요."

다움 선생님은 해수의 사회성과 교우관계에 대한 걱정과 더 나은 지도에 대한 학부모의 협조를 바라는 마음을 담아 말을 꺼냈건만, 생각과 다르게 상담에 응하는 해수 어머니의 목소리가 시작부터 뾰족하다.

> "선생님은 왜 우리 해수의 나쁜 면만 보세요? 제가 집에서 봤을 때는 그렇지 않아요! 전에도 전화하셔서 우리 해수의 부족한 점에 대해 말씀하시더니 오늘도 또 그러시네요? 선생님이 아이를 안 낳아보셔서 그런지 아이들에 대해 너그럽지 못하고, 이해심이 부족한 건 아닌가요? 애들은 원래 다 그런 거예요. 다 그러면서 크는 거라고요!"

다움 선생님은 해수의 나쁜 점만 지적하려는 것이 아닌 부모님과 함께 협력하여 해수가 더 많이 성장할 수 있도록 돕고 싶었던 거라고 말씀드렸지만, 상담이 끝날 때까지도 해수 어머니의 반응은 별로 좋지 않았고,

다소 언짢은 분위기마저 감돌았다. 아이의 성장을 위해서 다움 선생님은 어떠한 방법으로 표현하고 이야기를 나누었어야 했던 걸까?

 학부모의 마음 읽기

"집에서 우리 해수는 동생에게 배려도 하고, 차분하게 자신의 일을 다 잘하는 편이거든요. 근데 기관에서만 말썽을 부리는 이유는 무엇일까요? 선생님도 아이의 다양한 모습을 보려는 노력은 하지 않는지, 자꾸 나쁜 면만 이야기하시니 서운해요. 선생님께 우리 해수의 장점은 안 보이는 걸까요? 혹시 우리 선생님이 육아 경험이 없어 아이에 대한 이해심이 부족하신 건 아닐까요? 선생님도 아이를 낳고 키우셨으면 우리 해수를 좀 더 너그럽게 이해해주셨을 것 같아요."

상담 중 나이가 어리고 경력이 짧다며 교사의 자질에 대한 의심과 함께 불신하는 태도를 보이는 학부모의 말은 교사를 당황스럽고 한편으론 언짢게 할 뿐만 아니라 의욕과 자존감마저 떨어뜨리기 쉽다. 그럼에도 불구하고 교사는 불편한 감정에서 한 걸음 물러나 학부모가 그러한 반응을 보이게 된 이유를 찾아봐야 한다. 요즘 사회는 외동, 두자녀 등 저출생으로 인해 가정에서 자녀는 온 가족의 관심과 사랑을 받는 무척 귀한 존재이기 마련이다. 교사는 교육자로서 긍정적인 변화와 성장을 기대하며 아이들의 문제상황을 전달하기 마련이지만, 부모의 입장에서는 귀한 자녀에 대한 부정적 이야기를 방어적으로 받아들이기 쉬운 것도 사실이다. 부모의 방어적인 입장을 이해하면서도 아이에 대한 객관적 상황을 전달하여 바른 성장을 이끌기 위해서는 어떤 방법이 좋을까?

마음 읽기를 통한 지혜로운 소통

먼저 해수 어머니와의 대화 내용 중 문제상황과 부정적 이야기만 집중했던 건 아닌지 생각해보자. 학부모는 선생님에게 전화가 오면 나쁜 일로 인식하는 경우가 많다. 오늘 하루 아이의 긍정적인 일화에 대한 따뜻한 이야기로 대화를 열면 어떨까? 선생님의 전화가 두려움이 아닌 기대감을 갖는 전화가 될 수 있을 것이다. 또한 상담 시 상황을 확대 해석하지는 않았는지 점검해보자. 아이의 언어 습관, 행동 등에 대해 교육적 견지를 더해 확대해석하는 경우가 있다. 다음의 표현을 살펴보자.

> "해수가 친구를 배려하지 않는 행동들이 계속되면 학년이 올라갈수록 사회적
> 기술을 학습하기가 점점 힘들어져서 친구들과의 문제가 악화될 수 있어요."

학부모는 교사와 상담하기 전부터 이미 나쁜 상황들을 최대한 부풀려 생각하고 있을 가능성이 높다. 따라서 위의 말처럼 교사의 상상까지 보태는 것은 어쩌면 불난 집에 기름을 붓는 격이다. 따라서 **굳이 다가오지도 않은 미래를 예측하여 상상하기보다는 현재에 초점을 맞춰서 정확한 현장의 모습만 전달**하는 것이 좋다. 그리고 나서 작은 것부터 함께 지도할 수 있는 정확한 지침들에 대해 이야기를 나누는 것이다.

> 이음 선생님은요 ┃ 해수 어머니, 해수가 화가 났을 때, 친구에게 의견을 제안할 때 등
> 다양한 상황에서 부드럽게 표현할 수 있도록 저희도 함께 노력하
> 고 있어요. 평소 집에서도 해수의 표현 방법을 유심히 들어주시고
> 긍정적인 지원과 반응을 보여주시면 감사할 것 같습니다.

사례의 해수 어머니는 아직 교사에 대한 신뢰감이 충분히 쌓이지 않은 것으로 보인다. 따라서 아이를 바라보는 교사의 따뜻한 시선과 교육관에 대한 이해를 갖게 하는 것이 필요하다. 사랑하지 않는 사람에게는 관심도 없다. 아이에 대한 이야기가 사랑을 바탕으로 한 관심과 진심이었음을 이해시키고, 오해의 매듭을 풀어가려는 노력이 지속된다면 교사가 의도했던 유아의 바른 성장을 학부모와 함께할 수 있을 것이다.

이음 선생님의 Think Plus
"유아의 공감 능력, 어떻게 기르면 좋을까요?"

유아기에 친구를 만나고 관계 맺기를 시도하는 과정에서 타인의 감정을 이해하고 공감하는 능력은 사회적 태도와 기술을 형성하는 데 영향을 준다. 가정에서도 유아가 감정을 인식하고 이해하며 공감할 수 있는 다음의 대화법을 이해하고 실천해보도록 알려주는 것도 좋다.

┃유아를 공감해주는 부모의 대화법┃

유아의 감정을 수용하는 대화	유아의 선택과 감정에 대해 인정해주는 대화
- 우리 **이, 많이 속상했구나. 동생 때문에 많이 힘들고 속상하지? - 아~ 정말 속상했겠다. 어린 동생이라고 해도 언니의 장난감을 다 부셔 놓다니…얼마나 속상했을까?	- 이 옷의 색깔이 마음이 들지 않는구나. 말하지 않고 울기만 하면 엄마는 너의 생각을 잘 알 수가 없단다. - 그러면 다른 색깔의 옷을 찾자. 그런데, 날씨가 추우니 따뜻한 옷을 찾아보자.
유아의 감정을 말로 표현하게 하는 대화	**유아의 마음에 대해 공감하는 대화**
- 엄마에게 미운 마음이 들었니? - 엄마한테 어떤 점이 서운했는지 말해주겠니?	- 아빠가 너의 마음을 몰라줘서 미안해. - 어떤 마음인지 알 것 같아. 그런 마음을 느낄 만큼 힘들었구나.

선생님, 애 안 키워보셨죠?

학부모가 육아를 통해 쌓은 경험은 가치 있다. 하지만 유아교육 전문가로서의 교사의 전문성과 육아 경험은 별개의 것이다. 그럼에도 육아 경험이 없다는 이유로 미혼 교사의 전문성을 의심하는 학부모를 종종 만나게 된다. 이와 관련된 사례를 만나보자.

 교사, 학부모를 만나다

간식시간에 우유를 마시던 연서가 갑자기 구토를 했다. 책상이며 바닥에 온통 토사물이 묻어, 다움 선생님은 서둘러 휴지를 가지러 가야 했다. 그런데 연서가 옆에 앉은 친구 쪽으로 흐르는 토사물에 색연필을 튕기며 장난을 쳤다. 불과 잠깐 사이에 토사물에 손장난을 하는 연서뿐만 아니라 토사물이 발에 묻을까 봐 일어나서 발을 동동 구르다가 넘어지는 아이, 구경한다며 몰려드는 아이들로 교실은 그야말로 아수라장이 되고 말았다. 교실로 돌아온 다움 선생님은 난감한 상황을 정리하느라 진땀을 빼야 했다. 하원시간에 연서 어머니를 만난 다움 선생님이 연서의 여벌 옷으로 갈아입힌 상황을 설명하며, 연서가 구토물로 장난을 치다가 벌어진 일을 이야기했다. 그런데 연서 어머니의 반응이 예상과 달랐다. 그저 웃으며 대수롭지 않다는 듯 말하는 게 아닌가.

"어머! 우리 연서가 자기가 토해놓고 그걸 만지기까지 했다고요? 여기서도 장
난꾸러기네요."

예상치 못한 학부모의 반응에 다움 선생님은 연서가 갑자기 구토하고 나
서, 토사물로 장난을 쳐서 위생적으로도 걱정되고 당황스러웠던 교사의
마음을 재차 전달했다. 그랬더니 연서 어머니는 이렇게 말했다.

"이래서 저는 우리 아이 선생님이 결혼하고 아이도 낳아본 분이었으면 했던 거예
요. 선생님이 아이를 낳아보지 않아서 그런 상황을 이해하지 못하는 것 같네요."

이렇게 느닷없이 교사의 결혼과 출산 여부에 대해 언급하는 것이 아닌
가. 그 바람에 다움 선생님은 더더욱 당혹스러움과 함께 서운함까지 몰
려오며 얼굴이 화끈거렸다.

 학부모의 마음 읽기

"선생님이 우리 아이를 엄마 마음으로 이해해주시면 얼마나 좋을까?"
"어린 아이니까 그럴 수도 있지 하는 너그러운 마음으로 감싸주면 좋겠어."

연서 어머니는 교사가 자녀를 둔 엄마라면 자녀를 키우면서 경험하게 되
는 돌발상황을 좀 더 너그럽게 포용해줄 거라고 생각한다. 그래서 유아
의 유별난 행동만 언급하기보다는 유아의 건강상태와 놀란 마음을 잘 이
해해주고 어루만져주기를 바란 것이다. '우리 연서가 갑자기 구토를 해

서 많이 놀라고 부끄러웠을 텐데, 선생님이 좀 이해해주시지… 어린 아이니까 장난할 수도 있지 그렇게 이해해주고 넘어가면 더 좋을 텐데.' 하는 마음이 든 것이다.

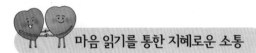

마음 읽기를 통한 지혜로운 소통

새내기 또는 저경력 교사일수록 학부모가 결혼과 출산 같은 지극히 개인적인 일에 대해 언급하면 당황스럽고 혼란스럽다. 유아교육 현장에서 만나는 학부모 중에는 아직도 교사의 나이와 경력, 결혼 여부, 자녀 양육 경험 등 교사의 개인적인 상황으로 교사의 역량을 판단하는 경우가 종종 있다. 물론 교사를 신뢰하며 생활지도와 학급경영에 대해 만족해하는 학부모가 있는가 하면 젊은 교사의 이해심 부족으로 내 아이가 부당한 평가를 받고 있다는 일방적인 생각에 사로잡혀 불만을 표현하는 학부모도 있다. 때론 교사가 아직 결혼과 출산, 양육의 경험이 없어서 아이를 제대로 이해하지도 보살피지도 못한 것이라며 엉뚱하게 책임을 돌리기도 한다. 급기야 학부모가 원하는 교사의 자질 기준에 맞지 않는다며 섣불리 판단하여 교사의 권위를 존중하지 않는 것은 물론, 교육 방법 또한 신뢰하지 않으려 해서 소통의 어려움이 야기되기도 한다.

'교사'라는 존재의 전문성을 인정하지 않고, 학부모의 잣대로만 교사를 평가하려는 태도를 보이는 학부모일수록 감정적인 대처는 소통에 아무런 도움이 되지 않는다. 학부모의 이야기를 끝까지 경청하되 서운함으로 내뱉은 말에 일일이 의미를 부여하기보다는 **말 뒤에 숨은 속마음을 읽으며 소통**함으로써 먼저 신뢰를 다져야 한다.

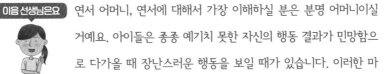 연서 어머니, 연서에 대해서 가장 이해하실 분은 분명 어머니이실 거예요. 아이들은 종종 예기치 못한 자신의 행동 결과가 민망함으로 다가올 때 장난스러운 행동을 보일 때가 있습니다. 이러한 마음을 공감해주는 것은 꼭 필요하나, 공감이 모든 행동을 수용한다는 것은 아님을 알려줄 필요가 있습니다. 가정에서 무분별하게 허락된 행동이 습관화되면 자칫 꼭 필요한 사회적인 행동을 습득하는 데 어려움을 겪을 수 있답니다.

이음 선생님의 Think Plus
"돌발상황에서 학부모와 신뢰관계 형성 팁"

유아와 함께 생활하다 보면 돌발상황을 피할 순 없다. 다만 이를 어떻게 전달하느냐에 따라 받아들이는 학부모의 마음도 달라진다.

- **학부모의 마음 읽기:** 유아의 실수를 엄마의 눈높이로 전달한다.

> 어머니, 연서가 갑자기 구토를 했다고 해서 많이 놀라셨지요?

- **교육 의도와 방법에 대한 소통:** 오해의 여지가 없게 구체적으로 표현하면 좋다.

> 혹시 연서가 아침에 건강상태가 어땠었나요? 다음에는 등원 전에 연서가 속이 안 좋거나 불편한 점을 미리 알려주시면 더 세심히 살펴보겠습니다.

- **추후 행동 변화에 대한 소통:** 연서의 건강상태와 기관 생활을 자연스럽게 이야기하며 교사가 자녀에 대해 늘 사랑과 관심을 기울임을 느끼도록 소통한다.

> 요즘 연서가 밥도 잘 먹고 그날 이후 구토도 없었어요. 혹시 집에서는 어떤가요?

'놀이'로 뭘 얼마나 배우겠어요?

아직도 유아교육기관에서 유아 주도로 이루어지는 다양한 놀이들은 마치 배움과 전혀 별개인 것으로 오해하는 학부모가 종종 있다. 즉 진짜 배움은 놀이가 아니라 학원 같은 사교육 기관에서 따로 받아야 하는 것이라고 생각하는 식이다. 이와 관련된 사례를 만나보자.

 교사, 학부모를 만나다

사랑이는 활발하고 배려 깊은 모습이 무척이나 사랑스러운 아이다. 더불어 사랑이가 집에 돌아갈 때마다 인사를 나누는 사랑 어머니도 평소 정중하고 예의 있는 모습에 다움 선생님도 늘 고마운 마음이었다.

1학기 정기 상담기간, 화기애애한 분위기 속에서 다움 선생님은 평소 사랑이의 놀이 관찰을 바탕으로 어떤 놀이를 좋아하고, 어떤 친구들과 놀이하며, 놀이 상황에서 어떤 행동들을 하는지 등을 사랑 어머니와 공유하며 놀이를 통한 배움에 관해 이야기했다. 특히 초등학교 입학을 앞둔 사랑이를 위해 글에 대한 관심이나 수에 대한 인식 등을 이야기하는데 사랑 어머니가 웃으며 이렇게 말하는 게 아닌가?

"괜찮아요~ 선생님. 전 기관에서의 교육은 기대하지 않아요. 여기에서야 그냥 신나게 놀고 오면 되는 거죠~ 원래부터 그냥 재미있게 놀고 오라고 보내는 거예요. 대신에 우리 사랑이는 ○○수학, ☆☆한글, △△영어학원에 다니고 있으니까 공부는 걱정하지 마세요! 선생님께서도 그냥 우리 사랑이가 친구들이랑 사이좋게 잘 노는지만 봐주세요."

상담 말미에 사랑이가 현재 다니고 있는 엄청난 종류의 사교육 리스트를 줄줄 읊어주고 사랑 어머니가 떠나자, 다움 선생님은 마치 머리를 한 대 맞은 것처럼 멍해졌다. 평소 유아교육에 늘 관심을 보이고, 놀이중심 교육과정을 누구보다 잘 이해하고 있다고 믿었건만, 유아교육에 대해 저런 생각을 하고 있는 줄은 미처 몰랐기 때문이다.

다움 선생님은 평소 놀이사후안, 놀이기록을 활용한 가정통신문, 놀이 관찰에 기반한 상담 등 유아들의 놀이를 통한 배움에 대해서 다양한 방법으로 열심히 알리고 있고, 학부모에게 잘 전달되고 있다고 생각해왔다. 하지만 사랑 어머니처럼 '유아교육', '놀이중심교육'에 대한 이해가 부족한 부모님들을 어떻게 대하고, 어떻게 이해시켜드려야 할지 갑자기 막막하고 답답한 감정이 몰려왔다.

 학부모의 마음 읽기

"여기에서는 한글공부도 안 하고 수학 공부도 안 한다면서요. 게다가 이번에 놀이중심 교육으로 바뀌면서 놀이만 더 많이 한다고 하더라구요? 재미있게 놀이하는 거 좋죠~ 그런데 놀이만으로 대체 뭘 얼마나 배우겠어요? 뭐, 선생님이 뭘 많이 보내주시기는 하세요. 아이가 뭘 하고 놀았다. 놀이를 하면서 무슨 이야기를 했다, 놀이를 하면서 무엇을 기르고 있다… 그런데 그래봤자 제가 볼 때 그냥 논 거거든요. 애가 놀이로 한글을 읽거나 덧셈뺄셈을 배울 순 없잖아요? 게다가 요새는 영어도 꼭 배워야 하구요. 그래서 그냥 아이한테도 잘 놀다가 오라고 했어요. 필요한 교육은 학원에서 따로 시켜야죠 뭐. 교육은 재미있는게 아니라 가르치고 외우는 게 교육 아닐까요?"

부모들은 왜 유아의 놀이와 교육을 별개로 생각할까? 다움 선생님은 놀이 중심 교육에 대해서 열심히 전달했다고 하지만, 사랑 어머니는 왜 이해하지 못했을까? 하지만 생각보다 많은 학부모들이 사랑 어머니처럼 놀이의 가치와 교육의 정의에 대해 잘못된 개념을 갖고 있다. 놀이와 교육에 대한 이분법적 사고는 비단 교사 개인 노력의 문제가 아닌 사회구조적으로 뿌리 깊은 문제이므로 사랑 어머니만을 탓할 문제는 아니다.

이런 상황에도 불구하고 교사들은 유아들의 놀이와, 놀이를 통한 유아들의 성장과 배움에 대해 세심하고 반복된 안내를 통하여 조금의 변화라도 견인하려는 책임감을 가져야 한다. 그리고 유아들에게 놀이를 돌려주기 위한 노력과 사회적 인식 개선은 현장에서 노력하는 우리 교사들과 함께 지역과 국가 등 거시적 차원의 지원도 꼭 필요하다.

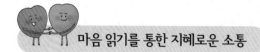

마음 읽기를 통한 지혜로운 소통

사랑 어머니의 유아교육에 대한 이해 부족의 근본적인 원인이 무엇인지 대화를 통해 알아보는 것이 좋다. 공교육에 대한 불신, 사교육에 대한 과도한 믿음, 놀이와 놀이중심 교육의 가치에 대한 이해 부족 등 근본적인 원인은 복잡하고 다양하다. 따라서 이에 대해 먼저 파악해야 학부모에게 더 나은 대안을 제시할 수 있을 것이다. 또한 놀이중심 교육의 가치를 미래사회, 초등교육과정 등 부모들의 관심사이자 중요하게 생각하는 다양한 사회적·교육적 맥락과 연결하여 설득력 있게 전달함으로써 유아·놀이중심 교육에 대한 가치를 제고하도록 도와주자.

 이음 선생님은요 평소 사랑이의 놀이 이야기를 듣고(보면서) 어떤 생각을 하셨어요? 궁금한 것은 없으셨나요? 지금 사회는 지식의 변화 속도가 너무 빨라서 현재 우리가 배우는 지식들의 유용성이 불투명하다고 해요. 그래서 중요한 것이 자신에게 당면한 문제를 인식하고, 해결하고, 협력하는 것이라고 하더라구요. 우리 아이들이 놀이하면서 놀이 상황에서 다양한 문제들을 주도적으로 해결하는 것처럼요. 사랑이가 놀이하면서 주변 사람과 협력하고 분쟁을 조정하는 과정들이 미래의 사랑이에게 꼭 필요한 능력을 함양하는 값진 기회이자 경험이 될 거예요. 이제는 초등학교 교육에서도 지식 전달이 아닌 행동하고 실천할 수 있는 역량중심 교육을 목표로 하고 있어요. 사랑이는 놀이중심 교육을 통해 의사소통역량, 문제해결역량 등을 기르며 아주 잘 성장하고 있으니 부모님도 지금처럼 많은 관심을 보여주시길 부탁드려요.

물론 이 정도로 한번 설명한다고 학부모들의 생각이 순식간에 달라지는 않을 것이다. 학부모들이 비록 교사가 하는 말을 이해하기 어려워하고, 당장은 변화되는 것도 없어 보일지라도 '낙숫물이 댓돌을 뚫는다'는 옛말처럼 우리는 유아들의 성장과 발달을 위해 가치 있는 유아중심·놀이중심 교육을 운영하고 **작은 변화부터 시작**하기 위하여 끊임없이 노력해야 할 것이다. 또한 기관 밖 가정으로 돌아간 유아들이 과도한 사교육에 내몰려 그 시기에 꼭 필요한 행복한 놀이와 성장 발달에 방해받지 않는 선에서 적정 수준의 사교육이 이루어지도록 학부모와의 이야기도 나누어 보는 것 또한 유아의 성장을 위한 하나의 도움이 될 수 있다.

 이음 선생님은요 학원 수업에 대해서는 사랑이와 충분히 이야기를 나누어보셨나요? 사랑이가 즐거워하고 배우고 싶다고 하면 물론 좋겠지만, 혹시라도 사랑이가 따로 하고 싶은 놀이나 쉬고 싶은 시간이 필요한지에 대해서도 충분히 함께 이야기를 나누고 결정권을 함께 나누어주시면 더 좋을 것 같습니다.

이음 선생님의 Think Plus
"미션, 놀이의 가치를 전달하라!"

유아교육 및 놀이중심 교육에 대해서 막연히 '좋아요'라고 이야기하는 것은 학부모에게 설득력을 얻기 힘들다. 놀이의 가치가 어떠한지, 미래사회 역량과 어떻게 연결되는지, 초등학교 교육과정에서도 놀이중심 교육에 관심을 갖는 이유가 무엇인지 등 실증적인 자료에 근거하여 상담하고 설명하려는 노력과 교사 스스로의 연찬(研鑽)이 필요하다.

• 유아교육기관 교육정책 및 놀이중심 교육과정 운영에 대한 정보를 얻을 수 있는 사이트를 참고해보자.

| 유아교육기관 교육정책 및 놀이중심 교육과정에 대한 운영 정보를 담은 사이트 |

사이트명	사이트주소
아이누리포털	https://i-nuri.go.kr/
교육부	https://www.moe.go.kr/main.do?s=moe

• 앞으로 유아교육은 초등학교 교육과정과 한층 더 긴밀히 연계될 필요가 있다. 다음의 사이트를 참고해보자.

| 초등학교와 연계된 내용에 대해 공부할 수 있는 사이트 |

사이트명	사이트주소
경기도교육청 학교교육과정과	https://www.goe.go.kr/

선생님, 설마 이 정도 개념은 아시죠?

맞벌이가족이 늘어나면서 때론 교육계에 종사하는 학부모를 만나기도 한다. 또 최근 들어 다양한 경로로 육아에 관한 전문지식을 접하면서 너도나도 교육전문가를 자처하며 사사건건 교사의 전문성을 의심하며 시험해보려는 학부모도 종종 만나게 되는데 이와 관련된 사례를 만나보자.

 교사, 학부모를 만나다

학부모 상담을 앞둔 다움 선생님의 마음이 다소 무겁다. 오늘은 평소에도 대하기 어려운 세훈 어머니가 방문하는 날이기 때문이다. 세훈 어머니는 평소 간단한 소통을 할 때도 마치 다움 선생님의 전문성을 시험하려는 것처럼 교육 전문용어를 섞어 질문 공세를 퍼붓곤 했다. 다움 선생님은 오늘은 또 어떤 난감한 질문을 받게 될지 예측하기 어렵다.

> "자녀교육에 대해 저렇게 잘 알고 계시면서 왜 자꾸 나한테 물어보는 거지? 내 전문성을 시험이라도 하려는 건가?"

자신도 모르게 혼잣말을 하며 한숨 섞인 부담감을 토해내는 다움 선생님. 특히 세훈이에 대해 미처 관찰하지 못한 부분만 콕 집어 질문하거나, 무조건 전문용어들이 뒤섞인 질문에는 자칫 오해의 여지가 있다 보니 선뜻 답변하기 어렵다. 한편 다움 선생님은 학부모의 질문에 즉각적인 답변을 하지 못했을 때 교사 전문성이 떨어져 보일까 봐 내심 걱정이다.

> "선생님께서 보실 때 우리 아이의 강점과 약점은 무엇인가요?"
> "가정에서 어떤 활동을 서포트해야 강점을 키울 수 있을까요?"
> "약점을 보완해줄 대안은 없을까요?"

다움 선생님은 평소 기관에서 관찰된 장면을 바탕으로 세훈이의 성향에 대해 열심히 설명하지만, 어딘지 모르게 스스로 부족하단 느낌을 받는다. 세훈 어머니 앞에서 당당하게 전문가다운 모습으로 상담에 임하리라 다짐했음에도 불구하고 이상하게 자꾸만 주눅이 든다. 다른 학부모와 상담할 때는 그렇지 않은데 유독 세훈 어머니 앞에만 서면 작아지는 이유가 뭔지 다움 선생님은 답답하다.

 학부모의 마음 읽기

> "선생님이 우리 아이를 제대로 파악하는 걸까?"
> "우리 선생님은 전문성을 제대로 갖춘 교사인가?"

세훈 어머니는 교육학 전공자이다. 자신의 전공을 살려 자녀교육에 관련 이론을 적절히 적용하여 양육한다는 것에 대한 남다른 자부심이 있다. 그래서 세훈이에 대해서는 담임선생님보다 엄마인 자신이 훨씬 더 객관적으로 평가하고 있으며, 아이의 강점과 장점을 잘 살려 교육하고 있으므로 사실 별로 상담할 내용도 없다고 생각한다. 단지, 기관에서 실시하는 정기상담 기간에 '담임선생님 얼굴이나 좀 보고 올까, 우리 세훈이에 대해서는 얼마나 알고 있으려나, 선생님은 교육전문가로서 학급 유아들과 적절히 상호작용하는 걸까'와 같은 궁금증을 안고 방문했던 것이다.

세훈 어머니는 이미 충분히 알고 있는 정보지만, 다움 선생님의 전문 역량을 가늠해보고 싶은 요량으로 이런저런 질문을 던진다. 다움 선생님이 전문가로서 자신감 있게 요목조목 설명해주길 원한다. 그런데 우물쭈물하며 긴장한 기색이 역력한 다움 선생님을 볼 때면 의문이 든다.

'과연 이 선생님한테 소중한 우리 아이를 맡겨도 되는 건가?'

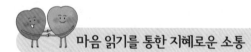

마음 읽기를 통한 지혜로운 소통

유아교육을 전공하거나 교육계에 종사하는 학부모를 심심찮게 만날 수 있다. 이처럼 같은 전공자 또는 동종 직업군에 있는 학부모를 만났을 때 어떤 교사들은 '교사 입장을 잘 이해해줄 거야!'라고 마음 편하게 생각하는 부류가 있고, 또 어떤 교사들은 '형편을 알 만한 사람들이 더한다더니! 엄청 깐깐하네…'라며 이런 학부모들을 부담스러워하며 경계하는 부류도 있다. 물론 이런 식으로 단순하게 이원화시킬 수는 없겠지만, 다움 선생님에게 세훈 어머니는 후자 쪽에 좀 더 가까워 보인다.

세훈 어머니처럼 이런저런 어려운 질문과 함께 깐깐한 시선으로 시험하듯 교사를 대하는 학부모들이 있다. 왜 그러는 걸까? 앞서 '학부모의 마음 읽기'를 통해 살펴보았듯이 '자녀를 믿고 맡길 수 있는 곳인지, 교사의 인성과 전문성은 갖추어져 있는지, 자녀가 이 기관에서 행복하게 배우며 성장할 수 있는지' 등을 파악하기 위한 것이 아닐까? 자, 그렇다면 우리가 해야 할 일은 의외로 간단하다. 학부모에게 '**믿고 맡길 수 있다**'는 신뢰감을 주면 된다. 교사의 전문성을 의심한다면 전문성을 확인시켜주자.

먼저 다움 선생님은 세훈 어머니가 질문을 했을 때 좀 더 편안한 마음으로 질문의 요지를 잘 파악하여 교사다운 면모를 당당하게 보여주는 것이 필요하다. 이를 위해 마음속에서 '지금 내가 말하는 게 맞나, 이런 내용은 세훈 어머니도 알고 있을 것 같은데…'라는 생각은 접어야 한다. 교사로서 관찰한 내용을 있는 그대로 전달하며 그 속에서 발견한 세훈이의 강점을 말하면 된다. 한편 예상치 못한 질문에는 당황하지 말고 다음과 같이 말한 후 추후 상담 일정을 잡아보는 것을 권한다.

> **이음 선생님은요** 어머니, 혹시 세훈이가 집에서는 어떤 모습을 보이나요? 저도 이번 기회에 어머니와 관련된 이야기를 좀 더 나누고 싶습니다. 말씀하신 부분을 앞으로 좀 더 면밀히 관찰한 후 추후상담을 하는 것이 좋겠습니다. 어머니께서도 가정에서 보이는 세훈이의 관련 행동특성을 관찰하고 관찰 내용을 기록해보시기 바랍니다.

다음으로 놀이 관찰을 통해 누적해온 유아 평가 자료를 상담에 활용하면 도움이 된다. 평소 유아들의 놀이 장면을 잘 들여다보고 기록으로 남기고, 이 기록을 교육과정과 연결지어 본다면 의미 있는 평가 자료가 될 것이다. 학부모 상담 시 이런 누적된 평가 자료를 활용한다면 긴장감도 덜할 것이고, 유아평가에 대한 신뢰도를 높여줄 수 있을 뿐만 아니라, 교사의 성실성도 함께 증명할 수 있기 때문이다.

마지막으로 교사 스스로 배움과 성장의 시간을 가짐으로써 전문성을 키워나가길 바란다. 사회는 빠르게 변하고 있고 이에 따라 교육 동향도 빠르게 바뀌고 있기 때문이다. 유아교육 전문가로서 자신감을 회복하기 위해서는 자기연찬이나 학습공동체를 통한 배움의 시간을 지속적으로 가져야 할 것이다.

이음 선생님의 Think Plus
"교사의 전문성을 신장시키는 관찰과 기록"

유아·놀이중심 교육 현장에서 관찰과 기록은 교사의 가장 중요한 역할 중 하나이다. 유아의 놀이는 워낙 변화무쌍하고 시시각각 다채롭게 이루어지다 보니 자칫 주요한 배움의 순간을 놓칠 수 있다. 세심한 관찰과 충실한 기록은 이후 학부모 상담에서도 귀중한 자료가 되는 만큼 교사들에게 관찰과 기록의 중요성은 아무리 강조해도 지나치지 않다.

• 관찰이란 무엇일까?

단순히 바라보는 것을 넘어, 주의를 기울여 보고 듣고 느끼는 것이 관(觀)이다. 주의를 기울여 보고, 듣고 느끼다보면 무언가 새롭게 알게 되고, 이해하게 되는 것들이 생겨난다. 앎과 이해의 과정, 그것이 곧 찰(察)이다. 온몸으로 주목하고 곰곰이 생각하는 것이 바로 관찰(觀察)하는 방법이다. 이렇게 보고 듣고 느끼고 생각하기 위해서는 시간이 필요하다. 충분히 주목하고, 천천히 살펴야한다. 주의를 기울여 보고 듣고 느끼면서 유아의 일상과 놀이나 관계를 이해할 수 있게 된다.

• 기록은 어떻게 해야 할까?

기록은 돌아보기다. 보고 듣고 느끼고 생각한 것을 돌아보기 위해 기록할 수 있다. 관찰한 것을 남겨두고 돌아볼 필요가 있다고 느낄 때 기록해야 한다. 메모, 사진, 영상, 글 등 기록을 담는 방식도 여러 가지고 기록을 드러내는 양식도 다양하다.

관찰과 기록을 통해 교사는 유아의 배움과 성장을 지원할 수 있다. 또 유아의 일상과 놀이, 활동을 관찰하고 때로는 기록하는 동안 여러 가지 좋은 아이디어를 얻을 수 있다. 어떻게 유아의 놀이를 지원할 것인지, 놀이와 연계되고 놀이성이 풍부한 활동을 어떻게 계획할 것인지에 관한 아이디어 말이다. 관찰과 기록을 교육적 지원으로 연결하는 것! 유아를 존중하는 유아중심, 유아와 함께 만들어가는 놀이중심이 교육과정의 핵심이며, 교육과정의 실행 그 자체이다.[*]

....
[*] 관찰과 기록에 관한 이 내용은 교육부(2020)의 〈관찰을 관찰하다〉 중 일부 내용을 발췌한 것임.

바깥놀이, 그거 꼭 해야 해요?

놀이중심 교육이 현장에 안착하려면 학부모의 이해가 꼭 필요하다. 하지만 아직도 놀이의 교육적 효과나 가치를 오해하며 심지어 폄훼하는 학부모가 많다. 특히 이런저런 핑계를 대며 바깥놀이를 빼달라고 요구하여 교사를 난처하게 만들기도 한다. 이와 관련된 사례를 만나보자.

 교사, 학부모를 만나다

날로 심각해지는 미세먼지는 학부모들이 유아의 바깥놀이를 꺼리게 하는 원인이 된다. 또 스마트폰 사용법을 DNA에 새기고 태어난 듯한 요즘 유아들은 바깥에서 친구들과 어울려 놀기보다는 집안에서 스마트폰을 친구삼아 혼자 노는 것을 좋아하기도 한다. 하지만 막상 유아들이 기관 생활에 익숙해질수록 바깥놀이에 대한 유아들의 즐거움과 설렘도 커진다.

"선생님, 이거 정리하면 우리 바깥놀이 나가요?"
"와! 우리 이제 바깥놀이 나간대!"

다른 놀이를 하는 도중에도 바깥놀이하러 언제 나가는지 알고 싶어 수시로 묻기도 하고, 아직 시계를 읽을 수는 없지만 정리시간 이후에는 바깥놀이를 나갈 거라는 기대감에 설레는 모습도 보인다. 바깥놀이를 나갈 시간이면 항상 모든 아이들이 신나게 뛰어다니기 바쁘다. 때론 다양한 열매와 곤충 관찰에 몰입하기도 하고, 미끄럼틀을 내려오기 전이면 자기를 좀 봐달라며 자랑스레 "선생님~!" 하고 목청껏 외치기도 한다. 그런데 다움 선생님은 어느 날 진아 어머니로부터 전화를 받았다.

> "선생님, 우리 아이는 집에 오면 표정이 어두워요. 이유를 물어보니 '오늘 또 바깥놀이터를 나갔어. 나는 나가기 싫은데 친구들이 너무 좋아해서 말을 못하겠어.'라고 말을 하네요. 우리 아이만 싫어하는 거 같아서 그동안 선생님께 말을 못했는데 아이에게 잘 말해주려고 해도 어렵네요. 아무래도 여기 그만 보내야 할 거 같아요."

그 순간 다움 선생님은 머릿속이 하얘졌다. 진아는 조용한 아이지만 바깥놀이 때 좋아하는 친구들과 함께 어울려 신나게 뛰어다니는 모습을 자주 관찰했기 때문이다. 게다가 다움 선생님에게 말이든 행동이든 싫은 내색을 한 적도 없었다. 또한 진아 어머니 말고도 가끔은 다른 학부모로부터 이런 전화를 받기도 한다.

> "선생님, 우리 아이가 감기기운이 있는데, 아이가 너무 가고 싶다고 졸라서 등원시켜요. 바깥에 나가 찬바람 쐬지 않도록 잘 보살펴주세요."

학부모의 이런 요구는 교실에서 유아들의 발달과 흥미에 따라 적절하게 반응하며, 놀이 일과를 계획하고 조절해야 하는 다움 선생님의 입장을 난감하게 만들기도 한다.

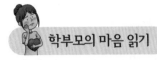
"물론 바깥놀이하면 좋죠. 그리고 모든 아이들이 좋아한다니까 제가 우리 아이만 빼달라고 하면 이기적인 학부모로 보일까 봐 말하기도 어렵더라고요. 하지만 바깥놀이를 하고 돌아온 날이면 어김없이 우리 아이의 컨디션이나 기분이 영 좋지 않아 보이니 몸이 아플까 봐 부모로서 걱정되죠."

진아 어머니는 몸이 약한 진아가 늘 걱정이다. 그래서 진아의 건강상태는 최고의 관심사이기도 하다. 하지만 이 시기는 바깥놀이가 중요하다는 것을 알기에 내 아이를 위해 선뜻 아이의 컨디션을 매일 같이 선생님께 알리기도 어렵다. 진아가 집에서는 기관에서 있었던 놀이, 친구와의 대화, 선생님의 모습, 자신의 생각 등을 잘 표현하지만, 기관에서는 그렇지 않다는 것을 알고 있다. 다른 아이들처럼 진아가 자신의 이야기를 다움 선생님에게 표현하지 않아서 이따금 속상하다. 혹시 내 아이한테 좀 더 신경써달라고 말하면 이기적인 부모로 보일까 두렵기도 하다.

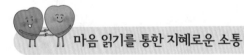
마음 읽기를 통한 지혜로운 소통

대부분 유아들이 바깥놀이에 보이는 열띤 환영과 호응은 교사가 미처 소수 아이들의 입장을 간과할 우려도 있다. 하지만 누리과정은 하루 한 시간 이상 바깥놀이를 권장하고 있으며, 교사는 유아교육 전문가로 바깥놀이가 갖는 중요성과 아이들의 행복감을 누구보다 잘 알고 있다. 그렇다면 이를 학부모에게 효과적으로 전달하는 방법은 무엇일까?

새로운 학년이 시작되면 교사와 학부모 전체 만남의 시간을 활용하여 바깥놀이의 중요성과 시간, 장소, 안전교육 등 전반적인 운영을 안내한다.

"우리반은 매일 바깥놀이터에 나갑니다. 활동하기 편한 옷과 신발로 등원하도록 도와주세요."

"미세먼지가 나쁨 단계인 날은 실내활동으로 대체합니다."

"바깥놀이를 하면서 아직 신체 조절 능력이 부족하기에 유아가 넘어지면서 다칠 수도 있어요."

"유아들이 넘어지거나 다치면 꼭 선생님께 이야기할 수 있도록 가정에서도 유아에게 꼭 일러주세요."

충분한 안내에도 불구하고, 진아 어머니처럼 바깥놀이에 대한 문제를 제기한다면 아마 교사가 자기 아이에게 관심이 없다고 오해하여 속상한 마음에 이야기했을 수도 있고, 우리 아이를 더 잘 지켜봐달라는 호소일 수도 있으니 부모의 마음을 읽어본다. 부모뿐만 아니라 평소 유아의 표정, 말 등을 관찰해보고 편안한 분위기에서 함께 이야기 나누며 아이의 마음을 읽어볼 필요가 있다.

"진아는 이곳에서 무엇을 할 때 제일 즐거워?"

"이곳에서 힘든 것도 있어?"

"혹시 힘든 일이 있으면 선생님한테 이야기해줄래?"

바깥놀이라고 해서 꼭 몸을 활발하게 움직이면서 놀이하고 놀이기구를 사용해야만 하는 것은 아니다. 조용한 공간을 마련하여 그곳에서 정적인 활동을 선호하는 아이들이 책 읽기, 그림 그리기, 음악 듣기 등을 할 수 있도록 지원해준다. 때론 매일 가는 놀이공간 말고 인근의 공원과 숲으로도 가본다. 당분간은 진아의 바깥놀이 모습을 세심하게 관찰할 필요가 있다. 어떤 놀이를 할 때 즐겁게 참여하는지, 불편해하는 상황은 언제인지, 유아의 행동과 표정, 친구들과의 관계 등을 면밀히 관찰한다. 정보가 수집되면 빠른 시일 내에 학부모와 상담을 통해 관찰된 정보를 공유한다. 또한 일회성이 아닌 **지속적인 관찰 내용 공유**로 진아의 놀이 참여 형태와 발전의 정도를 학부모가 알고 지지해줄 수 있도록 한다.

 이음 선생님은요 진아 어머니, 진아가 웃으면서 집에 오면 마음이 한결 편하셨을텐데 불편한 표정을 지어서 속상하셨겠어요. 제가 바깥놀이를 힘들어하는 진아의 마음을 미처 잘 헤아려주지 못한 것 같아요. 정적인 활동을 선호하는 진아가 바깥 놀이공간에서도 관련 놀이를 이어가고, 개별적인 휴식도 가능하다고 잘 전달했답니다. 진아가 자신의 생각을 어려움없이 전달할 수 있도록 이야기해주시고, 건강을 위해 몸을 움직이는 것도 중요함을 자주 이야기 나누어주세요.

이음 선생님의 Think Plus
"바깥놀이, 어디까지 알고 있니?"

2019 개정 누리과정(교육부, 보건복지부, 2019b)에서는 유아가 바깥놀이를 하거나 주변의 숲을 산책하면서 곤충, 풀, 꽃 등의 자연물을 만지고 냄새 맡으면서 발견의 즐거움, 기쁨, 놀라움 등의 감정을 느낄 수 있다고 바깥놀이의 가치를 강조하였다.

그렇다면 유아들은 왜 바깥 놀이를 좋아할까. 바깥놀이는 유아에게 날씨와 기후의 변화, 공기와 바람의 변화, 다양한 소리, 햇빛에 따른 온도와 그림자의 변화 등 여러 가지 자연의 변화 변화를 느낄 수 있게 해주기 때문이다. 또한 바깥놀이는 유아가 자연을 탐색하며 상호작용하도록 촉진하고, 신체발달 및 정서적 안정감을 느낄 수 있도록 한다. 그뿐만 아니라 유아는 바깥놀이를 하며 지적인 호기심과 상상력을 키우고, 다른 사람과 더불어 살아갈 수 있는 사회성을 함양하며, 자연에 대한 환경 감수성을 기르고, 생명의 소중함을 느끼게 된다. 이처럼 바깥놀이를 통해 유아가 얻을 수 있는 놀이 경험은 실내에서의 경험과 다르며(이숙재, 2007), 바깥놀이를 통해 유아는 신체, 정서, 인지 및 사회성 등 전인적 성장과 발달 기회를 갖게 되므로 유아교육에서 필수적이며 중요한 요소가 된다.[*]

....

[*] 바깥놀이에 대한 내용은 최유리(2022)의 한국교원대학교 석사학위 논문인 〈바깥놀이터에서의 유아 놀이에 대한 교사들의 인식과 실천〉을 참고하여 재구성한 것임.

우리 애는 편식지도 필요 없어요!

편식하지 않고 골고루 먹는 것이 몸에 이롭다는 데는 대부분 동의할 것이다. 하지만 요즘에는 종류도 다양한 영양제나 보충제 등을 워낙 쉽게 접하다 보니 기관에서 이루어지는 기본적인 편식지도에 대해서도 신뢰하지 않고, 나아가 아예 아동학대를 우려하며 지도를 거부하는 학부모도 있다. 이와 관련된 사례를 만나보자.

 교사, 학부모를 만나다

오늘도 하늘이는 급식실에서 식판을 멀뚱멀뚱 바라보기만 할 뿐, 전혀 밥을 먹지 않는다. 다움 선생님은 하늘이가 평소 편식이 심하고 식사를 거의 하지 않아 걱정이다.

'방과후과정까지 참여하려면 조금이라도 밥을 먹어야 할 텐데… 저렇게 아무것
도 안 먹으면 배고파서 어쩌지… 하늘이가 골고루 잘 먹으면 정말 좋겠다.'

다움 선생님은 하늘이에게 조금이라도 먹여볼 생각으로 숟가락에 볶음밥을 떠서 한입 먹어보자며 권하지만, 하늘이는 완강하다. "아! 싫어요! 안 먹어요! 당근 싫단 말이에요!" 이런 반응을 어느 정도 예상했으나, 안타까운 마음을 감추지 못하고 숟가락을 도로 내려놓는다.

"하늘이가 밥을 거의 먹지 않아 걱정입니다. 가끔 좋아하는 반찬이 나오면 더 달라고 해서 먹기도 하지만, 오늘처럼 당근이 들어간 볶음밥이나 다른 채소가 조금이라도 들어가면 전혀 손을 대지 않네요. 집에서는 어떤가요?"

다움 선생님이 하늘이의 심한 편식에 대한 걱정스러운 마음을 전달했다. 그러자 하늘 어머니는 대수롭지 않다는 듯 말했다.

"집에서는 하늘이가 좋아하는 반찬 위주로 식사 준비를 해요. 굳이 하늘이가 싫어하는 잡곡이나 채소류를 억지로 먹일 필요는 없을 것 같아서요."

하늘 어머니는 "요즘 같은 시대에 영양실조 걸릴 일도 없고, 입에 맞는 음식을 맛있게, 즐겁게 먹는 게 최고다."라는 나름의 신념을 피력했다. 그러니 선생님도 아이가 싫다는데 굳이 힘들게 편식지도를 하지 말라고 당부한다. 하지만 "골고루 먹어야 건강하게 성장한다."라는 신념을 가진 다움 선생님은 그저 난감하기만 하다.

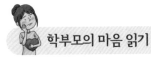

학부모의 마음 읽기

"편식지도 한다고 억지로 먹이는 건, 아동학대라고 생각해…"
"골고루 먹어야 키 큰다는 건, 옛말이지!"
"요즘은 싫어하는 음식 대신 다른 보충제 같은 것들로 얼마든지 대체할 수 있어!"

하늘 어머니는 얼마 전 일부 유아교육기관에서 유아에게 으름장을 놓거나 억지로 입을 벌리며 폭력적으로 밥을 떠먹이는 식의 심각한 아동학대 뉴스를 접한 후 근심에 빠졌다. 그리고 걱정이 된 나머지 절대 편식지도를 하지 말아달라고 당부했다. 과도한 식습관 지도가 오히려 독이 될 것 같기 때문이다. 다움 선생님한테는 "좋아하는 음식 즐겁게 먹고 다른 영양 보충제 같은 걸로 대체할 수 있다."는 이유를 둘러댔지만, 사실 그보다 큰 이유는 싫어하는 음식을 억지로 삼키며 고통스러워할 하늘이가 걱정되기 때문이다. 하늘 어머니는 괜히 당근 한 조각 먹이려다 스트레스만 받고, 나아가 음식에 대한 거부감만 커질 수도 있다고 생각한다. 무엇보다 그 과정에서 다움 선생님과 하늘이가 기싸움 아닌 기싸움을 벌이는 상황을 상상하면 몹시 초조하고 불안하기까지 하다.

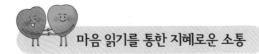

마음 읽기를 통한 지혜로운 소통

하늘 어머니가 편식지도를 부정적으로 인식하게 된 것에 대해 매우 유감스럽게 생각한다. 그러나 매스컴을 통해 전해진 일부 부정적 사례와 달리 현장에서는 대부분의 교사들이 고른 영양 섭취의 중요성을 인식하고 유아들에게 정성스럽게 식생활지도를 하고 있다는 것을 강조하고 싶다. 사실 요즘 들어 하늘 어머니처럼 자녀에게 편식지도를 하지 않아도 된다고 말하는 학부모들이 늘고 있다. 대체로 하늘 어머니와 같은 이유 때문이다. "골고루 먹어야 튼튼해진다."라는 말은 맞지만, 골고루 먹지 않아도 튼튼해질 수 있는 대체식품도 많고 다양한 영양 보충제도 많다. 음식을 예로 들면, 당근 대신 블루베리를 맛있게 먹으며 피부미용과 눈 건강을 챙길 수 있는 식이다. 억지로 스트레스 받으며 먹으면 소화도 잘 되지 않을뿐더러 '조금이라도 먹이려는 성인'과 '절대 먹지 않으려는 유아' 간 신경전 끝에 관계만 틀어지기 십상이다. 또 한편에서는 김치나 채소류 등 대부분의 유아들이 싫어하는 음식을 꼭 한번이라도 먹어볼 수 있도록 편식지도를 요청하는 학부모들도 있다. 이러한 상반된 학부모의 요구를 신학기 시작 전 미리 파악해두는 것이 중요하다.

먼저 **학부모가 편식지도를 희망하지 않는 경우**, 교사가 유아에게 억지로 먹이지 말고 대체할 만한 음식을 찾아서 고른 영양소를 섭취할 수 있는 방법을 가정에 안내해준다. 다시 말해 유아가 특별히 싫어하는 음식 종류를 파악하여 어떤 영양소의 섭취가 부족한지, 대체 가능한 식재료는 무엇인지 등을 안내하는 것이다.

다음으로 **학부모가 편식지도를 희망할 경우**, 유아들에게 싫어하는 식재료에 대해 긍정적인 이미지를 심어주고 음식의 색과 맛, 식감 등을 조금씩 경험해볼 수 있는 기회를 제공한다. 가장 쉽게 접근할 수 있는 방법은 식재료를 활용한 다양한 요리 체험활동, 오감놀이 등이다. 또한 지속적인 영양교육 및 올바른 식생활교육을 실시하여 음식의 소중함을 느끼고 건강한 식습관을 형성할 수 있도록 돕는다.

그리고 모든 유아들에게 '선생님과 친구들과 함께하는 식사시간은 즐겁다'라는 인식을 갖게 하는 것이 무엇보다 중요하다. 예컨대 편안한 음악 틀어주기, 배식도우미 정하기, 식당놀이와 연계하기 등을 통해 즐거운 급식문화를 조성하는 것도 도움이 될 것이다. 나아가 신나게 뛰어놀며 활동량을 늘려 식욕을 높이면 새로운 음식에 좀 더 쉽게 도전해볼 용기도 복돋아줄 수 있다.

마지막으로 각 가정에 유아교육기관에서 편식지도를 어떻게 하고 있는지 사전에 알리자. 예를 들면 '급식지도 시 억지로 먹이지 않지만 맛을 볼 수 있도록 권한다', '영양교육을 지속적으로 실시한다', '건강과 환경문제를 생각하여 유아 스스로 적당량의 음식을 남기지 않고 먹도록 지도한다', '식사시간은 정해져 있고 시간 내 먹는 것도 배려임을 이야기한다' 등을 안내함으로써 가정에서도 함께 교육할 수 있도록 협조를 구한다.

이음 선생님은요 어머니, 저희 기관에서는 모든 유아에게 식생활지도가 이루어집니다. 특히 '급식지도 시 억지로 먹이지 않는 것'을 전제로 하죠. 다만 강압적으로 먹이는 것과 조금씩 시도해보도록 권유하는 것의 차이, 영양제로 대체하는 것과 자연 음식물로 섭취하는 것의 차이, 유아가 싫은 것을 억지로 할 때 스트레스가 되는 것과, 원하지 않지만 스스로 시도하며 도전하는 것을 배우는 것의 차이 등을 유아가 이해할 수 있도록 장기목표를 가지고 지도하고 있습니다. 무엇보다 식사시간은 즐거워야 하며, 식사를 하기 전·후 단계의 과정 모두가 교육의 시간입니다.

이음 선생님의 Think Plus
"편식을 하는 유아 행동의 원인과 지도 방법"

신체·두뇌 발달이 폭발하는 유아기에는 고른 음식물 섭취가 중요하다. 균형 잡힌 식생활교육이 적절히 이루어지도록 가정의 협조를 구하자.

1. 편식이란?

유난히 먹는 것을 가리는 유아가 있다. 편식을 하게 되면 식사 내용이 늘 영양적으로 불균형해지므로 발육이나 영양상태가 뒤떨어지게 되거나 과잉되어 결국 몸이 허약해지거나 면역력이 떨어지고 비만의 원인이 되기도 한다.

2. 편식의 원인

- 먹어본 경험이 없는 식품인 경우
- 부모들에게 편식습관이 있는 경우
- 어떤 식품을 강제로 먹이려는 경우
- 어떤 음식을 먹고 구토나 설사 같은 불쾌한 경험을 했을 경우
- 과잉보호하는 유아의 경우
- 이유식을 늦게 시작하거나 이유단계를 제대로 밟지 않았을 경우

3. 편식지도 방법

- 처음에 양을 적게 하여 맛을 경험하게 한 후 점차 양을 늘린다.
- 유아가 좋아하는 조리방법으로 바꾸어 조리 후 먹여본다.
- 부모의 편식 습관을 먼저 고친다.
- 조리하는 과정에 유아를 함께 참여시켜본다.
- 좋아하는 친구들과 함께 즐겁게 먹을 수 있는 환경을 조성한다.
- 식품을 골고루 섭취해야 하는 이유를 설명한다.
- 싫어하는 음식을 먹도록 무조건 강요하지 않는다. 만약 유아가 어쩌다가 그 음식을 먹으면 칭찬을 하여 보상한다.

4. 조리법의 변화를 활용한 방법

- 고기를 싫어할 때: 고기를 골라낼 수 없도록 잘게 다져 다른 식품과 섞어 조리한다. 고기 냄새를 싫어한다면 유아가 좋아할 만한 소스를 만들어 끼얹어 먹도록 한다.
- 생선을 싫어할 때: 다져서 다른 식품과 섞어서 조리하거나 카레가루 같은 향신료를 섞어서 조리해본다.*

....

* 편식지도에 관한 내용은 식품의약품안전처 식품안전나라 사이트를 참고하여 재구성한 것임.

장애아랑 같은 반 안 하면 좋겠어요!

장애학생과 비장애학생이 함께 배우는 통합교육에 대한 잘못된 인식이 여전하다.
특히 유아교육기관에서 통합교육에 대해 오해하는 학부모를 자주 만난다. 안 좋은
영향을 받을 거라며 지레 의심하여 자기 자녀가 장애아와 한 반에서 함께 노는 것도
꺼리는 등 거부감을 드러낸다. 이와 관련된 사례를 만나보자.

 교사, 학부모를 만나다

올해 새로이 함께할 아이들을 위한 여러 가지 준비로 다움 선생님은 무척
바쁜 신학기를 보내고 있다. 신입생 오리엔테이션을 마친 후, 미란이의
어머니가 다움 선생님에게 전화를 했다.

> "선생님! 안녕하세요. 저 미란이 엄마예요~ 오전에 설명을 듣다가 따로 궁금한
> 게 있어서 이렇게 전화드렸어요. 우리 미란이 반이 '통합반'이라고 하셨는데, 통
> 합반이 대체 뭔가요, 선생님?"

다움 선생님은 미란 어머니에게 통합교육의 가치와 장점 등 통합반에 대
해 한 번 더 상세하게 말씀을 드렸지만, 돌아오는 미란 어머니 반응은 다
움 선생님의 기대와 달랐다.

"그런데요 선생님. 그러면 심할 수도, 가벼울 수도 있지만, 어쨌든 장애가 있는 아이들이 우리 미란이와 같은 반에 계속 같이 있다는 거잖아요? 그러면 혹시라도 미란이가 그 아이들과 생활하면서 행동이나 모습을 따라하면 어떡하죠? 선생님께서는 또 그런 아이들에게 더 신경쓰셔야 할 테니 미란이에게 소홀해지시면 어떻게 하고요? 선생님은 지금 장점만 말씀하셨지만~ 저는 솔직히 걱정부터 되네요. 미란이도 아직 어린애인데 피해를 받을 것 같아요."

통합반 담임교사를 맡으면 교사로서 다소 힘이 들 때도 있을 것이다. 하지만 아이들의 인성과 사고의 폭넓은 성장을 관찰하며 뿌듯했던 경험을 떠올리며 다움 선생님은 당황스럽기만 하다. 통합교육이 무엇인지 제대로 이해해보려는 노력 없이 무조건 거부감만 표현하시는 미란 어머니에게 통합교육에 대한 어떤 요소들을 어떻게 말씀드려야 올 한해 통합교육 학급운영을 순조롭게 시작할 수 있을까?

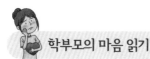
학부모의 마음 읽기

"미란이도 첫 기관 입학인데… 미란이가 장애가 있는 친구로 인해 상대적으로 교사에게 교육적 배려나 보살핌을 덜 받으면 어떻게 하지? 또 장애가 있는 친구의 행동을 따라한다거나 배우면 어쩌지? 선생님은 통합반의 경험에 대한 장점만 말씀하시지만… 나는 엄마니까 우리 미란이가 걱정인데…"

부모의 눈에 유아교육기관에 입학한 자녀는 한없이 어리고 보살핌이 필요한 약한 존재로만 비춰질 수도 있다. 그런 부모의 마음에 자신의 아이보다 더 도움이 필요한 아이가 함께한다는 사실은 여러 가지 교육적 장점을 떠나 우선적으로 내 아이가 보살핌을 덜 받게 되리라는 걱정이 앞서는 건 어쩔 수 없는 부모의 마음일 것이다. 사실 인터넷이나 책 등을 조금만 찾아보아도 알 수 있는 통합교육의 장점을 미란 어머니가 전혀 모르고 묻지는 않았을 것이다. 단지 우리 아이가 정말로 이 안에서 잘 성장할 수 있을지가 궁금하고 걱정됐을 거라고 생각된다.

다움 선생님도 지금 당장 통합교육의 이론적인 장점을 이해시키려고 조급해하기보다는 조금 마음의 여유를 갖고 미란이의 배움과 성장이 잘 이루어지고 있음을 부모와 함께 공유하며, 그 안에서 통합교육의 특별한 가치를 조금씩 전달하려는 여유와 긴 호흡이 필요할 때이다.

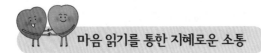

마음 읽기를 통한 지혜로운 소통

미란 어머니가 걱정을 덜 수 있도록 미란이의 성장과 발달에 대해 자세한 관찰을 세심하게 공유하는 것이 좋다. 즉 내 자녀가 통합교육을 통해 피해를 받는 것이 아니라 오히려 다양한 관계 속에서 어울림을 배우고 사회성을 길러가는 등 성장하고 있다는 것을 확인했을 때 그에 대한 걱정을 덜어내고 통합교육에 대한 긍정적인 시선을 갖게 될 것이다.

이음 선생님은요 미란이는 기관에 잘 적응하고 있습니다. 오늘은 재인이(장애유아)의 손을 잡아주고 같이 화장실에도 함께 갔어요. 미란이가 처음 기관에 왔을 때는 자신이 저에게 도움을 받아야 하는 아기라고 생각했던 것 같은데, 이제는 스스로 할 수 있는 일은 스스로 하고 있고, 오히려 제힘으로 다른 친구들을 도와줄 수 있다는 경험을 통해 미란이가 자신감과 성취감을 느끼게 된 것 같아요.

미란이의 성장에 대한 구체적인 이야기나 장면을 근거로 이야기를 나눈 후에 통합교육을 통해 성장한 모습에 대해 전달하고 공유해보자.

이음 선생님은요 미란이는 재인이의 모습이 우리와 다르다는 것도 우리의 얼굴이 다르고 머리카락이 다르다는 것과 똑같다고 이야기 하더라구요. 미란이는 꽃잎반에서 재인이와 함께 지내면서 나와 다른 사람과 어떻게 지내야 하는지 자연스럽게 배우고 있어요. 배려하는 방법을 배우고, 반대로 자신도 친구들에게 배려받아야 한다는 것을 이해하고 있습니다. 미란이와 재인이가 함께 성장하는 모습을 제가 자주 전달해 드릴게요. 어머니도 너무 걱정하지 마시고 함께 지켜봐 주시면 감사하겠습니다.

유아교육은 비장애유아든 장애유아든 기회가 공평히 주어져야만 하는 평등 차원의 권리이다. 무엇보다 비장애유아는 장애유아에게 뭔가 반드시 베풀어야 하는 **시혜적인 차원에서 벗어나 그저 함께 살아가는 평범한 이웃으로 서로를 대할 수 있어야 한다.** 이처럼 장애유아도 적절한 교육을 통해 자아를 실현하고 사회의 구성원으로서 함께 살아가며 또 자신의 권리를 당당히 누리도록 하는 것이 통합교육이 지향하는 바다. 이러한 당위성에 대해 부모와 충분한 대화를 통해 이해시키려는 노력의 시간이 필요하다. 또한 교사의 개인적인 노력뿐만이 아닌 기관차원에서 연수나 워크숍 등 부모교육을 통해 부모들 간에도 서로 이해하고 공감할 수 있는 기회를 만들어주려는 노력도 필요할 것이다.

통합교육은 1994년 「특수교육진흥법」이 전면 개정되면서 법적 용어로 시작되었다. 통합교육은 특수교육대상자가 특수학급에서 우선지원을 받으면서 일반 학급에 소속된 경우도 있고(보통 부분통합이라고 불리움), 원적학급으로 본래 일반학급에 소속되어 있으면서 수업을 받는 형태인 완전 통합개념으로 지원받는 경우도 있다.

통합교육은 다양한 사람들이 어울려 살고, 포용의 가치가 중시되는 미래사회를 살아갈 비장애유아들, 장애유아들 모두에게 분명 필요한 교육이지만, 통합교육으로 인해 추가적으로 부과될 수밖에 없는 교육과 안전 등에 대한 업무와 책임이 교사에게 너무 과중되지 않도록 행정적·재정적 지원이 함께할 때 교사와 유아들이 모두에게 행복한 통합교육이 이루어질 수 있을 것이다.

• 통합교육의 정의

특수교육 대상자가 일반학교에서 차별을 받지 아니하고 또래와 함께 개개인의 교육적 요구에 적합한 교육을 받는 것. (장애인 등에 대한 특수교육법)

• 통합교육의 개념

통합교육의 통합은 'inclusion', 'integration'의 두 의미가 있다. 1990년대 중반까지는 통합을 'integration'의 의미로 사용되었다. Integration의 의미로서 통합은 "학생이 최소 제한적 환경(Least Restrictive Environment)에 배치되어 교육을 받아야 한다는 생각"을 기반으로 한 통합이었다. 그러나 이러한 통합은 장애학생을 일반학생들이 있는 현장에 배치하는 것이 되었고, 교육의 질을 고려하지 않았다는 비판이 있었다. 이에 현재는 inclusion의 의미로서 통합을 사용하고 있으며, 부분을 전체의 일부분으로 보아야 한다는 시각을 반영한 의미의 통합 개념을 사용하고 있다.

성이요? 아직 어린데 뭘 알겠어요!

학부모가 유아의 발달특성에 대한 이해 부족으로 오해가 야기되는 경우가 많다. 특히 성 문제행동은 발달 과정에서 나타나는 자연스러운 호기심과 문제행동 사이를 판단하기 애매한 경우도 많고, 문제행동을 일으킨 유아와 피해 유아의 학부모 간 입장 차이가 커서 자칫 큰 갈등으로 번지기도 한다. 이와 관련된 사례를 만나보자.

교사, 학부모를 만나다

빨리 교실로 와달라는 방과후과정 선생님의 다급한 전화에 다움 선생님은 서둘러 교실로 향했다. 또래에 비해 키도 덩치도 큰 유성이는 창의성이 뛰어나고 리더십도 있다. 장난이 좀 심해 갈등도 종종 일으키지만, 유성이의 창의적인 놀이에 친구들이 호응하며 이내 잘 어울려 논다. 그런 유성이에게 요즘 부쩍 성 관련 문제가 나타나고 있었다.

불과 얼마 전에는 이런 일도 있었다. 유아들의 귀가를 준비하며 교사가 바쁘고 정신없는 틈에 유성이가 갑자기 앉아있던 혜원이의 마스크를 내리더니 뽀뽀를 하는 게 아닌가… 심지어 그 옆에 있던 다른 여자친구에게도 자신에게 뽀뽀를 하라고 시켰다. 상황을 목격하자마자 다움 선생님은 그 자리에 있던 유아들과 함께 이야기를 나누며, 친구가 원하지 않는 행동을 강요하면 안 된다는 것을 알려주었다. 그리고 유성이한테는 혜원이와 친구에게 사과하도록 이야기했다.

다움 선생님은 이날의 상황과 관련된 유아들의 부모님께 모두 연락하여 오늘의 일을 상세히 전달했다. 혜원 어머니는 아직 어려서 잘 몰라서 그럴 수도 있지만, 앞으로 그런 일이 반복되지 않도록 지도해달라고 단단히 당부했다. 하지만 유성 어머니는 달랐다. 유성 어머니는 죄송하다면서도 남자아이니까 여자아이를 좋아해서 그런 행동을 할 수 있는 거 아니냐며 대수롭지 않게 여겼다. 하지만 유성이에게 성에 관련한 사건들이 계속되면서 이에 관한 가정에서의 지도를 당부하는 연락도 반복되자 점점 유성 어머니의 표정은 어두워졌고, 급기야 다움 선생님과 눈길도 마주치지 않은 채 유성이를 등하원 시키는 중이다.

그런데 오늘 또 그냥 넘길 수 없는 일이 생긴 것이다. 유성이가 지수에게 양팔을 벌려보라고 한 뒤 가슴을 만졌고, 깜짝 놀란 지수가 화를 내며 방과후과정 교사에게 그 상황을 설명하자 옆에 있던 친구들까지 나서서 본인들도 다 봤다며 앞다투어 상황을 이야기하기 시작했다고 한다.

다움 선생님은 유성이의 성 문제행동이 반복되는 것이 답답했다. 또 유성 어머니가 문제의식은커녕 너무 무관심한 것 같다는 생각에 화가 나기도 한다. 지수 어머니에게는 또 어떻게 말씀드려야 할지, 행여 일이 커지면 어쩌나 하는 두려움에 선뜻 전화기를 들 수가 없었다. 먼저 노트에 상황을 정리한 후 지수 어머니와 통화했다. 상황을 알게 된 지수 어머니는 차분하지만 단호하게 말씀하셨다.

"선생님, 성교육은 하고 계시죠? 재발 방지를 위해서 좀 더 확실하게 유치원에서 교육해주시면 좋겠습니다. 그리고 일단 저희 아이는 앞으로 유성이랑 분리해주세요. 그리고 내년에는 같은 반이 안 됐으면 좋겠군요."

다움 선생님은 재발 방지를 위해 좀 더 주의하겠다는 말과 함께 지수 어머니에게 거듭 사과의 말도 전달했다. 지수 어머니와 통화를 마친 다움 선생님은 유성 어머니에게도 전화하여 일어난 일을 설명하고 대면 상담을 요청했다. 그런데 유성 어머니의 반응이 예상 밖이었다.

> "선생님! 유성이는 놀이하다가 그런 거잖아요. 너무 여자아이 편에서만 예민하게 반응하시는 거 아닌가요? 아직 어린아이가 (성에 대해) 알면 얼마나 알겠어요. 그리고 선생님은 도대체 뭐하고 계신 거죠? 선생님이 직접 보지 못한 것을 아이들의 말만 믿고 판단하시네요. 애초에 그런 일 안 생기게 선생님이 아이들한테 성교육 잘 시키고 단속하면 되잖아요!"

미안해하기는커녕 이렇게 언짢은 기분을 잔뜩 드러내며 일방적으로 다움 선생님에게 원망의 말을 쏟아내더니 전화를 뚝 끊어버리는 유성 어머니의 태도에 다움 선생님은 시름이 깊어진다.

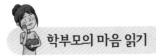 학부모의 마음 읽기

> "아이를 잘 가르치라고 교육기관에 보내는 거 아닌가? 선생님이 알아서 잘 가르치면 되지, 왜 엄마인 나한테만 책임을 돌리는 것 같지?"

하루걸러 걸려오는 선생님의 전화에 이제 유성 어머니는 화가 난다. 처음에는 마치 죄인처럼 "죄송합니다. 집에서도 잘 교육시킬 게요."라고 했다. 하지만 듣기 좋은 꽃노래도 계속 들으면 지겨운 법인데, 유성이에 대한 좋은 말 한번 없이 매번 잘못한 일로만 연락이 오니 도대체 어떻게 해야 할지 모르겠다. '왜 엄마인 나한테만 이러지? 선생님은 제대로 아이들을 성교육 시키고 있는 건가? 아이가 놀다가 모르고 친구를 만질 수도 있지… 다들 너무 예민한 거 아니야?'라는 생각이 계속 꼬리에 꼬리를 문다. 사실 유성이에게 수도 없이 말하고 타이르고 혼도 내봤다. 하지만 기관에서의 생활을 다 알 순 없으니 답답하기도 하다. 매일 아침 마주치는 원장, 원감선생님을 볼 때마다 민망해서 빨리 자리를 뜨고만 싶다. 도대체 가정에서 유아 성교육을 어떻게 하라는 걸까?

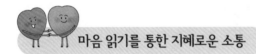

마음 읽기를 통한 지혜로운 소통

유성이는 또래보다 신체, 인지 등에서 빠른 발달을 보이고 있으며, 성개념도 보통 4세에서 보이는 성 안정성보다 윗단계인 성 일관성에 해당된다. 성 일관성은 이성에 대한 호감을 가까이 앉거나 서기, 껴안거나 뽀뽀하기 등의 행동으로 설명할 수 있다. 유성이의 성 행동은 가까운 성인(부모, 교사 등)의 적극적인 개입이 필요한 상태로 유아의 발달 수준을 파악하여 성 행동 문제에 대처할 것이 요구된다. 성에 관련된 행동을 보일 시 성인은 **놀라거나 충격받은 표정을 보이지 말고, 침착하고 차분하게 행동을 중지시켜야 한다.** 교사는 행동의 내용, 맥락, 시간, 장소, 빈도가 포함되도록 구체적으로 기록한다. 해당 유아에게 개별적으로 성교육을 진행하며, 일정 기간 지원교사의 도움을 받아 유아의 일상생활을 주의 깊게 관찰할 필요가 있다. 또한 기관의 장은 필요 시 전문 강사 초청 등의 방법으로 교직원, 유아, 양육자를 위한 성교육을 진행한다.

어머님! 저희는 유성이가 올바르게 자랄 수 있도록 가정과 함께 협력하여 지혜롭게 이 문제를 해결하고 싶어요. 저희도 최선을 다해 교육하겠으며, 유성이가 관련된 아이들에게 진심으로 사과를 할 수 있도록 가정에서도 협조를 부탁드립니다. 유성이와 이에 관해 이야기를 나눌 때는 감정에 휩쓸려 아이에게 화를 내거나 추궁하듯이 이야기하지 않도록 유의해주세요. 또한 이런 일은 또래 간 일어날 수 있는 일이거나 피해 유아(또는 양육자)가 예민하다고 여기는 태도는 유성이에게도 좋지 않고, 자칫 상황을 더 악화시킬 수 있습니다. 유성이의 부적절한 행동이 지속되는 것에 대해 문제의 원인을 파악하는 것이 필요하고, 적절한 개입도 요구됩니다. 전문가의 도움이 필요하다면 저희도 필요한 기관을 알아보고 연계해서 교육하는 등 협조하겠습니다. 유성이의 올바른 성 이해와 건강한 발달을 위해 어머니와 지속적으로 소통하며 일관된 방법으로 지원하겠습니다.

 ## 이음 선생님의 Think Plus
"주의, 이럴 땐 성 행동 지도가 필요해요!"

만약 유아의 성 문제가 다음과 같은 상황이면 우려할 수준의 행동 문제로 보고 좀 더 주의 깊은 지도가 필요하다.

☑ 교사의 교사의 지도에도 불구하고 지속하거나 행동에 몰두함
☑ 또래에게 성 행동을 하여 불편하게 함
☑ 피해 유아가 피하려 해도 계속하기도 함
☑ 성인의 눈을 벗어나는 장소에서 시도하려는 경향이 보임

혹시 우리 아이 몰래 때리셨나요?

유아교육기관의 일부 자질이 부족한 교사들의 아동학대 모습이 언론을 통해 종종 알려져 사회적 물의를 일으키고 있다. 참으로 안타까운 일이다. 하지만 이것을 일반화하여 대다수 선한 교사들까지 오해를 받는 것은 안타깝다. 때론 아이 말만 듣고 무조건 아동학대를 의심하는 학부모도 종종 만나게 된다. 사례를 살펴보자.

 교사, 학부모를 만나다

예슬이는 평소 친구들과 함께 놀이하는 것을 좋아하고, 교사에게도 자신의 일을 스스럼없이 이야기한다. 그동안 친구나 교사 등 타인과의 관계에서 큰 갈등이나 문제 없이 기관 생활을 잘 해나가는 유아였다. 그러던 어느 날 아침 예슬이를 등원시켜주러 온 예슬 어머니의 표정이 영 언짢아 보이더니, 다움 선생님에게 이야기를 꺼낸다.

"선생님, 내가 며칠 동안 예슬이에게 선생님이 너를 때린 적이 있냐고 물어보니 방과후과정 선생님께서 우리 예슬이를 몰래 때렸다고 하시네요? 근데 선생님은 그걸 보고도 가만히 계셨다면서요? 저 며칠 동안 꾹 참았는데 이젠 더 이상 참을 수 없어서 아이한테 엄마가 예슬이 대신 선생님들 혼내줄 거라고 했어요. 제가 지금은 시간이 없고, 이따 예슬이 데리러 올 때 다시 얘기하면 좋겠네요."

예슬 어머니는 선생님들이 예슬이를 때린 것을 알고 있다며 일방적으로 통보하더니 씩씩거리며 가버렸다. 뒤에 남은 다움 선생님은 당황스럽기 그지없다. 유난히 아이들을 사랑하고 잘 돌봐주시는 방과후과정 선생님이 예슬이를 때렸다고 말한 점도 납득이 잘 가지 않고, 담임선생님이 그것을 보고도 방관했다는 말까지, 모든 내용이 당황스럽기만 할 뿐이다.

하원시간에 예슬 어머니는 아직 화가 풀리지 않은 듯 잔뜩 성이 난 얼굴로 등장하였고, 그 후 방과후과정 선생님과 다움 선생님, 예슬 어머니까지 한 자리에서 예슬이가 가정에서 한 이야기들을 하나하나 나누었다. 그런데 예슬이가 기관 생활에 대해 꾸며낸 허황된 이야기들은 그 외에도 굉장히 많다는 것을 알게 된다. 예컨대 자기가 소변이 마려웠는데 선생님이 가지 못하게 해서 울었다거나, 화장실에 혼자 갇혀 있었다거나, 선생님이 무서운 귀신이 나오는 만화를 틀어주었다는 등 들을수록 전혀 일어나지 않은 일들이었기 때문에 다움 선생님은 점점 더 놀랄 수밖에 없었다. 하지만 예슬 어머니의 생각은 완강했다.

> "선생님, 우리 애는 집에서도 거짓말 자체를 안 하는 애라고요! 그냥 솔직하게
> 진실을 말해주시죠!"

이 말만 되풀이하는 예슬 어머니에게 결국 다움 선생님은 예슬이가 말한 여러 이야기들이 절대 일어날 수 없는 불가능한 상황들임을 하나하나 구체적 근거를 제시하며 말씀드렸다. 예컨대 예슬이가 말하는 시간이나 해당 사건이 일어났을 때 방과후과정 선생님이 원에 계시지 않았고, 방과후과정 선생님이 때릴 때 사용했다는 유아용 젓가락의 경우 기관에서 사용하지도 않는 점 등을 세세히 말씀을 드리며 예슬 어머니를 이해시키려 한

것이다. 하지만 이러한 설명에도 불구하고 여전히 석연치 않다는 표정으로 돌아서는 예슬 어머니의 모습을 보며 억울하기도 하고 황당하기만 했다. 대체 이 상황을 어떻게 풀어가야 할지 답답했다.

 학부모의 마음 읽기

"우리 애는 집에서도 거짓말을 안 하는데 우리 애가 기관에서 있었던 일을 거짓말로 꾸며댔다니 너무 당황스러워. 어린아이가 어떻게 그렇게 거짓말을 완벽하게 할 수 있지? 솔직히 선생님 이야기가 사실인지도 믿기지 않아. 만약 정말 우리 예슬이가 거짓말을 한 거라면 어떻게 하지?"

가정에서 부모님이 보는 유아의 모습과 기관에서 선생님이 보는 유아의 모습은 다르기 마련이다. 대부분의 부모에게 자녀는 절대적인 존재이기 때문에 아이의 말을 믿으려고 노력하게 되고, 심지어 그 말이 구체적이라면 더더욱 믿을 수밖에 없다. 특히 요즘처럼 '아동학대'가 사회적 관심사인 때에 "선생님이 때렸다. 선생님이 나를 가두었다" 등 자극적인 이야기를 들었다면, 우선 아이의 말에 기울어져 선생님의 말을 도무지 믿을 수 없게 되는 것이 부모 마음이다. 따라서 일단 걱정되고 화가 나는 학부모의 마음을 이해하기 위한 노력이 선행되어야 한다. 쉽게 떠오르는 CCTV는 교육공동체가 동반 성장하는 교육적 해결을 포기한 채 오직 법적 판단에 의존하려는 최후의 수단이다. 그렇다면 거짓말하는 유아를 교육적으로 지도하는 한편, 가정과의 불신 관계도 해소하며, 유아의 성장을 지원해줄 수 있는 긍정적 해결책은 무엇일까?

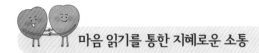

마음 읽기를 통한 지혜로운 소통

다움 선생님은 그동안 예슬이가 말도 잘하고, 교사와 친구들과 잘 지내며 기관 생활에 잘 적응하는 평범한 아이로 판단해왔다. 하지만 사실 예슬이는 이런저런 거짓말을 해오고 있었던 것이다. 유아가 거짓말을 하는 이유는 주로 다음과 같다. **기관이나 가정에서 충족되지 않는 관심이나 사랑 등의 감정들을 해결하기 위해 거짓말로 관심을 끌거나, 혹은 상상력이 너무 뛰어나서 현실과 상상을 착각**하는 등 다양한 이유로 거짓말을 반복하는 경우도 있다. 따라서 먼저 예슬이가 어떠한 이유로 거짓말을 했는지 조심스럽게 풀어가는 노력이 선행되어야 할 것이다. 이때 가정도, 기관도 거짓말을 한 것 자체를 윽박지른다거나 꾸중하기보다 유아의 현 상황을 파악하고 스스로 사실을 말할 수 있는 방향으로 풀어가야 할 것이다.

또 사례의 예슬 어머니의 화법으로 유추해보았을 때, '선생님이 예슬이 때렸니?'라고 묻는 대화 방법도 수정이 필요할 것 같다. 개방적이거나 긍정적인 질문이 아닌 부정적인 질문은 유아에게 유도질문으로 느껴져, 부모에게 사랑받고자 하는 욕구가 강하게 작용하면 때론 자신의 생각과 상관없이 긍정하게 될 수도 있기 때문이다. 일단 예슬이가 말한 일련의 사건들은 예슬이의 상상에서 나온 것임을 밝혀야 한다. 평소 학부모와 예슬이 간 대화법을 검토하고, 예슬이에 대한 관찰 등을 통해 풀어보자.

<u>**이음 선생님은요**</u> 아이들은 부모에게 사랑받고 인정받고 싶어하는 욕구들이 당연히 있습니다. 만약 아이에게 선생님과의 부정적인 일이나 기억을 자꾸 묻다 보면 아이는 그렇다고 대답해야만 한다고 생각하게 될 수도 있어요. 예컨대 '선생님이 예슬이를 때렸니?'라는 질문보다는 '오늘은 무슨 재미

있는 일들이 있었니? 선생님과 친구들과는 즐거웠니?'라고 질문해주시면 감사하겠습니다. 그러면 예슬이도 기관과 선생님들을 더 긍정적으로 바라보는 데 도움이 될 것 같아요.

또한 예슬 어머니는 예슬이 연령의 발달단계에 대한 이해도 필요한 것으로 보인다. 4세인 예슬이는 상상력이 풍부하고, 재미있는 이야기를 꾸며내 관심받는 것을 좋아하는 시기이기도 하다. 하지만 예슬이는 자신이 꾸며낸 이야기가 어떠한 영향력을 발휘하는지까지 인지할 수 있는 나이가 아니다. 이러한 예슬이의 발달단계에 대한 정보와 지식을 학부모에게 전달하고, 나아가 예슬이와도 거짓말을 하면 안 되는 이유에 대해서는 함께 이야기를 나누어볼 필요가 있다.

이음 선생님은요 예슬이의 발달 시기는 어머니가 말씀하신 것처럼 '옳고 그름'의 범주에서 거짓말을 하고 안 하고를 판단할 수 있는 시기가 아닙니다. 그저 자신이 이야기를 상상하고 만들어내는 것을 즐길 수도 있습니다. 또 예슬이는 누군가를 곤란에 빠트리려고 거짓말을 했다기보다 자신의 이야기로 관심받고 사랑받고 싶어서 상상력을 발휘해 이야기를 만들어내기도 합니다. 그래서 혹시 예슬이가 하는 이야기들 중에 걱정되는 것들이 있으실 땐 저에게 직접 연락을 주시고 이야기를 나눌 수 있으면 감사할 것 같습니다. 저도 놓치고 있던 것들이나 같이 알아봐야 할 것들이 있을 수도 있으니까요.

하지만 이 사례를 통해 이 시기의 유아가 한 말은 무조건 거짓말이고, 상상력을 발휘해 꾸며낸 이야기로 간주하라는 뜻은 아니라는 점을 분명히 짚고 넘어가고 싶다. 다만 아동학대는 굉장히 예민한 사항이고, 유아들의 말 중에는 불확실한 것들이 많은데, 사실관계에 대한 명확한 확인 없이 성인의 상상력까지 합쳐지면 유아들의 작은 말이나 행동이 자칫 큰 갈등 상황으로 비화될 수 있다는 점을 이야기하고 싶었을 뿐이다. 따라서 평소 기관 생활에서 특별한 상황에 대한 **기록이나 자료들을 남겨두는 것을 일상화**하는 것이 좋다. 또한 유아들의 발달 단계에 대한 기관 차원에서의 부모교육을 실시하는 등 평소 신뢰관계를 쌓아가도록 노력해야 한다.

이음 선생님의 Think Plus
"유아의 거짓말"

유아의 거짓말은 성인의 거짓말과는 성격이 다르다. 특히 3~6세 유아의 거짓말은 대체로 악의 없는 무의미한 거짓말이다. 때론 현실과 상상 간의 구분이 확실치 않음에 따라 거짓말을 하기도 한다. 예컨대 상상놀이 속 친구에게 자신의 실수나 잘못을 떠넘기는 식이다. 하지만 이 정도 수준의 거짓말은 유아의 성장과 함께 자연스럽게 사라진다. 다만 나쁜 의도가 엿보이는 거짓말에 대해서는 세심한 관찰과 지도가 필요하다. 예컨대 동생에 대한 시샘, 친구에 대한 앙갚음, 부모에 대한 관심 끌기 등을 위한 거짓말이 지속적으로 반복되고, 또 거짓말의 수위도 높아진다면 심리적인 문제가 원인일 수 있으므로 주의와 함께 적절한 지도가 필요하다.

범인 잡게 CCTV 보여주세요!

학부모 중에는 기관에서 일어나는 모든 일에 사사건건 오해와 의심의 시각을 거두지 않기도 한다. 예컨대 물건을 잃어버린다거나 작은 상처 자국 등 사소한 문제상황이 발생해도 무조건 CCTV 열람부터 요청하는 식이다. 이는 교사나 기관에 대한 믿음이 부족하기 때문일 것이다. 관련된 사례를 만나보자.

 교사, 학부모를 만나다

교사는 유아와 함께하며 즐거운 일도 경험하지만, 한편 적잖이 곤혹스러운 일들도 경험하게 된다. 특히 유아가 물건을 잃어버리거나 다쳤을 때 학부모가 무조건 범인을 잡겠다고 나서면 곤혹스러울 수밖에 없다. 다움 선생님도 마찬가지다. 늘 가방에 다양한 종류의 키링을 걸고 다니며 친구들의 부러움을 사곤 했던 성민이라는 유아가 있었다. 그러던 어느 날 성민이 가방의 키링 1개가 감쪽같이 사라진 것이다.

"선생님! 제 키링이 없어졌어요!"

교실에 있던 실습생과 함께 성민이는 현관부터 교실까지 오는 길을 샅샅이 훑어봤지만, 귀가 시간까지도 도무지 찾을 수가 없었다.

"성민아, 키링이 사라져서 많이 놀랐겠구나. 선생님도 키링이 통학버스에 있는지 아니면 혹시 다른 곳에 떨어졌는지 좀 더 살펴볼게. 성민이도 집에 두고 온 건 아닌지 한번 살펴보고, 우리 내일 다시 이야기하자."

다움 선생님은 결국 이렇게 이야기하며 성민이를 집으로 돌려보냈다. 하지만 성민이가 귀가한 후 성민 어머니에게 전화가 걸려왔다.

"선생님! 성민이가 가장 소중하게 여기는 키링이 사라졌어요. 집에도 없어요. 선생님! 이건 분명 누가 훔쳐 간 거라고 생각해요. 선생님, CCTV 볼 수 있죠? 보여주세요! 벌써부터 남의 물건에 손대는 아이가 누군지 꼭 알아야겠어요."

성민 어머니는 누군가 훔친 것이라고 확신한 듯, 강한 어조로 CCTV를 꼭 확인해야겠다며 전화를 끊었다. 다움 선생님은 성민 어머니가 강한 어조로 CCTV까지 확인하겠다며 요구하는 통에 당황스러웠다. 당황스러움이 채 가시기 전에 이번에는 지안 어머니에게 전화가 왔다.

"선생님! 지안이가 오늘 통학버스에서 내리는 데 무릎에서 피가 나는 거예요! 지안이 말로는 지안이가 넘어졌을 때 통학버스 도우미 선생님은 앞으로 가고 있어서 아무도 못 봤다고 하던데요. 대체 이곳이 안전한 곳이 맞나요? 어떻게 아이가 넘어졌는데 그걸 아무도 모를 수가 있나요? 선생님! 버스에 CCTV 있죠? 왜 넘어졌는지 제 눈으로 확인해야겠어요. CCTV 보여주세요!"

연이어서 걸려온 학부모의 전화 모두 CCTV 확인 요청이라니. 다움 선생님이야말로 차라리 CCTV를 확인해보고 싶은 마음이 굴뚝같다.

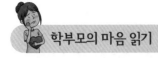
"기관에서 일어나는 일들을 알 수가 없으니 답답해. 차라리 CCTV를 열람해 내

눈으로 직접 확인하는 게 낫겠어."

성민 어머니는 요즘 답답하다. 하루는 가방에 달린 키링이 없어지고, 또 하루는 성민이가 다쳤는데 아무도 모르는 것 같다. 성민이는 아직 어려서 상황을 제대로 얘기하지도 못하고, 또 엄마가 캐물으면 귀찮은지 모르겠다고만 한다. 차라리 '내 눈으로 직접 확인하자!' 싶어 자꾸 CCTV 확인을 요청하게 된다. 솔직히 교실에도 CCTV가 설치되면 좋으련만. 개인정보, 인권, 수업권 침해 등의 이유로 설치되지 못하는 게 답답하다. 계속 의심하느니 차라리 CCTV로 깨끗이 확인하는 게 낫지 않나?

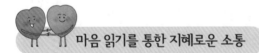 마음 읽기를 통한 지혜로운 소통

요즘 다양한 갈등 상황에 대해 "선생님! CCTV 있죠? 열람하게 해주세요!"라고 요구하는 학부모들이 부쩍 늘었다. 물론 안전사고나 아동학대 등의 중대 사안이 발생한 경우에는 '유치원 내 영상정보처리기기' 설치 운영 기준에 따라 CCTV 열람이 가능하다. 하지만 요즘은 유아들 간의 단순 갈등상황에서도 앞다투어 CCTV를 열람하겠다고 요청하여 담임교사들을 곤란하게 만드는 경우들이 생기곤 한다.

영상정보처리기기 설치는 개인정보보호법을 근거로 제시하고 있다. 따라서 영상정보처리기기 공개 여부에 앞서 교사와 학부모 모두 영상정보처리기기에 대해 준수해야 하는 사항을 인지하고, 반드시 목적에 맞게 관리될 필요가 있다. 이를 위해서는 **영상정보처리기기에 대한 목적, 운영 방침, 관리, 열람 신청에 대한 절차 등을 사전에 학부모에게 안내**하고 공유함으로써 개인정보가 안전하게 관리될 수 있어야 할 것이다.

이음 선생님은요 CCTV까지 확인하고 싶으실 만큼 답답하신 마음은 충분히 이해가 됩니다. CCTV 공개를 위해서는 저희가 함께 알고 준수해야 하는 사항이 있으니 그 절차를 자세히 안내해드리겠습니다. 해당 학부모와 교직원 등의 동의가 없으면 개인정보보호법에 위배됩니다. 열람 신청에 대한 절차는 제가 다시 자세히 안내해드리겠습니다.

이음 선생님의 Think Plus
"기관 내 영상정보처리기기 설치와 열람기준"

CCTV 열람을 요청하는 학부모에게는 먼저 설치 목적 및 열람기준에 관해 안내하자.

I CCTV 설치 목적과 열람기준 I

설치 목적	열람기준	열람범위	유의사항
안전 사고 확인	유아의 안전사고	해당 사고 발생 시간 분량	• 민감한 사안에 대해서는 분쟁의 당사자가 되는 모든 정보주체로부터 별도의 제3자 제 공 동의를 받는 것이 적절
	정보주체 간 분쟁이 안전사고(상해 등)로 이어진 경우	분쟁 발생 전 후	
아동학대 의심	학부모가 자기 자녀의 유치원 내 학대를 의심	의심되는 상황	• 학대 의심 개연성이 있다면 유치원에서도 즉시 수사기관(112)에 신고한 후 가급적 수 사기관과 함께 열람할 것을 권장
	수사나 재판 목적	요청 물량	

03

선생님은
만능 해결사… 맞죠?

교사의 일과는 그야말로 눈코 뜰 새 없이 바쁘다. 교사 고유의 업무를 수행하기에도 바쁜데, 처리해야 될 이런저런 잡무까지 겹치는 날이면 교사의 체력은 고갈되기 일쑤이다. 이러한 와중에 교육기관에 자녀를 맡긴 학부모는 때때로 교사가 수행하는 업무의 영역을 넘어서는 일까지 요구하거나, 심지어 자신이 해결해야 할 사적인 문제까지 들고 와 교사가 알아서 처리해줄 것을 요구하기도 한다. 이렇듯 불합리한 요구사항까지 학부모와의 원만한 관계 유지를 위해 들어주다 보면 그들의 요구사항은 끝도 없이 이어진다. 결국 유아에게 집중돼야 할 교사의 모든 에너지가 소진될 수 있다. 또한 교육기관의 전체 운영의 입장을 고려하지 않고 일방적으로 교사나 기관의 양보만을 원하는 경우도 있다. 이러한 학부모를 만나게 되면 교사는 당황하게 되고 불편한 마음을 감추기 어렵다. 그러므로 본 장에서는 위와 같은 문제들과 관련된 사례를 다루었다. 학부모의 마음 읽기를 통해 그들의 속마음을 알아보고, 교육기관과 교사가 감당해야 할 업무 영역을 명확히 하면서도, 학부모가 교사의 교육적 전문성을 신뢰할 수 있게 하고, 그들과 원활하게 소통하며 관계를 형성해나가는 과정을 사례를 통해 만나보자.

어떻게 해야 할지 모르겠어요···

아무리 자녀에 대한 사랑이 지극해도 문제행동이 오래 반복되면 부모도 지치기 쉽다. 특히 하루가 멀다 하고 자녀가 일으킨 이런저런 사건 사고와 관련된 이야기들이 들려오면 자칫 부모로서 무력감에 빠지기도 한다. 급기야 모든 책임을 회피하며 교사에게 문제해결을 떠넘기기도 하는 것이다. 관련 사례를 만나보자.

교사, 학부모를 만나다

다움 선생님은 오늘 모래놀이하는 시간에 있었던 일로 누리 어머니와의 전화 상담을 위해 바깥놀이 때를 회상한다. 누리를 비롯한 유아들이 모래놀이터에서 공사장 놀이를 하던 중 길을 만드는 방법을 두고 서로 의견 갈등이 생겼다. 처음에는 마음이 맞아 잘 놀이하던 누리와 세호가 터널을 만들자는 누리와 지그재그 길을 만들자는 세호의 의견이 대립하며 아웅다웅하던 중 급기야 누리가 화를 내고 소리를 지르며 친구들의 놀이를 방해한 것이다.

　누리는 평소 친구들과 잘 어울려 놀이하다가도 자신의 의견대로 놀이가 진행되지 않으면 돌발적인 행동을 보이곤 했다. 욱하는 마음에 손이 올라가거나 친구들에게 화를 내며 감정을 표현하는 식이다. 그럴 때마다 같이 놀이하던 친구들이 불편함을 호소했다.

"선생님, 누리가 무서워요."

"누리가 나한테 화내서 속상해요."

"누리가 화난다고 팔을 쳐서 맞았어요."

이미 비슷한 일이 계속되며 교사가 중재를 반복해오던 터였다. 누리 어
머니와 이런 일로 전화를 할 때 처음에는 굉장히 미안해하며 가정에서
누리와 잘 이야기해보겠다며 다짐을 했는데, 비슷한 일로 자꾸 반복되는
통화에 이젠 어머니도 지치신 듯 불안함과 막막함을 호소한다.

"알겠습니다. 선생님, 제가 오늘도 누리와 잘 이야기해볼게요. 그런데 부드럽
게 설명도 하고 단호하게 이야기도 해보는데 누리가 왜 자꾸 버럭 화를 내는지
솔직히 저도 잘 모르겠어요. 저도 너무 속상하네요."

반복되는 상황이 속상하고 안타까운 건 다음 선생님도 마찬가지다. 교사
로서 누리와 어머니를 어떻게 도와야 할지 고민이 된다.

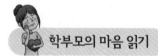 **학부모의 마음 읽기**

"매번 안 좋은 일로 상담하니까 이젠 면목이 없네. 우리 누리가 친구들과 사이
좋게 잘 어울려 놀면 좋겠다. 이런 건 선생님이 좀 알아서 가르쳐주시지… "

누리 어머니는 다른 어머니처럼 누리의 장점과 칭찬할 점으로 가득한 긍
정적인 이야기를 교사에게 듣고 싶은데, 매번 이런 부정적인 이야기뿐이

니 마음이 많이 무겁고 불편하다. 또한 누리 친구나 다른 부모에게서 '나는 누리랑 놀기 싫어.', '누리는 화를 잘 내는 아이'라는 인식이 굳어질까 봐 걱정이 이만저만이 아니다. 누리에게 느끼는 실망감만큼 자녀를 바르게 양육하고 있지 못하다는 죄책감과 좌절감을 느낀다. 이러한 마음의 상처는 누리의 행동을 개선하기 위해 무언가를 적극적으로 시도하고 노력해야 할 에너지를 모으는 데 부정적인 영향을 준다.

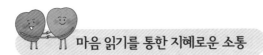

마음 읽기를 통한 지혜로운 소통

"이런 전화를 자주 받으셔서 마음이 많이 불편하고 힘드시지요?"

"어머니도 가정에서 애쓰시는데도 잘 안 돼서 속상하시죠?"

소통해야 할 내용이 자녀 문제로 학부모에게 협조나 당부를 부탁하는 내용일 경우, 이야기를 꺼내는 교사의 마음만큼 불편한 것이 그 이야기를 듣는 학부모의 마음일 것이다. 그래서 이런 학부모를 대할 때에는 우선 **학부모의 어려움을 헤아리고 마음을 공감해주는 노력**이 꼭 필요하다. 또한 유아의 발달 과정에 대한 이해와 교사의 교육관, 유아 생활지도 방법에 대해 지속적으로 학부모와 공유하고 소통하는 것이 필요하다.

 저는 누리가 친구들과 의견이 다를 때 자신의 생각과 마음을 긍정적으로 표현해서 친구들과 사이좋게 지낼 수 있도록 도와주고 싶어요. 그래서 누리가 감정을 잘 조절하여 정서적·심리적으로 안정감을 갖고 친구들과 행복하게 생활하면서 성장하면 좋겠어요.

유아의 긍정적인 정서 표현은 원활한 또래관계와 밀접한 연관이 있다. 누리처럼 사소한 일에도 화를 자주 내고 분노 감정을 표출하는 유아는 적절한 도움을 받지 못할 경우 향후 또래관계에 부정적인 영향을 끼친다. 따라서 유아에게 분노 조절에 대한 도움을 주고, 친구들과 잘 어울리도록 도와주어야 한다. 또 조금이라도 긍정적 변화가 엿보이면 이에 관해 학부모와 소통해 긍정적인 피드백을 준다.

이음 선생님은요 오늘 누리가 저에게 와서 친구 때문에 화가 난다고 이야기했어요. 그래서 선생님이 어떻게 도와주면 좋겠는지 물어봤더니 집에서는 화가 날 때 엄마가 숫자 10까지 세라고 했다며 저와 같이 1부터 10까지 숫자를 세었어요. 제가 지난번에 알려드린 방법을 가정에서도 누리와 해보셔서 그런지 오늘은 화를 잘 참고 말로 표현하며 감정을 조절하는 능력을 보였어요. 가정에서도 노력해주셔서 감사합니다.

이음 선생님의 Think Plus
"훈육에 어려움을 겪는 부모를 돕기 위하여"

자녀의 문제행동이 오래 반복되면 부모는 훈육에 어려움을 호소하며, 정서적으로도 탈진상태에 이른다. 이런 경우 교사는 학부모에 대한 정서적 지지를 통해 양육태도를 돌아보고 부모의 권위를 바로 세우도록 지원한다. 아울러 자녀와의 소통을 점검해보도록 돕는다.

1. 일관성 있는 양육태도에 관한 조언: 일관성이 중요함을 조언한다. 자녀의 뻔히 잘못된 행동에도 마냥 자애롭게만 대할 순 없다. 반드시 훈육해야 할 것에 대한 원칙을

세운 후 이런 경우 일관성 있게 엄격한 태도를 유지해야 부모의 권위가 바로선다는 것을 이야기한다.

힘드시죠? 교사로서 도울 수 있는 일은 기꺼이 돕겠습니다. 다만 안 되는 건 안 된다고 일관성 있게 말해주세요. 상황에 따라서는 친절하면서도 단호하게 알려주실 필요가 있습니다. 이때 아이가 반항하거나 고집을 부려도 화내지 마시고, 차분하지만 단호하게 다시 한번 안 된다고 말해주세요.

2. 언어 표현을 점검하고 변화를 돕는다: 화가 나더라도 아이에게 상처를 주는 말은 절대 금물임을 알려주고, 훈육의 언어로 전환할 수 있도록 제안해본다.

가정에서 아이를 혼낼 때 어떻게 말씀을 하시나요?
평소 아이에게 칭찬을 자주 해주시나요? 칭찬해주실 때는 어떻게 말해주시나요?
제가 ○○이에게 칭찬과 함께 '~해주겠니?'하면 곧잘 듣더라구요.

3. 작은 목표, 작은 성공에 함께 축하하며 기뻐하기: 작은 목표에 따른 작은 성공에 주목하여 격려한다. 교사가 작은 변화에도 성공했다고 축하해주며 함께 기뻐해주면 학부모가 변화해가며 아이를 돕기 위한 협력자로 함께할 수 있을 것이다.

....

* 부모의 훈육에 관한 내용은 김성경 · 정혜경 · 곽상경(2020)의 《소통왕! 학부모를 부탁해!》(수업디자인 연구소, 255~257쪽)에서 참고하여 재구성한 것임.

제 사정 뻔히 아시면서…

시간적인 여유가 충분한 학부모도 있겠지만, 워낙 맞벌이가 늘어난 만큼 업무시간에는 자유롭게 시간을 내기 어려운 학부모가 많다. 때론 당연히 부모가 직접 해결해야 할 자녀의 일조차 교사가 대신 알아서 처리해주지 않았다며 서운함을 표현하거나 도리어 버럭 분노를 표출하기도 한다. 이와 관련된 사례를 살펴보자.

 교사, 학부모를 만나다

솔이가 갑자기 배가 아프다고 한다. 점심시간만 해도 밥도 잘 먹고 기분도 괜찮아 보였는데, 아픈 솔이를 보며 다움 선생님은 걱정이 앞선다. 체열을 측정해보니 다행히 정상이지만, 계속 힘들어하는 솔이를 간이침대에 눕히기 무섭게 구토를 한다. 놀란 다움 선생님은 토사물이 기도로 넘어가지 않도록 응급처치를 한 후에 곧바로 솔이 어머니에게 연락을 취했다.

"솔이가 배가 아프다고 하더니 갑자기 구토를 했습니다. 구토하고 나서는 배가 아프지 않다고 하네요. 다행히 열도 없고요. 점심 먹은 게 체한 듯해요. 혹시 모르니 잠깐 병원에 다녀오시는 건 어떨까요?

상황 설명을 들은 솔이 어머니는 난감한 듯 말했다.

"아이고, 토했어요? 지금은 괜찮고요? 아, 그런데 지금 식당에 손님이……. 하지만 병원에 데리고 가보라는 거죠? 알겠어요, 일단 지금 갈게요."

솔이 어머니는 기관 인근에서 식당을 운영한다. 비록 가까운 거리이지만, 다움 선생님은 솔이 어머니가 늘 식당 일로 바쁘시다는 걸 잘 알기에 조기 하원을 권하는 것도, 병원에 다녀오는 게 어떠냐는 말도 심사숙고 끝에 조심스럽게 꺼낸 것이었다. 얼마 후 부랴부랴 도착한 솔이 어머니는 솔이의 상태에 대해 설명하려는 다움 선생님의 말을 끊으며, 격앙된 목소리로 "아, 됐어요!"라고 화를 내며 교실 문을 나선다.

평소 솔이 어머니는 하원할 때마다 살가운 목소리로 감사 인사를 표현하던 분이라 다움 선생님은 솔이 어머니의 예상치 못한 반응에 당혹스러움을 감추지 못했다. 배가 아프다는 솔이의 말을 듣고 상태를 살피며 적절한 응급처치를 했고, 당연히 이를 가정에 알렸을 뿐인데 대체 왜 자신한테 화를 내는 건지 다움 선생님은 속상한 마음을 감출 수 없다. 솔이 어머니는 왜 이처럼 버럭 화를 내며 차갑게 뒤돌아선 것일까?

 **학부모의 마음 읽기**

"우리 솔이가 괜찮다고는 하지만 그래도 걱정스러워."
"그런데 이렇게 바쁜 시간에 나 보고 병원에 데려가라고 하면 어쩌라는 거야!"
"선생님이 좀 알아서 병원에 다녀오면 안 되나?"

솔이 어머니는 마침 식당 일로 한창 분주한 시간에 선생님에게 연락을 받았다. 병원 진료를 받으려면 급하게 식당 문을 닫고 솔이를 데리러 갈 수밖에 없는 상황이 그저 난감하기만 하다. 그리고 솔이 어머니는 경황이 없는 나머지 솔이의 상태나 상황 설명을 흘려듣고, 다움 선생님이 능장 부리다 뒤늦게 연락한 것이라는 오해까지 하고 말았다. 또한 솔이 어머니는 바쁜 부모를 대신해 '선생님이 좀 알아서 병원에 다녀와주면 좋겠다'는 과도한 기대와 '하필 왜, 지금처럼 바쁜 시간에 연락을 했느냐'는 원망의 마음이 뒤섞이고 만 것이다. 이러한 솔이 어머니의 복잡한 상황과 뒤엉킨 감정들이 솔이 어머니로 하여금 격양된 목소리로 버럭 화를 내게 하고, 차가운 태도로 뒤돌아서게 했을 것이다.

 **마음 읽기를 통한 지혜로운 소통**

교사와 학부모 관계에서는 뜻하지 않은 오해로 균열되는 경우가 종종 생긴다. 사례에서 솔이 어머니는 선생님의 연락을 받고 어쩌면 "지금, 당장, 바로, 솔이를 조기 하원시키고 병원을 다녀와야 한다."라고 다움 선생님의 말을 오해했을 수도 있다. 그래서 우리는 좀 더 면밀하게 학부모의 상황, 감정 등을 고려하여 **오해를 불러일으키지 않도록 의사소통**해야 한다. 만약 다움 선생님이 먼저 솔이 어머니의 바쁜 상황에 대한 공감의 말을 먼저 건넨 후에 솔이의 몸상태를 이야기했으면 어땠을까? 또 당장 위급한 상황이 아니라 "구토를 했지만, 현재 솔이의 상태는 좀 안정된 것처럼 보이니 시간이 되실 때 하원시킨 후 병원을 다녀오는 것이 어떻겠냐."라며 좀 더 구체적으로 설명했다면 솔이 어머니의 반응은 지금과 사뭇 달라졌을 것이다.

이음 선생님은요 지금 한창 바쁘시죠? 실은 솔이가 좀 전에 배가 아프다더니 구토를 조금 했어요. 토하고 나니 한결 편안해 보여요. 지금은 솔이가 평소처럼 잘 놀고 있지만, 혹시 모르니 이따 바쁜 일 끝내시고 병원에 데려가서 체크해보면 더 좋을 것 같아 연락드려요. 어머니 오시기 전까지 솔이 컨디션 잘 관찰하며 보살필 테니 조심히 오세요.

한편 학부모가 안전사고를 제외한 위급하지 않은 상황에서 교사에게 유아의 병원 진료를 기대하거나 요구할 경우, 기관의 상황(인력 부족 등)과 기관별 응급처치 지침 등을 안내하고, 하원 후 부모와 함께 진료를 받도록 안내한다. 아울러 우리는 '화'라는 감정에 가려진 다양한 감정들을 자세히 들여다보고 적절하게 대응할 필요가 있다. 감정은 우리의 마음이 보내는 신호이다. 차갑게 돌변한 학부모에게 서운한 마음을 갖기 이전에 이러한 학부모가 보내는 마음의 신호를 잘 알아차리고 적절히 표현하거나 반응해줘야 진정한 공감적 소통이 가능할 것이다.

 이음 선생님의 Think Plus
"학부모의 화 다루기"

통화 중 학부모가 갑자기 화를 내면 당황스럽다. 이럴 때 똑같이 감정적으로 대처하면 상황을 악화시킬 뿐이다. 만약 학부모가 계속 험한 이야기를 쏟아낸다면 잠깐 주의를 환기시킬 필요가 있다. 예컨대 이렇게 말해보자. 한결 조심스러운 태도로 바뀔 것이다.

말씀하신 내용이 중요해서요. 녹음하며 들어도 될까요?

선생님이 더 신경 써주세요

유아교육기관은 많은 아이들이 함께 모여 생활하는 곳이다. 그런데 교사의 모든 관심을 자기 자녀에게만 쏟아달라는 듯 집요하게 요구하는 학부모도 있다. 체구가 작아서, 성격이 소심해서, 아파서 등 이유도 제각각이다. 하지만 교사가 아이 한 명에게만 주의를 기울일 순 없다. 특별대우를 요구하는 학부모 사례를 만나보자.

 교사, 학부모를 만나다

지원이는 체구는 작지만, 책 읽기를 좋아하고 동시 짓기를 즐겨할 정도로 언어 능력이 뛰어난 유아이다. 다만 지원이 어머니는 또래에 비해 왜소한 딸이 행여 덩치 큰 친구들에게 주눅이 들지 않을까 걱정하며 다음 선생님에게 기관 생활을 묻는 전화를 자주 한다. 또한 귀가시간이면 자신에게 반갑게 다가오는 지원이를 보자마자 이렇게 묻는다.

"오늘 속상한 일 있었어?"

이런 엄마의 질문에 즐겁게 하원하던 지원이는 곰곰이 기관의 일과를 떠올리며 그중에서 속상했던 것, 친구들에게 서운했던 것 등을 골라 엄마에게 전달하는 동안 즐거웠던 표정도 이내 어두워지곤 했다.

오후 3시 30분, 지원이의 속상했던 이야기를 들은 어머니는 오늘도 어김없이 다움 선생님에게 전화를 하거나 메시지를 보낸다. 거의 매일 같은 시간에 알람처럼 벨이 울리다 보니 다움 선생님도 익숙한 듯 잠시 한숨을 내쉬며 지원이의 놀이 기록을 살펴보는 것이 일과가 되었다.

그날 지원이는 자유놀이시간에 친구와 함께 물감 놀이를 하다가 점토 놀이로 바꾸고 싶었으나 마침 점심시간이 다 되어서 충분히 놀이를 하지 못했다. 그래서 내일 계속 이어서 점토 놀이를 하기로 했다.

매일 매일 꼼꼼히 기록하는 다움 선생님의 놀이 기록장을 보면 지원이는 평소 자신이 하고 싶은 놀이를 주도적으로 하며 자신만의 방식으로 세상을 알아가며 잘 성장하고 있었다. 하지만 지원 어머니는 유독 기관에서 속상했던 이야기만 궁금해한다. 즐거웠던 얘기는 쏙 빼고, 속상했던 얘기만 골라서 전해 듣다 보니 마치 지원이의 기관 생활 전반에 문제가 있다고 여기는 것 같다. 지원 어머니는 늘 다움 선생님에게 또래에 비해 체구가 작은 지원이가 친구들에게 치이지 않도록 도와주기를 요구하고 더 많이 신경 써달라고 말한다. 심지어 지원이에게 관심이 없는 교사, 무신경한 교사라고 이야기하기도 했다.

하지만 다움 선생님은 지원이가 원하는 방식대로 표현할 수 있도록 충분히 기회를 주고 기다려주면서 언어적 표현력이 뛰어나고 동시 짓기를 좋아하는 지원이와 동시에 대한 이야기를 많이 나눈다. 그리고 지원이가 지은 동시를 동시집으로 엮을 수 있도록 차곡차곡 수집하는 중이기도 하다. 아직 지원이의 동시집이 다 엮인 것이 아니라 지원 어머니에게 공유할 수 없어서 이에 관한 이야기를 하지 못하였을 뿐인데, 지원 어머니는 다움 선생님에게 지원이에 대한 관심이 없는 무신경한 교사라고 이야기하니 다움 선생님도 속상하고 상처를 받는다.

학부모의 마음 읽기

"지원이가 차마 선생님한테 직접 하지 못하는 말, 엄마인 내가 대신 해줘야겠어!"

지원 어머니는 지원이가 또래보다 작은 것이 본인 탓인 것 같아서 늘 마음이 아프다. 엄마인 자신을 닮아 체구가 작은 딸이 혹여나 또래들에게 위축되거나 내성적인 성격으로 인해 자기 생각을 적극적으로 표현하지 못하는 일이 생길까 봐 걱정이 이만저만이 아니다. 그래서 늘 귀가하기 무섭게 딸의 일과를 묻게 된다.

"지원아, 오늘 속상한 일 있었어? 오늘은 누가 놀렸어? 선생님이 칭찬 안 해주셨어?"

엄마의 잇따른 부정적 질문에 지원이는 친구들과 함께 즐겁게 놀이했던 경험을 떠올리는 대신에 서운했던 것, 속상했던 것 등의 부정적인 상황들에 대해서만 이야기하게 되는 것이다. 일반적으로 자녀가 또래보다 신체 발달이 느리고 성격이 내성적인 경우 부모로서 친구들한테 치이거나 혹여 우리 아이가 자신이 하고 싶은 이야기를 제대로 표현하지 못할까 봐 걱정되는 것은 부모로서 자연스러운 마음이다. 기관에서 어떻게 지내는지 자세히 들여다볼 수 있으면 좋겠지만, 그렇지 못하니 자녀를 통해서 듣고 부정적 감정이 있으면 빨리 해소해줘야 할 것 같은 조급한 마음에 자꾸 부정적 질문을 하게 되는 것이다.

그리고 1명의 담임교사가 많은 수의 유아들을 지도하다 보면 아무래도 지원이처럼 자신이 원하는 것을 적극적으로 표현하지 않는 유아는 눈에 잘 띄지 않을 것 같다. 자연히 선생님의 세심한 손길도 닿지 않을 것 같아서 부모로서 자꾸 담임교사에게 좀 더 특별하고 세심한 관심을 요구하게 된다. '선생님은 당연히 그래야 하는 것 아닌가?' 하고 말이다.

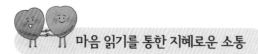

마음 읽기를 통한 지혜로운 소통

교사와 부모 모두 지원이의 성장을 돕는 사람이다. 지원이의 사례를 보면 지원 어머니는 교사가 늘 지원이 곁에서 따라다니며 직접적인 도움을 제공하기를 원한다. 한편 교사는 지원이가 스스로 할 수 있도록 기회를 주고 자신이 원하는 방식으로 표현할 수 있도록 지원하고 있다.

이처럼 부모와 교사가 서로 다른 방향으로 유아의 성장을 돕는다면 안타깝게도 가장 혼란스러운 것은 바로 유아일 것이다. 부모와 교사가 같은 방향을 바라보면서 유아의 성장을 지원할 때 유아는 가장 행복하게 성장할 수 있다. 이를 위해서는 **부모와 교사가 함께 유아의 성장을 공유할 수 있는 소통창구**가 필요하다. 부모와 교사는 소통창구를 통해 유아의 기관 생활 모습, 놀이의 특성, 좋아하는 놀이 등의 기록에 대해 공유하는 것을 일상화하고 교사의 지원방안을 함께 협의한다.

그리고 쌍방향으로 소통할 수 있는 플랫폼(예를 들어 패들렛에 개별 유아의 놀이기록장 만들기)을 활용하여 교사만 일방적으로 안내하는 것이 아니라 가정에서의 놀이, 부모와 자녀의 이야기 등을 함께 공유할 수 있는 공간을 마련하여 유아의 성장을 위해 부모와 교사가 한 방향으로 바라보고 지원할 수 있도록 한다.

아이의 건강하고 행복한 성장을 위해서는 교사와 학부모가 함께 협력하여 가정과 기관이 교육적으로 같은 방향을 바라보는 것이 꼭 필요하다. 이를 위해 평소 교사와 학부모 간의 긴밀한 소통이 매우 중요하다. 특히 교사와 학부모가 기관과 가정에서 평소 유아에 관한 관찰 내용을 공유하면 좋다. 특히 기관에서 교사가 유아에 대한 관찰 기록을 누적해두면 학부모의 협조를 구하는 데 큰 도움이 된다.

 이음 선생님은요 지원이가 체구가 작아 또래들에게 당당하지 못할까 걱정이 많으시죠? 지원이는 체구는 작지만, 당차고 똑똑한 아이입니다. 부모님의 걱정과 달리 지원이는 자신이 하고 싶은 놀이를 주도적으로 하면서 표현의 방식을 배우며, 성장하고 있어요. 조만간 상담 시간에 지원이가 상황에 따라 어떻게 자신의 생각을 표현하는지, 좋아하는 동시활동에서의 생각의 변화 과정을 공유하도록 하겠습니다. 귀가시 생활에 대한 질문을 매일 하기보다는 지원이를 믿고 기다려주세요. 지원이의 성장 모습에 관한 기록을 보시면 지원이가 말하지 못한 놀라운 생활 모습을 알게 될 것입니다.

 이음 선생님의 Think Plus
"다양한 학부모 소통창구를 활용하자!"

최근에는 학부모 소통을 위한 다양한 어플리케이션 및 온라인 커뮤니티가 사용되고 있다. 각각의 어플리케이션마다 장단점이 다르며, 소요되는 비용이 다르기에 각 기관 및 학급의 여건에 따라 적합한 도구를 사용하는 것이 필요하다. 유행을 따라가다 여건이 적합하지 않아 소통창구를 변경하게 될 경우 오히려 학부모와 불신이 쌓일 수 있기에 학기가 시작되기 전 선호도를 조사하여 결정하는 것이 좋다. 우리 학급 학부모의 여건에 가장 적합하고 1년간 변동 없이 사용할 수 있는 소통창구를 선택하는 것이 바람직하다.

소통 어플리케이션	장점	단점
CLASSTING 클래스팅 (www.classting.com)	무료로 사용 가능 알림장 또는 공지사항 전달하기 수월	광고가 함께 게시되어 가독성이 떨어짐
e알리미 (www.calimi.com)	가정통신문 전달하기 수월 원격수업 출석체크 가능 e알리미 내 학급만의 커뮤니티 개설하여 사용 설문 및 결과 처리 용이	유료로 사용료에 대한 부담이 생김
kidsnote 키즈노트 (www.kidsnote.com)	학급편성이 자유로움 전체 공지 뿐만 아니라 개별 알림장 작성	음성 통화 지원이 되지는 않음
padlet 패들렛 (padlet.com)	학급의 놀이 흐름에 따른 기록이 용이, 가정과의 공유가 수월, 가정에서의 놀이를 함께 탑재하여 공유하기 수월 개별 유아의 놀이기록 관리가 가능 하며 인쇄물로 보관	계정 1개당 3~5개의 콘텐츠 사용이 가능하며, 그 이상을 원할 경우에는 유료로 전환하여 사용

우리 애 아픈 거 아니라니까요!

코로나19 팬데믹의 장기화는 교육 현장에도 많은 변화를 가져왔다. 전염성이 강한 만큼 의심이 될 만한 증상을 보이면 당연히 기관에 출석할 수 없다. 이는 다른 감염성 질환도 마찬가지다. 하지만 아이에게 감염병 증상이 의심되는 상황에서도 꼭 출석시키겠다며 고집하는 학부모도 더러 있다. 관련된 사례를 만나보자.

 교사, 학부모를 만나다

우리 모두에게 대혼란과 상처를 준 코로나19. 교육 현장도 예외는 아니었다. 현장의 교사들은 유아 교사이자, 보건 교사이자, 방역 교사로 1인 다역을 수행해야 하기에 매일매일을 바쁘게 보내야 했다.

"기침을 하거나 콧물이 흐르면 등원할 수 없어요."
"죄송하지만, 검사를 받고 음성확인서가 있어야만 등원할 수 있어요."

규정을 설명하는 교사도, 들어야 하는 학부모도 상황에 대한 이해와 별개로 마음은 불편할 수밖에 없다. 하지만 혹시 모를 위험에 대비하여 많은 아이들의 건강과 안전을 지키기 위해서 다움 선생님은 오늘도 방역수칙을 지키고, 교실을 소독한 후 등교하지 않은 아이들의 부모들에게 전화를 건다. 몇몇 학부모들과 통화를 마친 뒤, 마지막으로 기쁨이 차례다. 지난주 내내 기침을 해서 어머니께 기침에 관한 등교 기준에 대해 전달했지만, 별다른 반응도 없고, 음성확인서 같은 필요 서류도 준비해주지 않던 기쁨 어머니의 모습을 떠올리며 혹시 감기가 심해져 오늘 나오지 못한 건가 생각하며 전화기를 들었다.

> "기쁨이가 오늘 등원하지 않아서 전화드렸어요. 무슨 일일까요? 혹시 지난주 보다 기침감기가 심해져서 못 나온 건가요?"

다움 선생님은 걱정스러운 마음을 담아 조심스레 말을 건넸지만, 수화기 너머 어머니의 목소리가 어쩐지 뾰족하다.

> "선생님, 우리 기쁨이 안 아파요. 선생님은 우리 기쁨이가 자꾸 기침한다고 하시지만, 학원 선생님은 기침 안 한대요. 그런데 선생님이 코로나 검사 안 받으면 나오지 말라면서요? 우리 애가 안 나왔으면 좋으신 거잖아요? 지금 오빠랑 둘이 있어요. 검사 결과 나오면 등원시킬게요."

'아니, 안 나왔으면 좋겠다니…!' 절대 그런 뜻이 아니었다고 거듭 말씀드리고 기쁨이의 건강에 대한 걱정의 마음을 전한 후에 대화를 마무리하기는 했지만, 전화를 끊고도 다움 선생님은 당황스럽기도 하고 마음이 영편치 않다. 그저 전체 아이들과 기쁨이의 건강이 걱정돼 기쁨이의 상태를 사실대로 말씀드렸고, 원칙대로 규정을 전달했던 것뿐인데 교사의 말을 그런 식으로 오해하고 심지어 거짓말로 치부하는 학부모, 과연 다움 선생님과 어머니의 문제는 무엇이었을까?

학부모의 마음 읽기

"학원 선생님은 기침을 하지 않는다고 했는데 왜 자꾸 다움 선생님은 기쁨이가

기침을 한다고 하시는 거지? 게다가 기쁨이는 기관지가 약해서 감기가 아니어

도 환절기에 기침과 콧물이 자주 난다고도 전에 분명히 말씀을 드렸었는데, 기

억을 못하시는 걸까? 우리는 부부가 다 출근을 해야 해서 기쁨이는 혼자 있을

수도 없는데… 우리 가족의 답답한 마음을 이해해주시면 좋겠다…"

사회적으로 맞벌이가족이 늘어나면서 양육에 대한 어려움도 커지고 있
는 것이 사실이다. 주변의 도움 없이 자녀를 키우고 있는 기쁨 어머니 또
한 상황적인 어려움들로 인한 당혹감과 짜증이 겹치면서 교사에 대한 서
운한 마음을 키웠을 것이다.

교사는 일단 불편한 감정에서 한 발짝 물러날 필요가 있다. 기쁨이 가
정의 상황적 어려움에 진심으로 공감하고 상황을 객관적으로 바라보는
심호흡이 필요하다는 뜻이다. 이러한 공감이 선행된다면 학부모의 반응
에 대한 이해가 한결 쉬울 것이다. 기쁨이의 건강에 대한 정보를 공유하
는 것도 중요하지만, 기쁨이 부모의 사정에 대한 걱정이나 배려가 포함되
었는지 다시금 생각해보고 대화의 방법을 찾아보면 어떨까?

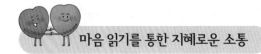

마음 읽기를 통한 지혜로운 소통

감염병과 같은 특별한 상황이 아니더라도 유아교육기관을 포함한 집단생
활에서는 누구나 예외 없이 지켜야 할 필수 규칙이나 규정이 마련되어 있

다. 부모들이 한두 명의 자녀를 양육하는 것과 달리, 기관에서는 한 명의 교사가 많게는 20명 이상의 유아들을 교육한다. 이러한 교사들에게 있어 모든 유아들의 건강과 안전을 위해 꼭 필요한 집단생활의 규칙과 규정을 예외 없이 준수해야 함은 당연하다. 자신의 소임을 다했음에도 불구하고 오해가 생겨 상처받은 교사의 마음 또한 깊이 헤아리며 동료 교사로서 위로의 마음을 전해 본다.

하지만 교사와 학부모는 유아의 성장을 위해 협력해야 할 교육공동체 일원이다. 그러니 학부모와 좋은 관계를 유지하는 것은 교사와 유아, 가정이 모두 행복해질 수 있는 방법이라는 것을 기억하자. **학부모에게 객관적인 상황을 전달하면서도 부모의 마음과 상황에 진심으로 공감할 수 있는 대화 방법**에 대한 고민도 필요하다.

이음 선생님은요 기쁨이가 오늘 유독 기침을 많이 하고 콧물도 많이 흘려서 마스크 쓰기를 힘들어 하더라구요. 기온 차가 커서 그런 것 같기도 하고, 미세먼지 때문인가 싶기도 해서 걱정이에요~ 집에서는 괜찮은가요? 그런데 요새 많이 바쁘신 것 같아서 저도 말씀드리기가 조심스럽지만, 콧물이 흐르면 규정상 감염병 검사확인서가 꼭 필요하다고 합니다. 혹시 기쁨이를 데리고 검사를 받으러 갈 수 있는 분이 계실까요?

학부모가 기관의 요구사항을 잘 따라주었다면 개인의 곤란한 상황에도 불구하고 **교육공동체의 건강과 안전을 위해 협조해준 것에 감사**를 표하는 것이 좋다. 이를 통해 학부모는 자신의 행동이 공동체 모두를 위해 필요한 행동이었음을 이해하고 자긍심을 갖게 되어 추후 비슷한 상황에서도 같은 선택을 할 수 있는 계기가 될 수 있을 것이다.

이음 선생님은요 어머니, 많이 바쁘실 텐데 여러 가지 서류까지 준비해주시느라 너무 힘드셨죠. 저도 기쁨이와 아이들의 건강을 위해서 환기나 소독에 더 신경 쓰며 열심히 노력할게요. 감사드려요.

이음 선생님의 Think Plus
"모든 유아의 건강과 안전을 지켜라!"

집단생활에서는 유아들의 건강과 안전을 위해 필요한 집단생활의 규칙들이 있기 마련이다. 이러한 규칙의 마련을 공문 등의 공식문서와 기준에 근거하되, 부모라는 교육공동체와 함께 이야기를 나누고 합의하는 과정을 거치는 것이 좋다.

• 학부모 오리엔테이션, 학부모 간담회 등 학기 초 교사와 학부모가 다 함께 할 수 있는 기회를 이용함으로써 일방적인 통보가 아닌, 교육공동체 간 규칙과 합의의 과정을 만들어간다.

유아들은 같은 공간에서 긴 시간 동안 많은 것들을 함께 공유하기 때문에 감기나 독감, 그 외 전염병에 취약합니다. 유치원에서도 유아들이 건강하게 지낼 수 있도록 청결과 환기에 늘 신경쓰도록 노력하겠습니다. "
부모님들께서도 유아들의 컨디션이 좋지 않거나, 전염성이 있는 질병일 경우에는 모두의 건강을 위해서 휴식할 수 있도록 도와주시길 부탁드립니다.

• 공식 문서를 함께 보고 이야기를 나눈다. 교사의 재량이 아닌 정해진 규정과 규칙이 있음을 함께 이해하는 과정을 갖는다.

등교중지가 필요한 감염병 등은 교육부와 교육청의 규정과 규칙을 따르고 있습니다. 집단생활을 함께 하는 모든 유아들의 건강과 안전을 위해 필요한 내용들이오니 함께 살펴봐 주시면 감사하겠습니다.

- 공동체의 건강과 안전을 위해 협조해준 학부모에게 격려와 감사의 마음을 표현한다.

> 따로 육아를 도와줄 도움이 없는 가정들도 많이 있는 것으로 알고 있습니다. 그럼에도 불구하고 부모님들의 협조와 도움을 통해 많은 유아들이 늘 건강하게 기관 생활을 할 수 있다고 생각합니다. 감사합니다.

- 등교 중지가 필요한 감염병과, 등교 중지가 필요하지 않은 감염병 등 유형이 다양하므로 기타 감염병 등교관리 수칙을 알아두고 상황 발생 시 안내한다.

> 감염병 등교관리 수칙(정책 및 매뉴얼변경에 따라 유동적)
> ☑ 등교 중지가 필요한 감염병으로 확진된 경우 격리 기간 동안 등교 중지를 실시함(이때 격리기간은 원칙적으로 의사의 소견을 따름).
> ☑ 등교 중지가 필요한 감염병이 의심되는 경우 확진 여부를 확인할 때까지 등교 중지를 실시함.
> ☑ 등교 중지 학생이 감염병으로 확인된 경우는 관련 법령에 따라 출석으로 처리하고, 진료 결과 감염병이 아니었다 해도 결과 확인까지의 기간은 출석으로 인정함.
> ☑ 등교 중지가 필요한 감염병 (A형 간염, B형 인플루엔자, 결핵, 공수병, 노로바이러스, 동물 인플루엔자 인체감염증, 천연두, 디프테리아, 발진티푸스, 성홍열, 세균성이질, 수두, 수막구균성 수막염, 수족구, 유행성 이하선염, 장출혈성 대장균, 장티푸스, 사스, 중증급성 호흡기 중후군, 콜레라, 파라티푸스, 페스트, 폐렴구균, 폴리오, 풍진, 한센병, 홍역 등)
> ※ 출처: 학생 감염병 예방 · 위기대응 매뉴얼 제2차 개정판 (교육부)

통학버스 노선 좀 바꿔주세요!

걸어서 등원하는 유아도 있지만, 대체로 통학버스로 등원하는 유아들이 많다. 기관에서는 최대한 많은 아이들이 편리하게 통학버스를 이용할 수 있도록 면밀히 검토하여 노선을 짜게 된다. 하지만 공동의 합의인 통학버스 노선까지도 자신의 편의에 맞게 고쳐 달라고 요구하는 학부모도 있다. 관련 사례를 만나보자.

 교사, 학부모를 만나다

다움 선생님은 아침에 지우를 통학버스에 태우고 난 후 속상하다며 전화 상담을 요청한 지우 어머니의 문자 메시지를 보고 통학버스 노선표를 다시 살폈다. 사실 지우 어머니는 입학 전 오리엔테이션 때 미리 안내한 통학버스 노선표를 보고 집이 멀어서 버스를 오래 타야 하는데 혹시 아이가 멀미할 때 대처 매뉴얼이 있는지 문의하기도 했었다. 그래서 다움 선생님은 학기초부터 통학버스 안전 도우미 선생님께 특별히 지우에 대해 이야기하고 배려를 당부하기도 했다. 즉 통학버스 안에서 지우를 앞쪽 환기가 잘되는 창가 쪽 좌석에 앉게 하고, 지우 바로 옆에 통학버스 안전 도우미 선생님이 앉아서 멀미하는지 세심히 살펴보도록 요청한 것이다. 또한 통학버스 안에 비닐봉지와 물티슈 등 멀미 대비 비상 물품을 늘 구비하여 비상시 즉시 도움을 받을 수 있도록 하였다. 다움 선생님도 아침마다 통학버스를 타고 등원한 지우의 컨디션을 유심히 살펴보고, 멀미하지 않고 등·하원을 하기를 바라며 필요한 도움을 주려고 나름대로 노력해왔다. 그런데 지우 어머니가 통학버스가 집 앞으로 지나가는 것을 보았다며 지우가 버스를 조금이라도 덜 탈 수 있게 노선을 변경해달라고 요구한 것이다. 다움 선생님은 지우가 통학버스를 오래 타서 힘들어하는 지우 어머니의 마음을 이해하면서도 다른 유아와의 형평성과 안전한 통학버스 운영도 고려해야 하는 상황에서 통학버스 운전기사와 함께 노선표를 살펴보며 어떻게 해야 할지 고민했다.

 학부모의 마음 읽기

"지우가 통학버스를 짧게 타고 다녔으면 좋겠어. 선생님이 버스를 오래 타면 멀미하는 우리 아이를 위해 통학버스 노선을 우리 집 근처로 바꿔주면 좋겠어."

아침 일찍 통학버스를 태우는 학부모는 자녀를 일찍 깨워서 등원할 준비를 하고 버스 탑승 시간에 맞추어 버스 타는 장소에 가서 미리 기다려야 하는 등 고충이 많다. 특히 궂은 날씨나 자녀의 건강상태 등이 안좋은 날이면 학부모는 자녀가 되도록 집과 가까운 곳에서 통학버스를 타고 내리기를 희망한다. 지우 어머니도 멀미를 하는 지우가 걱정되는 마음에 조금이라도 짧게 차를 탈 수 있도록 통학버스 노선을 변경하기를 원한다. 어차피 통학버스가 집 앞을 지나가니 노선을 조금만 변경해주면 탑승 장소까지 멀리 돌아가지 않고 지우가 조금 더 편하게 통학버스를 이용할 수 있을 거라 생각하기 때문이다. 그러나 통학버스를 이용하는 많은 학부모가 지우 어머니와 비슷한 생각과 요구를 하기 때문에 이런 학부모의 요구를 모두 만족시키기는 불가능하다.

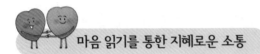

마음 읽기를 통한 지혜로운 소통

교사가 모든 학부모의 다양한 요구사항을 빠짐없이 수용하고 반영하기는 매우 힘들다. 물론 수용할 수 있는 것은 수용해야겠지만, 받아들일 수 없는 것은 **친절하지만, 단호하게** 학부모에게 안 된다고 안내해야 한다. 특히 통학버스는 유아의 안전한 등·하원과 밀접한 관련이 있으므로 유아의 건강상태뿐만 아니라 기관 인근 도로교통 상황 등도 면밀히 고려해야 한다. 또한 아침에 모든 유아가 가능하면 짧은 시간 버스에 탑승하여 안전하게 등·하원할 수 있도록 기관과 가정의 협조가 중요하다.

오리엔테이션 때 통학버스 이용 유아에 대한 수요조사를 실시하여 대상 유아의 주거지와 승하차 장소, 도로교통 상황 등 제반 여러 조건들을 살펴보고, 가장 안전하게 통학버스를 운행하기 위한 통학버스 운영 계획을 수립하여 학부모에게 안내해야 한다. 그럼에도 지우 어머니처럼 학부모가 통학버스 노선 변경을 요청할 때는 노선 변경에 대한 학부모의 요구가 도로교통법과 안전 운행에 적절한지와 통학버스 이용 유아 간의 형평성 등을 고려하여야 한다. 지우 어머니 사례의 경우, 통학버스 운전 기사와 함께 현장에 나가 살펴보았더니 지우 어머니가 희망하는 탑승 장소는 오랜 시간 정차 및 유턴이 불가능한 지역이라 노선 변경이 불가능하다고 지우 어머니에게 자세하게 설명했더니 이해하였다.

또한 자녀에 대한 학부모의 고민을 충분히 공감해주며 함께 의견을 나누고 해결 방법을 모색해본다. 지우처럼 버스를 오래 타면 멀미를 하는 유아의 경우 개별적으로 차량 탑승과 관련된 건강 정보를 사전에 파악하여 멀미와 같은 위기 상황에 대처할 수 있도록 매뉴얼을 수립하고, 통학버스 안전 도우미 선생님 교육 및 구비 물품 등을 수시로 확인해야 한다. 그리고 통학버스 탑승 시 유아의 건강 상태를 살피고 학부모에게 유아를 인계할 때 소통하여 학부모의 염려하는 마음을 이해하고 신뢰할 수 있도록 도움을 제공해야 한다.

이음 선생님은요 지우가 통학버스를 오래 타서 힘들어할까 봐 염려가 많이 되시죠? 지우뿐만 아니라 모든 아이들이 편안하고 안전하게 통학버스를 이용할 수 있도록 어떻게 도와주면 좋을까요?

이음 선생님의 Think Plus
"통학버스 이용에 대한 학부모 이해 자료"

어린이 통학버스를 운영하는 기관은 이용자에 대한 수요조사 실시 후 주소지, 승하차 가능 장소 등을 근거로 '어린이통학버스 운영협의회'에서 노선(안)을 확정할 것을 권장한다. 또 운행 구간은 유아당 편도 최대 탑승 시간은 25~30분을 넘지 않도록 권장하며, 유아 탑승 장소의 안전성, 도로 노면 상태 및 위험 구간, 운행 노선 중 위험물 등을 고려해 노선 및 승·하차를 결정한다. 「도로교통법」 제39조 및 시행령 제22조에 의해 정원 초과 운행을 금하며 주·정차 금지 장소에 대한 규정(「도로교통법」 제32조, 제33조)도 준수한다. 학부모가 노선 변경을 요청하는 경우 「도로교통법」 및 '각 유치원의 통학차량 운영규정'에 벗어나지 않는 범위에서 유아의 건강상 이유, 형평성을 고려하여 변경할 수 있다. 단 '어린이통학버스 운영협의회'의 절차와 심의 결과에 의해 기관에서 결정하여 운영한다.

선생님, 그냥 반 바꿔주세요!

기관에서 반이 정해지면 아주 특별한 상황이 아니면 일년간 유지된다. 그런데 같은 반 또래와의 이런저런 갈등이 반복되어 감정이 상하면 해당 유아와 자녀가 함께 어울리지 못하게 해달라고 요구하는 학부모들도 있다. 때로는 갈등 해결을 위한 노력 없이 무조건 반을 바꿔달라고 요구하기도 한다. 이와 관련된 사례를 만나보자.

 교사, 학부모를 만나다

성우는 기발한 생각으로 새로운 발명품을 만드는 것을 즐길 만큼 창의적이다. 하지만 성우는 자신이 만들기나 꾸미기에 사용할 재료를 옆의 친구가 모르고 사용하거나, 자신의 발명품에 대해 조금이라도 부정적인 말을 하면 금세 화를 내고 심지어 폭력적인 행동을 보인다. 특히 같은 반 이준이와 유독 갈등 상황이 빈번하게 발생했는데, 하루는 급기야 장난감을 집어던지고 심지어 의자까지 던지려고 하는 찰나에 다움 선생님이 의자를 잡으며 간신히 위기를 넘겼다. 다움 선생님은 그럴 때마다 성우와 화를 조절하며 긍정적으로 표현할 수 있는 방법에 대해서 이야기를 나누려 하지만 쉽게 조절되지는 않는다. 오히려 성우는 피아노 밑에 숨어버리거나 책상 밑으로 들어가 나오지 않는 식이다.

유아들이 모두 귀가한 후 다움 선생님은 성우 어머니에게 전화를 걸어 오늘 있었던 일을 전했다. 성우와 이준이의 갈등이 워낙 자주 반복되다 보니 두 유아의 갈등은 이미 부모님 간의 갈등으로 번진 상태였다. 하지만 의자까지 던지려고 했던 이야기를 들은 성우 어머니는 날카로워진 목소리로 쏘아붙였다.

> "선생님! 우리 성우는 집에서 전혀 그런 일이 없어요. 이상하게 거기에만 가면 화를 내요. 우리 성우랑 이준이는 처음부터 만나지 말았어야 했어요. 이 아이들이 처음부터 맞지 않은 아이들인데 두 아이를 같은 반 구성한 기관의 잘못이에요! 지금이라도 반을 바꿔주세요!"

갑작스러운 성우 어머니의 학급 변경 요구에 다움 선생님은 당황스럽다. 성우의 폭력적인 행동에 대해 부모님과 상의하면서 기관과 가정에서 협력하자는 의미로 매번 전화를 걸어 상황에 대한 오해 없도록 잘 전달하려고 노력해왔다. 그런데 오늘 느닷없이 성우 어머니가 기관에 책임을 돌리며 반을 바꿔달라고 요구하니 너무 당황스러웠다.

> "성우 어머니. 지금 1학기가 다 지나가고 있는데 지금 반을 바꾸는 게 쉽지 않아요. 갈등이 생겼다고 해서 반을 바꾸는 것도 성우에게 좋지 않고요."

그러자 성우 어머니는 반을 바꿔주지 않으면 앞으로 일어나는 모든 일에 대한 책임을 다움 선생님에게 미루겠다는 투로 이야기했다.

> "선생님! 그럼 다음에 또 우리 성우가 다른 아이들에게 위험한 행동을 하면 그거 다 선생님이 책임질 거예요? 저는 분명히 반을 바꿔달라고 했어요."

다움 선생님도 매일 성우 어머니에게 성우가 분노를 잘 조절하지 못한다
는 이야기, 종종 폭력적인 행동을 보인다는 이야기를 전하는 게 쉽지 않
다. 하지만 성우를 위해서 어른들이 협력해서 감정을 잘 조절할 수 있는
방법을 알려줘야 한다고 생각하기 때문에 매번 성우 어머니에게 전화를
걸어 전달해왔다. 하지만 성우 어머니는 이제 성우의 이야기를 듣는 것
을 회피하고 싶어하는 것 같다. 게다가 학급 교체를 원하는 성우 어머니
의 요구는 현재로선 수용하기가 너무 어려운 상황이다. 학급 교체 이야
기를 어떻게 원감선생님께 전달할지 다움 선생님은 막막하다. 원감선생
님께서 다움 선생님의 무능력으로 학부모가 학급 변경을 요구한다고 여
길까 봐 다움 선생님은 속상하다.

 학부모의 마음 읽기

"아… 또 선생님 전화네, 오늘은 무슨 일일까? 근데 왜 선생님은 매번 우리 애

만 잘못한 것처럼 말하지? 아무래도 이건 우리 아들만의 잘못은 아닌 것 같아.

나라도 우리 아들 편에서 지켜야지! 내가 엄만데…"

성우 어머니는 직장인이고, 오후 6시에 퇴근을 한다. 그런데 오후 6시 30
분만 되면 어김없이 성우의 담임 선생님에게 전화가 걸려온다. 아마 낮
에 일하는 학부모를 위한 배려인 것 같다. 하지만 업무상 내내 직장에서
민원인을 상대로 시달리다 겨우 퇴근했는데, 매일 비슷한 내용으로 걸려
오는 담임선생님의 전화가 달가울 리 없다.
 심지어 통화의 주요 내용은 우리 성우의 폭력성에 관한 것이다. 외동

인 성우는 집에서는 전혀 폭력적인 행동을 보인 적이 없다. 하지만 선생님은 자꾸 우리 아이가 화를 잘 조절하지 못한다고 하고, 폭력적인 행동을 자주 보인다고 한다.

'우리 아들은 도대체 왜 그럴까?' 부모로서 너무 속상하다. 그리고 몇 달 전부터 같은 반 친구 이준이와의 갈등이 부쩍 늘었다. 처음에는 이준 어머니에게 전화를 걸어 사과하기도 했으나, 동네에서 우연히 마주쳐도 의도적으로 회피하는 이준 어머니를 보며 마음에 상처도 받았다. 우리 성우를 마치 만나면 안 되는 감염병 환자처럼 여기는 것 같아 괘씸하기도 하다. 선생님으로부터 기관에서 있었던 일들을 전해들은 후 성우랑 이야기를 나눠봤다. 그런데 성우의 이야기를 곰곰이 듣다 보면 성우가 충분히 화가 날 만한 상황이라는 생각이 들기도 한다.

> "걔가 먼저 내가 사용하고 있는 수수깡을 나에게 말도 안 하고 써버렸어. 난 그 수수깡이 있어야 집의 기둥을 만들 수 있었는데. 그래서 화났어."
> "이준이가 내 자동차를 보고 이상하게 만들었다고 했어. 굴러가지도 않을 거라고 놀렸어. 그래서 화났어."

이처럼 이준이에게도 갈등의 책임이 있는 상황인데, 선생님은 매번 우리 성우의 속상한 마음은 아랑곳하지 않고, 그저 성우가 폭력적인 행동을 하는 것만 말씀하시는 것 같다. 그래, 이젠 내가 성우를 지켜줘야 할 것 같다. 우리가 이렇게 껄끄럽게 지내는 것보단 차라리 다른 반으로 가는 게 더 좋을 것 같아서 반을 바꿔달라고 요구하였다. 성우 어머니도 이렇게 반을 바꿔달라고 고집부리는 게 억지라고 생각하지만, 나는 우리 아이를 지켜야 할 것 같다. 나는 엄마니까…

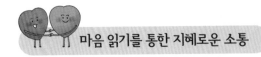

마음 읽기를 통한 지혜로운 소통

교사들도 부모에게 유아의 긍정적인 면만 전하고 싶을 것이다. 서로 좋은 이야기만 전달할 수 있다면 교사와 부모의 관계가 불편해질 일은 없을 테니까. 하지만 교실 속에서 보이는 유아들의 모습이 그렇지만은 않다. 성장 과정이다 보니 갈등이 생기면 화를 조절하지 못할 때도 있고, 때론 폭력적인 행동을 보이는 유아들도 있다. 이런 이야기를 전달하는 교사의 마음은 불편하다. 이런 이야기를 듣는 부모 역시 불편한 마음은 마찬가지이다. 어느 부모가 자녀의 폭력적인 행동 이야기를 듣는 것이 유쾌하겠는가. 게다가 외동인 경우 대체로 아이가 원하는 대로 들어주다 보니 가정에서는 자녀의 폭력적인 행동을 관찰할 만한 일들이 쉽게 일어나지 않을 수 있다. 그래서인지 담임교사가 하는 이야기에 대해서 '정말 우리 아이가 그랬을까?'라며 놀라거나, 아예 받아들이지 못하기도 한다.

교사와 부모가 나누는 대화의 내용에는 **유아의 건강한 성장과 행복**이 중심에 있어야 하며, 교사와 부모 사이에 협력적인 동반자라는 관계 형성이 우선시되어야 한다. 그렇게 관계 형성을 먼저 한 후 유아의 입장에서 어떤 도움이 필요한지, 유아를 위해서 어떻게 해결하면 좋을지에 대해서 유아를 중심으로 두고 교사와 부모가 함께 고민한다면 좋은 해결 방안을 찾을 수 있을 것이다.

하지만 부모와 교사의 갈등 상황이 있을 때 일단 회피하고 싶은 마음이 들 수도 있다. 이럴 경우 어른들이 불편해서 회피하고 싶은 것인지 아니면 진정 유아의 건강한 성장과 행복을 위해서 회피하고 싶은지 잘 판단해야 한다. 그렇지 않으면 어른들의 불편함으로 인해 유아들이 상처를 받게 되는 경우들이 발생할 수 있기 때문이다.

저는 성우의 담임교사로서 부모님과 함께 협력하여 우리 성우가 건강하게 성장하고 행복한 아이로 자랄 수 있기를 바랍니다. 그렇게 하기 위해 부모님과 제가 있는 것이라고 생각해요. 우리 성우의 입장에서 함께 생각하고 해결해봐요.

 부모님께서 반을 바꿔달라고 하셨는데 성우의 입장에서는 어떤 생각이 들까요? 우리 성우 입장에서 생각해봐요. 성우가 내일부터 갑자기 친구들과 헤어져 다른 반으로 가야 된다면 성우가 어떻게 생각할까요? 성우에게 이 상황이 납득이 되지 않고 오히려 '왜 내가 다른반으로 가야 하지?'라고 당황스럽게 생각하게 될 것 같아요.

성교육 제대로 안 하나요?

유아의 발달 과정에서 부쩍 성에 관한 호기심을 보이는 때가 있다. 대체로 자연스럽게 사라지지만 유독 성 행동이 두드러지고, 문제행동을 보이는 유아도 있다. 이런 경우 가정에서도 성교육에 협조적이어야 하지만, 모든 문제해결을 기관에만 떠넘기려 하는 학부모도 적지 않다. 이와 관련된 사례를 만나보자.

 교사, 학부모를 만나다

4세인 정민이와 지희는 평소 자주 어울려 논다. 다만 정민이는 종종 여자친구들을 놀리는 일이 빈번해서 학급 내 여아들과 갈등이 많은데, 유일하게 정민이의 장난을 너그럽게 받아주는 친구가 바로 지희였다. 또 정민이와 지희 부모끼리도 친해서 귀가 후나 주말에도 함께 어울려 놀이하다 보니 정민이의 짓궂은 장난을 대수롭지 않게 지나치곤 했다.

그러던 어느 날 점심을 먹기 전 지희가 화장실에 용변을 보러 들어갔을 때, 지희를 따라간 정민이가 갑자기 지희가 용변을 보고 있던 화장실 문을 벌컥 여는 장난을 친 것이다. 평소 정민이의 장난을 잘 받아주던 지희였지만, 이번엔 깜짝 놀라서 엉엉 울면서 화장실에서 뛰쳐 나왔다. 다움 선생님은 정민이와 지희 양쪽의 이야기를 듣고 난 후, 정민이가 지희에게 사과를 할 수 있도록 했다. 그리고 정민이에게는 따로 친구의 소중한 곳을 보면 안 된다는 것과 화장실에서 지켜야 할 예절에 대해서도 같이 이야기를 나누었다.

　그날 점심 먹고 나서 지희와 여자친구들은 '이거리 저거리 각거리' 놀이를 하고 있었다. 이를 지켜보던 정민이는 같이 놀자며 지희 맞은편에 앉아서 놀이에 참여했다. 그런데　신나게 '이거리 저거리 각거리' 노래를 부르던 정민이가 발끝으로 지희의 두 다리 사이를 건들게 된 것이다.

　"정민이 너랑은 이제 절대 안 놀 거야! 우리 엄마한테도 다 말할 거야!"

다시 한번 깜짝 놀란 지희는 이렇게 말하며 엉엉 울었다. 다움 선생님은 귀가 후 바로 지희 어머니에게 전화하여 오늘의 일을 전달한다. 어느 정도 예상은 했지만, 상황을 알게 된 지희 어머니는 크게 화를 내며 이렇게 따졌다.

　"선생님! 어떻게 네 살짜리 남자아이가 그런 행동을 할 수 있나요? 아무리 호기심 때문에 저지른 일이라고 해도 정말 이해가 안 되네요. 벌써 여자친구의 소중한 곳을 보고 만지기까지! 어쩜 이렇게 (성을) 밝힐 수가 있죠? 선생님도 그래요. 대체 평소에 성교육을 제대로 하시긴 한 건가요? 저 이번 일은 절대 그냥 넘어갈 수가 없네요!"

예상은 했지만, 지희 어머니는 이 상황을 도무지 받아들일 수 없다는 듯 분노했다. 전화를 끊고 잠시 숨을 고른 후 다움 선생님은 정민 어머니에게 전화를 하고 오늘의 일을 전달했다. 그러자 정민 어머니는 지희 어머니와 사뭇 다르게 대수롭지 않다는 반응이었다.

"선생님, 우리 정민이가 요즘 성에 대한 호기심이 부쩍 많아졌나 봐요. 저한테도 이런저런 질문을 많이 하더라구요. 그리고 지희 엄마는 여자아이만 키워봐서 뭘 잘 몰라서 그래요. 선생님, 이건 애들끼리 놀다가 실수로 그런 거잖아요. 뭘 그렇게까지 예민하게 굴어요?"

이처럼 서로 상반되는 반응에 다움 선생님은 걱정이 더욱 커졌다.

 학부모의 마음 읽기

"정민이 엄마는 이런 심각한 일을 어쩜 그렇게 아무렇지 않게 생각할 수 있지? 그런 사람과는 이제 어울리지 말아야겠어. 그나저나 또 이런 불미스러운 일이 반복될까 봐 너무 걱정돼."

지희 어머니는 다움 선생님의 이야기를 듣고 화도 났지만, 솔직히 그보다는 걱정이 컸다. 평소 지희네와 정민이네는 같은 또래이고 같은 아파트에 살다 보니 주말에도 가족끼리 자주 어울렸고, 여행도 함께 다니던 가까운 사이였기 때문이다. 지희 어머니는 아이들이 어릴 때는 성별이 달라도 걱정할 만한 일들이 없었는데, 4세가 된 이후로는 걱정되는 일들이 생겨서 고민이 이만저만이 아니다.

실제로 주말에 같이 공원을 놀러가고 여행을 가게 되면 정민이는 지희가 화장실에 있는데 문을 벌컥 열고 들어오거나 지희에게 "너는 왜 고추가 없어?"라는 말을 해서 당황스럽다. 그래서 지희에게 성교육을 하면서 정민이나 다른 남자친구들이 소중한 곳을 보거나 만질 경우에는 꼭 엄마, 아빠, 선생님에게 알려야 한다고 단단히 일러두곤 했다.

그리고 지희 어머니는 정민 어머니에게도 이만저만한 일들이 있었으니 정민이에게도 조심해달라고 말을 조심스레 건넸다. 하지만 정민 어머니는 "요즘 우리 정민이가 남자와 여자의 모습이 다른 것에 호기심이 생겼나봐요."라고만 이야기할 뿐 대수롭지 않게 여겨 속상하다. 정민 어머니의 반응에 더욱 속상해진 지희 어머니는 그동안은 친하게 지냈지만, 앞으로는 거리를 둬야겠다고 생각하게 되었다.

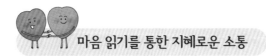

마음 읽기를 통한 지혜로운 소통

기관에서 유아들과 함께 지내다 보면 4세 전후로 유아들이 성에 대한 호기심이 부쩍 커진다. 하지만 현장에서는 발달특성에 따른 단순한 호기심으로 볼 것인지 아니면 성 행동 문제로 봐야 하는지를 명확하게 판단하기에 어려운 경우들도 종종 발생한다. 더 큰 문제는 이처럼 성적 호기심이나 성 행동 문제상황이 벌어졌을 때, 남아 부모와 여아 부모의 입장 차이가 확연히 다른 점이다. 자연히 교사는 양쪽 부모 사이에서 어려움을 겪을 수밖에 없다.

특히 성별에 대한 고정관념이나 편견은 교사와 부모가 어릴 때부터 형성되어 쉽게 인지하기 어렵기도 하다. 예전의 성교육을 생각해보면 "안 돼요! 하지 마세요!"라고 외치도록 가르치는 정도였다. 문제상황이 발생했을 때의 대처에 초점을 맞췄던 것이다. 또한 성에 대해서는 감추고 숨겨야 하는 것이라는 인식이 지배적이었다.

하지만 이제 유아기의 성교육은 '신체적 성'뿐만 아니라 사회 구성원으로서 **타인을 존중하는 법을 가르치는 교육**이 되어야 한다. 즉 "안 돼요! 하지 마세요!" 같은 피해 예방중심의 교육이 아닌 자신의 성을 제대로 이해하고, **타인의 성을 존중하고 배려하는 법**을 가르쳐야 한다는 뜻이다. 그러기 위해서는 교사와 부모 모두 올바른 성인지감수성[1]을 바탕으로 유아들의 성 행동을 바라보며, 문제행동이 발생할 경우에 올바른 대처 방안을 공유해야 한다.

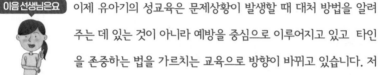

이제 유아기의 성교육은 문제상황이 발생할 때 대처 방법을 알려주는 데 있는 것이 아니라 예방을 중심으로 이루어지고 있고 타인을 존중하는 법을 가르치는 교육으로 방향이 바뀌고 있습니다. 저희도 아이들이 서로 다른 성을 존중하고 배려하는 법을 가르치도록 노력하고 있습니다. 이를 위해서는 기관과 가정이 함께 성인지감수성에 기반해 아이의 성 행동을 바라보는 것이 중요합니다. 문제행동이 반복되지 않도록 저희도 노력하겠지만, 가정에서도 주의 깊은 관찰이 필요합니다.

이음 선생님의 Think Plus
"유아들의 성 행동 이해 및 성 행동 문제에 대한 대처 방안"

1. 유·아동 성 행동의 발달 단계에 대한 이해를 바탕으로 문제에 접근이 필요하다. 유·아동이 성장하는 과정에서 거치는 적절한 심신 발달 단계가 있듯이 성적인 발달도 연령에 따른 발달 단계가 존재한다. 유·아동은 신체에 다양한 관심을 가지게 되며 타인의 몸을

....

1. 성인지 감수성이란 성별 간의 차이로 인한 일상생활 속에서의 차별과 유·불리함을 이해하고 불평등을 인지하여 이를 해결하고자 하는 관점과 태도(출처 2020 여성가족부)

보거나 자신의 몸을 보여주는 행위 등을 통해 그 관심을 표현하기도 한다. 이는 발달 과정에 따른 자연스러운 현상인데, 이러한 유 · 아동의 성 행동을 성인의 시각으로 바라보면서 이를 문제행동으로 규정하고 무리하게 교정하려는 등의 문제가 발생하기도 한다. 이러한 문제를 피하려면 유 · 아동 시기에 자연스럽게 나타나는 일상적인 성 행동에 대한 이해를 바탕으로, 발달 과정상의 일상적인 성 행동과 문제가 되는 성 행동을 구분하는 기준점을 세워야 한다. 올바른 이해를 바탕으로 문제가 되는 성 행동에 접근해야 아동의 눈높이에 맞는 도움을 줄 수 있다.

2. **유 · 아동 성 행동 문제를 유 · 아동의 시선으로 바라보며, 문제 해결의 목표를 유 · 아동 행동 교정 및 재발 방지에 두고 문제에 접근한다.** 유 · 아동은 자신의 행동이 상대방에게 어떤 영향을 미칠지 제대로 인식하지 못하는 상태에서 부적절한 행동을 하기도 한다. 또한 의도한 행위는 아니지만 피해를 입는 유 · 아동이 생길 수 있으므로, 성인은 유 · 아동이 해로운 행동을 할 수 있다는 사실을 인식하고, 그러한 일이 발생했을 때 빠르게 인지하여 해로운 행동을 멈출 수 있도록 도와주어야 한다. 또한 부적절한 행동이 발생했을 경우 이후에 같은 행동이 반복되거나, 더 큰 문제로 번지지 않도록 초기에 행동을 교정해야 한다.

3. **유 · 아동 성 행동 문제 발생 시, 주위 성인들의 적절한 대응이 중요하다.** 유 · 아동의 피해에 대해 성인들이 너무 둔감하게 반응한다면 피해가 반복 · 심화되거나 또 다른 유 · 아동의 피해가 발생할 수 있다. 반면 성인들이 너무 민감하게 반응하고, 문제해결 과정에서 성인 간의 갈등이 지나치게 심화된다면 오히려 피해 유 · 아동이 심리적으로 위축되거나 정서적으로 방임될 수 있다. 그러므로 피해 유 · 아동의 회복과 보호를 위해, 교사는 유 · 아동 성 행동 문제의 위험 수준을 정확하게 파악하고, 보호자가 피해 유 · 아동의 안정을 최우선으로 생각하여 성숙한 태도로 대처할 수 있도록 적극적으로 공감하며 지원해야 한다. [*]

....
[*] 여성가족부(2020)의 〈어린이집,유치원 교사를 위한 성인지 교육 교재〉 참조 및 재구성한 것임.

선생님이 눈치껏 챙겼어야죠!

우리나라도 다문화가족의 비율이 꾸준히 증가하고 있다. 그런데 드물기는 하지만 한국어를 아예 못하는, 심지어 '배고파', '아파', '화장실' 등 기본적인 생리적 욕구도 표현하지 못하는 자녀를 일반 기관에 보내는 학부모도 있다. 그저 교사가 눈치껏 알아서 챙겨주기만을 바라는 것이다. 이와 관련된 사례를 만나보자.

교사, 학부모를 만나다

동그란 얼굴에 어색한 눈빛으로 인사를 하던 준수는 지난 4월 할머니 손에 이끌려 처음 이곳에 왔다. 다움 선생님의 "안녕? 반가워." 하는 인사에 준수는 그저 말없이 다움 선생님의 얼굴만 빤히 쳐다보다가 할머니가 중국어로 알려주니 그제야 고개를 꾸벅 숙였다. 할머니는 한국어 소통이 가능하지만, 부모 모두 중국인으로 준수는 중국어만 가능한 외국인이다. 사실 준수가 한국 유아교육기관에 다니게 된 건 할머니의 뜻이었다.

다움 선생님은 준수가 간단한 인사말 같은 기본적인 의사소통도 안 되는 점에 조금 당황했다. 하지만 준수의 할머니라도 한국말이 통하니 그나마 다행이라고 생각했다. 첫날은 준수에게 기관의 곳곳을 소개해주고 친구들과 인사를 나누고 나서 함께 놀이하며 보냈다. 그러나 며칠이 지나도록 준수는 여전히 표정이 어둡고 뭔지 모르게 불안한 듯 눈알을 요리조리 굴리는 불편한 모습이었다.

하루는 꼼짝 안 하고 책상에 엎드려 있는 준수가 이상해서 다움 선생님이 준수에게 다가가 이야기를 건네보니 눈물이 가득했다. '친구들이랑 놀고 싶은데 못 어울려서 그런가?', '혹시 어디 아픈가? 한국말을 전혀 모르니 난감하네.' 이런저런 생각을 하며 살피던 중 바지가 젖어 있는 것을 발견했다. 다움 선생님은 친구들의 시선을 피해 교무실로 준수를 데리고 이동한 후 먼저 준수의 긴장되고 부끄러운 마음을 다독였다. 준수의 마음이 가라앉자 다움 선생님은 준수의 옷을 갈아입혔다.

하원 시간에 준수를 데리러 온 준수 어머니에게 다움 선생님은 자초지종을 설명하려고 손짓발짓을 섞어가며 이야기했지만, 준수 어머니는 도무지 못 알아듣겠다는 표정으로, 결국 할머니한테 전화를 걸어 바꿔주었다. 할머니와 통화를 끝낸 준수 어머니는 그제야 무슨 일이 있었는지 알겠다는 표정으로 집으로 돌아갔다. 다음 날 아침 준수는 할머니와 함께 등원했다. 다움 선생님을 본 할머니는 굳은 표정으로 날카롭게 이야기를 시작한다.

> "선생님은 어떻게 아이가 화장실에 가고 싶어하는 것도 모르나요? 가뜩이나 한국말을 못해 답답할 텐데 선생님이라도 계속 보살펴줘야지, 원래 한국은 그런가요? 그리고 얘가 얼마나 똑똑한 앤데, 나는 얘가 이런 실수하는 걸 본 적이 없어요. 거기는 화장실 가는 시간도 없나요? 준수가 하나도 재미없다고 해요. 친구들이 자기랑 놀아주지 않는대요."

다움 선생님의 얼굴이 점점 굳어지는 것도 모른 채 할머니는 계속 원망의 말만 쏟아내고 있었다.

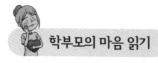
"우리 아이는 한국말을 못하니까 당연히 교사가 다른 아이들보다 훨씬 더 신경
써줘야 하는 거 아닌가요?"

준수 부모는 중국 국적의 준수를 한국 교육기관에 보냈지만, 솔직히 너
무 걱정스럽다. 본인들도 한국말을 몰라 답답할 때가 많은데, 어린 준수는
얼마나 더 힘들까 걱정이 이만저만 아니다. 준수가 곧 초등학교에 가야 하
니 빨리 한국 생활에 적응해야 한다며 억지로 이곳을 고집한 할머니도 원
망스럽다. 입학 전 함께 기관을 방문했는데 선생님이 하는 이야기를 하나
도 이해할 수 없고, 궁금한 것이 있어도 질문을 할 수 없다. 그렇다고 통역
을 해줄 외국인 선생님이 있는 것도 아니다. 사실 할머니도 그저 주위 사
람들 얘기만 듣고 한국 교육기관을 택한 것이었다. 한국말을 못해도 한
국인 선생님과 친구들과 지내면서 준수가 잘 적응할 것이라고 막연히 생
각했던 것이다. 그런데 할머니의 예상과 달리 준수가 기관 생활에 잘 적
응하지 못하고 의사소통마저 되지 않아 급기야 소변 실수까지 하는 모
습을 보며 큰 실망을 하게 되었다. 화장실을 가지 못해 혼자 마음 줄였을
준수를 생각하면 정말 속상하고 마음이 너무 아프다.

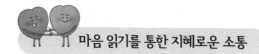
마음 읽기를 통한 지혜로운 소통

이제 우리 교실에도 점점 다문화가족이나 외국인 유아들이 증가하고 있
다. 그들과 함께 놀이하고 함께 협력할 수 있도록 교사와 유아, 학부모

모두가 노력해야 한다. 가정에서 한국어를 계속 사용하는 누군가가 있으면 소통 능력은 배가되지만, 가정에서 한국어를 전혀 사용하지 않는다면 한국어 실력은 빠르게 향상될 리 없다. 자연히 기관에서도 소통의 어려움을 쉽게 해결할 수 없을 것이다. 한국어를 모르는 상태로 온 유아들은 안 그래도 많은 것이 낯설고 어색한데, 언어 문제까지 겹쳐 이중고를 겪게 된다. 급기야 두려움까지 느끼며 빨리 이곳을 벗어나고 싶을 수도 있다. 처음 보는 장난감에 대한 호기심, 친구들의 놀이를 지켜보는 것도 하루 이틀뿐, 무리에 끼지 못한 채 이내 다시 혼자 남겨진 기분도 든다. 점점 자신도 모르게 위축되기도 하고, 친구들에게 선뜻 다가가기 어려우며, 잘못된 소통 때문에 자주 오해가 생기기도 한다.

일단 유아의 적응을 돕기 위해서 선생님과의 긍정적 관계 형성이 가장 필요하다. 교사가 유아의 모국어를 자유롭게 구사할 순 없겠지만, 간단한 인사말 정도는 익혀서 아침에 유아를 맞이해주는 것이 좋다. 그리고 신발 정리 같은 기본적인 생활습관을 지속적·반복적으로 행동과 함께 한국어로 지도한다. 이때 한국어는 긴 문장이 아니라 단어 또는 짧은 문장으로 말해 준다. 또한 어떤 놀이에 관심을 보이는지 잘 관찰하고 선생님과 그 놀이 속에 함께 참여하며 자연스럽게 놀이 구성원으로 어우러지도록 도와준다. 유아의 장점을 찾아 친구들에게 소개하는 시간을 가지면서 긍정적인 자아개념을 갖도록 한다. 교사는 관찰을 통해 유아의 특징적인 행동, 예컨대 화장실을 가고 싶을 때나 아플 때 유아가 보이는 제스처나 표정 등을 빠르게 찾아내어 필요한 도움을 준다.

입학 후 일주일 정도 지난 시점에서 학부모와의 상담을 통해 기관에 대해 궁금한 점, 유아가 가정에 전달한 내용 등을 이야기 나누며 궁금했던 것을 알 수 있게 해준다. 또한 가정과의 소통으로 **기관 생활에 필수적으**

로 사용하는 단어들 몇 가지는 반드시 익히도록 안내하고 도와준다. 예를 들어 가정의 도움을 받아 종이에 화장실이라는 모국어/한국어 단어를 병기하여 유아에게 준 다음 필요할 때 꺼내서 보여주면 교사가 알아차리고 지원해줄 수 있다. 한국 음식에 대해서도 미리 유아에게 안내해주어 음식에 대한 거부반응이 일어나지 않도록 예방한다. 또한 가정과 지속적인 연락을 통해 유아가 기관에서 즐거워했던 것, 힘들어하는 것 등의 정보를 알아차리고 도움을 줄 수 있는 방법을 함께 모색한다.

또한 4차 산업혁명시대인 만큼 과거와 달리 스마트기기의 어플을 활용하는 방법도 있다. 예컨대 간단한 번역이 가능한 매체(파파고, 구글 번역기 등)를 활용해 간단한 내용은 번역해서 안내하는 방법이 있다. 또 다문화가족의 증가로 지자체 차원의 통번역 서비스도 있으니 가정에 이러한 부분을 안내하여 필요한 도움을 받을 수 있게 한다.

다문화가족이든 외국인이든 여러가지로 다른 문화적 차이로 인해 기관과 교사의 역할을 다르게 생각할 수도 있다. 학부모와 교사 간에 서로 기대하는 역할이 다르면 불필요한 갈등은 계속될 것이다. 따라서 '교사가 지원해줄 수 있는 것과 해줄 수 없는 것의 한계'를 학부모가 명확하게 인지하도록 알려줄 필요가 있다.

이음 선생님은요 한국어를 못하는 준수가 많이 걱정되시죠? 저희도 앞으로 준수가 좀 더 편안하게 기관에 적응할 수 있도록 신경쓰겠습니다. 다만 아직 의사소통이 제한적인 만큼 기본적인 의사표현을 위한 몇 가지 단어는 숙지할 필요가 있을 것 같습니다. 아니면 화장실, 배고픔, 아픔과 관련한 몇 가지 모국어 단어카드를 만들어서 불편한 상황에서 활용할 수 있도록 하는 것도 당분간은 필요할 것 같습니다.

이음 선생님의 Think Plus
"다문화 유아의 지원에 관하여"

다문화 유아에 대한 초기발달 지원에 관한 내용을 학부모에게 안내하면 도움이 된다.

1. 다문화 유아의 언어평가

- 사전진단 - 유아의 의사소통 및 읽기, 쓰기 등 언어 능력 파악 (1:1, 모둠 상황)
- 사후평가 - 사전진단과 같은 방법으로 유아의 언어 능력 향상도 파악
- 평가 방법 - 자체 평가 및 외부 기관 연계 실시

담임 교사	-2015 누리과정 관찰척도 활용 -누리과정 연계 다문화유아 한국어능력 평가 도구 활용 ※평가도구는 다문화교육포털(www.edu4mc.or.kr)에서 다운로드 가능 -관찰법, 일화기록법, 포트폴리오 평가 등 활용
외부 기관	-언어발달지원 서비스(다문화가족지원센터) 신청 - 찾아가는 한국어교육'(지역다문화교육지원센터) 신청 (※ 유아 대상 찾아가는 한국어교육 운영 여부는 시·도교육청별 상이하여, 소속 시 시·도교육청 에 확인 필요) -기타 복지관 및 발달센터 연계

2. 다문화 유아의 언어교육

개정 누리과정과 연계한 유아·놀이 중심의 통합언어교육	- 개정 누리과정의 신체·운동 건강, 의사소통, 사회관계, 예술경험, 자연탐구의 5 개 영역 연계하여 모든 유아가 함께 어울리는 가운데 그룹 상호작용을 통한 언어 능력 향상 도모 - 발달 상황 평가 결과에 따라 질문을 통한 표현 기회 우선 제공, 지속적인 관찰을 통한 언어 발달 지원
다문화유아의 초기발달 맞춤형 개별언어교육	- 개별 평가 등에서 발달 지연이나 부진이 관찰된 경우 맞춤형 개별언어교육 지원 - 1:1 또는 소그룹 형태로 담임교사와의 상호작용 기회 제공, 필요시 외부강사 활 용 보충교육 지원 ※ 유아교육 전공자, 한국어교원자격 소지자 등

* 다문화 유아 지원은 2022 다문화교육 정책학교 운영 가이드라인(교육부)의 내용을 참조하여 재구성한 것임.

여기서 다쳤으니 다 보상해주세요!

교사들은 늘 놀이하는 유아의 안전에 만전을 기하기 위해 주의를 기울인다. 하지만 아무리 조심해도 어디로 튈지 모르는 유아들의 안전사고를 100% 예방하기란 어렵다. 기관에서 안전사고가 벌어지면 학부모 측에서 때때로 무리한 보상 요구를 하기도 한다. 이에 안전사고와 보상에 관한 사례를 살펴보자.

 교사, 학부모를 만나다

"쾅!" 귀가 전 갑자기 들려온 큰소리에 깜짝 놀란 다움 선생님은 소리가 들린 쪽으로 다급히 고개를 돌렸다. 그곳에는 은이와 초현이가 바닥에 넘어져 뒤엉켜 있었는데, 은이의 턱에서는 피가 줄줄 흐르고 있었다. 초현이가 의자에 앉으려는 순간 앉아 있던 은이와 부딪히며 둘이 함께 바닥으로 넘어진 것이었다.

일단 다움 선생님은 옆반 선생님께 긴급히 도움을 요청하여 원감선생님에게 사고 상황을 간략히 전달하고, 서둘러 수건을 가져와서 은이의 턱을 지혈했다. 상황을 전달받은 교무실에서는 안전 매뉴얼에 따라 가정으로 연락한 후 지정한 병원에서 학부모와 만나기로 하였다. 병원에 도착한 은이 부모님은 차분하게 은이를 맞이하며 놀란 은이를 다독인 후 함께 의사의 진료를 받았는데, 턱이 찢어져 봉합해야 한다고 했다. 은이 부모님은 속상해 보였지만, 함께 있던 다움 선생님에게 바로 언짢은 기색을 드러내지는 않았다. 무사히 봉합을 마친 것을 확인한 후에 다움 선생님은 복귀했고, 은이는 부모님과 함께 귀가했다. 그날 다움 선생님과 안전담당 선생님, 관리자 등은 오늘 일어난 안전사고 처리와 대책을 위해 사건일지를 작성하고 추후 학부모에게 안내할 사항, 대처법 등을 함께 논의했다. 안전 관련 회의를 마친 다움 선생님은 걱정스러운 마음에 다시 은이 어머니에게 전화를 걸었다. 은이 어머니는 그제야 병원에서 미처 하지 못한 속상한 마음을 쏟아내기 시작한다.

"이제 겨우 3살인데 얼굴에 흉터가 남을까 걱정이에요. 도대체 선생님은 뭐하고 계셨던 거죠? 사고 장면을 보시긴 하셨나요?"

은이 어머니는 다움 선생님에게 책임을 따져 묻더니, 급기야 사고의 경위를 확대해석하기도 한다.

"우리 은이만 다친 거 보면 혹시 같이 넘어진 친구가 일부러 밀친 거 아니에요? 평소 친구들이 우리 은이를 따돌리는 거 아닌가요?"

다움 선생님은 부모에게 정확한 상황 설명과 거듭 죄송한 마음을 전하며 마음을 위로했고, 교실에서의 다른 아이들의 마음까지 전달하고 나서 전화를 끊으니 어느덧 밤이 되었다. 또 다음 날에는 학교안전공제회를 통해 보상을 받을 수 있는 방법을 알려주었고, 이후에도 지속적으로 은이와 부모의 마음을 함께 살피는 동안 어느덧 한해가 지났다. 그런데 다음 학년도 은이가 진급할 무렵에 다시 은이 어머니에게 연락이 왔다.

"선생님, 저희는 치료비를 전액 보상을 받을 수 있을 거라고 했는데 일부 금액만 보상이 되었네요. 그리고 얼굴에 생긴 상처라 아이가 좀 더 자란 후에 추가로 상처 치료도 받고 싶어요."

 학부모의 마음 읽기

"이곳에서 다친 거잖아요! 그러니까 치료비는 전액을 보상해주셔야죠."

"교통비와 심리적 보상금도 받을 수 있을까요?"

"얼굴에 흉터가 남으면 안 되잖아요. 나중에도 상처가 사라지지 않으면 레이저 치료도 받을 수 있게 보상해주세요."

평소 은이 부모님은 기관 생활에 즐겁게 적응하는 은이를 보며 이곳을 잘 선택했다고 생각했고, 선생님과 기관에 늘 고마운 마음이었다. 그런데 어느 날 유치원에서 은이가 다쳤다는 연락을 받은 것이다. 게다가 살짝 긁힌 것도 아니고, 병원에 가야 할 정도라니… 급하게 회사에 사정을 알리고 조퇴까지 해서 부랴부랴 병원으로 향한다.

'큰일은 아닐 거야. 아닐 거야. 괜찮을 거야.'

그런데 막상 병원에 도착해 은이의 다친 모습을 눈으로 확인하니 안쓰러운 마음과 함께 왈칵 눈물이 쏟아질 것 같았지만, 지금은 누구를 원망할 겨를이 없다. 그저 은이가 빨리 치료를 받고 부디 잘 회복되기를 바랄 뿐이다. 많이 아파하는 딸을 보며 자꾸 이런저런 원망의 마음이 드는 건 어쩔 수 없다. 교육청에 항의하거나 선생님께 화도 내고 소리도 치고 싶지만, 부모로서 일단 마음을 진정하고 선생님의 이야기에 귀를 기울였다. 기관과 선생님도 성심껏 챙겨주는 마음이 느껴지고, 학교안전공제회를 통해 보상 신청도 순조롭게 진행된다.

시간이 지나고 다행히 은이는 예전처럼 잘 지내고 있지만, 턱에 희미하게 남은 상처가 혹시 자라서도 없어지지 않을까 봐 걱정스럽다. 게다가 당연히 전액 보상을 받을 수 있을 거라 생각한 치료비도 일부만 들어왔다. 솔직히 사고만 없었어도 은이에게 군이 힘든 치료 경험이 생기지 않았을뿐더러, 회사에 사정을 이야기하며 자리를 비울 일도, 일부러 시간을 내어 치료를 받기 위해 병원을 다닐 일도 없었을 게 아닌가. 그리고 훗날 상처가 남을까 걱정할 이유도 없다. 이런 생각이 꼬리에 꼬리를 물다 보니 조금은 억울한 마음에 기관으로 연락한 것이다. 심리적 보상금까지는 아니라도, 최소한 치료비 전액 보상과 추후 상처를 없애는 레이저 치료에 대한 부분도 명확히 하고 싶다.

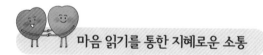

마음 읽기를 통한 지혜로운 소통

유아교육기관에서 안전사고가 발생하면 교사의 마음은 정말 무겁고 아프다. '아, 이렇게까지 해야 하나?'라는 생각이 들 만큼 학부모 앞에서 마치 죄인이 된 것처럼 한없이 스스로를 낮춰야 하다 보니 가끔은 억울한 마음도 들지 모른다. 하지만 우리 반에서 일어난 모든 사건의 1차적 책임은 담임교사에게 있다. 그러므로 교사는 지속적인 부모와의 만남을 통해 마음을 들여다보고 감정을 공감하고 이해하도록 소통해야 한다. 또한 기관 차원에서 행정적인 문제가 조속히 해결되도록 노력해야 한다.

유치원의 경우 먼저 **'학교안전공제회'** 제도를 이해하고 활용한다. 유아에 대한 치료가 다 끝나면 학교안전공제회를 통해 부모가 직접 청구하도록 안내해 준다. 이후 교사는 진행 일정과 추후 일처리가 잘 되었는지도 계속 확인하며 학부모의 마음을 보살펴준다. 그러나 보상이라는 것은 학부모에 따라 수용할 수 있는 범위에 차이가 있다. 만약 학교안전공제회에서 치료비를 전액 받지 못하거나, 은이처럼 사후 치료를 원하거나, 과도한 추가 요구사항 등이 있을 때는 바로 응대하기보다는 먼저 각 시도교육청 교권보호담당 부서에 문의하여 상담을 받아볼 것을 제안한다.

경기도의 경우 **교원배상책임보험**이 있어 보험료 지급을 통해 교원의 적극적 교육활동과 학생 학습권 강화에 기여할 수 있다고 판단되는 경우 보상의 지원 범위를 확대해주기도 한다. 사례에서 소개한 은이의 경우에는 교원배상책임보험으로 '학교안전공제회' 보상에서 제외된 치료비 일체와 추후 1회의 레이저 치료비까지 보상받을 수 있었다.

또한 교사 개인이 교원배상보험에 가입할 수도 있다. 다만 이는 교사 개인의 선택 사항으로 의무는 아니다. 보험업체를 선정하여 교사 본인에게 적합한 보험을 선택하여 들면 추후 교사가 해결하기 곤란한 상황에 처했을 때 도움을 받을 수도 있으니 참고하길 바란다.

이음 선생님은요 어머니, 은이 얼굴의 상처가 혹시 사라지지 않을까 봐 걱정이 많으시죠? 먼저 원하시는 만큼 치료비가 환급되지 않은 점은 저희도 유감이에요. 하지만 추가로 치료비를 청구할 수 있는 방법을 저희도 알아보고 있습니다. 다만 이 문제는 제 선에서 바로 답면 드릴 수 없어서 저희가 먼저 교육청에 문의하고, 추가 보상에 관한 자세한 답변을 다시 드리겠습니다.

교원배상책임보험이란 피보험자가 수행하는 전문 직업에 따른 사고나 업무상의 부주의, 태만 또는 실수로 '타인에게' 신체장해나 유형 또는 무형의 재산손해를 입힘으로써 법률상 배상하여야 할 손해를 보상하는 보험을 말한다. 다음과 같은 상황에서 보상을 받을 수 있다.

☑ 피보험자가 피해자에게 지급할 책임이 있는 법률상 손해 배상금

☑ 손해방지 의무를 취하기 위하여 지출한 필요 또는 유익하였던 모든 비용

☑ 피보험자가 지급한 변호사 비용, 소송절차에 따른 비용, 화해 또는 중재, 조정에 따른 모든 비용

☑ 손해배상 청구에 대한 회사의 요구에 따르기 위하여 지출한 비용

04

우리 아이에게 나는
좋은 부모일까요?

이번 장에서는 다양한 원인으로 양육에 자신감을 잃은 부모들에게 그들의 효능감을 높여 줄 수 있는 사례들을 소개하였다. 처음부터 부모가 될 완벽한 준비를 하고 부모가 되는 사람은 없다. 학부모로서의 역할도 마찬가지다. 다자녀를 양육하는 학부모, 일과 가사를 병행하며 아이를 양육해야 하는 학부모 등, 각자가 처한 다양한 양육 환경 속에서 자녀의 반복되는 문제행동 등에 치이다 보면 과연 내가 부모로서 잘못하고 있는 것은 아닌지 스스로를 탓하기도 하고, 때로는 무기력에 빠져 문제해결의 의욕 자체를 상실하기도 한다. 최근 들어 가족의 형태도 다양해지는 추세이다. 이에 교육기관에서도 다문화가족이나 조손가족, 한부모가족 등 환경에서 자라나는 유아를 어렵지 않게 만나볼 수 있다. 특히 다문화가족의 경우, 서툰 한국어로 인하여 소통의 문제까지 겹쳐 부모로서 효능감 저하를 보이기도 한다. 본 장에서는 이러한 다양한 가족 형태와 학부모의 고충들을 살펴보았다. 평범하지 않은 양육 환경을 가진 그들을 도와주고 뭔가를 베풀려는 시혜적 태도로의 접근이 아니라, 우리 모두가 함께 살아가는 이웃이자 사회 공동체의 일원이라는 점에 초점을 맞춰가야 한다. 그들의 어려움을 공감하며 해당 유아가 교육기관에 훌륭히 적응하고 성장할 수 있도록 서로 협력할 수 있는 방안을 고민하고 문제를 해결해 나가야 한다.

미안해서 아이를 혼낼 수 없어요

맞벌이가족이 늘면서 자녀와 함께 충분한 시간을 보내지 못하는 것에 대해 미안한
마음을 갖는 학부모들도 많다. 짧은 시간을 보내더라도 유아와 의미 있는 시간을 보
내기 위해 노력하는 학부모도 있지만, 미안한 마음이 앞선 나머지 기본적인 생활교
육이나 훈육조차 하지 못하는 학부모도 있다. 관련된 사례를 만나보자.

 교사, 학부모를 만나다

연우는 제 할 일을 야무지게 해내는 유아이다. 일과 시간에는 굳이 다움
선생님이 일일이 시키지 않아도 스스로 가방과 소지품을 알아서 척척 정
리하고, 급식시간에는 밥도 혼자 곧잘 먹는다. 그런데 귀가시간이 되면
딴 아이로 돌변한다. 할머니를 만나는 순간부터 갑자기 혼자서는 아무것
도 못하는 아기가 되는 것이다.

"왜 이제 왔어!"

할머니를 보자마자 연우는 잔뜩 짜증 난 목소리로 신경질을 냈다. 신발
도 할머니가 신겨줄 때까지 발판에 가만히 앉아 있고, 가방을 휙 할머니
에게 던지며 씩씩거리고 나간다. 보다 못한 다움 선생님이 말했다.

"연우야, 너 혼자 신발 잘 신잖아. 할머니도 너 데리러 힘들게 오셨는데, 짜증 난다고 그렇게 말하면 할머니 마음이 속상하시겠다."

다움 선생님의 말에 연우는 마지 못해 스스로 신발을 신는다. 하지만 현관을 나가기 무섭게 할머니에게 울면서 짜증을 내기 일쑤이다. 다움 선생님이 따라 나가서 이유를 물어보니 날씨도 차고, 감기 기운이 있으니 바로 집에 가서 쉬어야 한다는 할머니에게 연우가 놀이터에서 놀다 가겠다며 떼를 쓰고 있었다.

맞벌이가족의 외동이인 연우는 가끔 어머니와 하원할 때도 있지만, 주로 할머니와 등·하원을 한다. 하원시간이면 늘 보호자에게 짜증을 내거나 울면서 떼를 써서 난감한 상황이 자주 일어난다. 실제로 다움 선생님은 학기초 등·하원 시간에 신발을 신고 벗을 때조차 할머니가 다 도와주는 모습에 연우 스스로 할 수 있도록 협조해달라며 어머니와 전화 상담을 하기도 했다. 상담을 통해 연우는 평일 대부분의 시간을 할머니와 함께하고, 부모님과는 퇴근 후와 주말에 같이 시간을 보낸다는 것을 알게 되었다. 평소 할머니가 무엇이든 연우 마음대로 하도록 허용해주어 고집이 센 편이며, 신발 신고 벗기, 장난감 정리하기, 밥 먹기 등 연우가 직접 해야 할 일들조차 할머니가 대신해주는 편이다. 그래서 간혹 할머니는 연우가 떼를 쓰고 잘못된 행동을 해도 제대로 통제하지 못해 막막해하면서, "선생님이 연우에게 감기 걸리면 안 되니까 집에 바로 들어가라고 이야기 좀 해주세요."라며 부탁하기도 했다. 전화 상담에서도 연우 어머니는 "제가 직장을 나가서 아이와 함께 보내는 시간이 적어 늘 미안한 마음이라 잘못된 줄 알면서도 혼을 못 내겠어요."라고 말하더니 알아서 대신 가르쳐 달라며 훈육을 다움 선생님에게 미룬다.

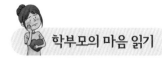

학부모의 마음 읽기

"직장을 다니느라 아이한테 늘 미안해서 혼을 못 내겠어."

"잘못된 버릇이나 습관은 기관에서 알아서 좀 고쳐주면 좋겠어."

저마다 다른 가정환경만큼 자녀 양육에도 어려움은 제각각이다. 특히 맞벌이가족에서 조부모가 주로 양육을 하는 가정의 경우, 아이에 대한 미안함과 애틋함이 큰 나머지 훈육에 있어 단호한 태도를 보이지 못한 채, 부모로서 무력감을 느끼기도 한다. 그래서 상담을 할 때마다 유아의 행동에 대해 쉽게 인정하고 미안해하는데, 가정에서 협조 부탁을 드리면 아이에게 어떻게 말해야 할지 몰라 힘들다며 그냥 교사에게 알아서 필요한 도움을 달라며 떠넘기려는 경우도 많다.

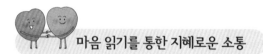

마음 읽기를 통한 지혜로운 소통

맞벌이 때문에 아이한테 죄책감을 갖기보다 부모의 상황을 이해할 수 있도록 유아에게 잘 이야기해줄 필요가 있다. 또한 조부모와 부모가 일관된 양육태도를 가질 수 있도록 해야 한다. 올바른 생활습관을 갖도록 아이가 일상생활에서 스스로 알아서 해야 하는 것과 하면 안 되는 행동들에 대해 지속적으로 알려주고, 작은 것부터 아이가 하나씩 지키도록 하는 것이 필요하다. 한꺼번에 다 잘하기를 바라기보다는 유아가 쉽게 따를 수 있는 작은 행동부터 시작해 단계를 세워 적절한 칭찬과 격려를 해주어 다음 행동으로 발전할 수 있도록 도와준다.

"네 일은 너 스스로 해야 하는 거야. 넌 할 수 있어."

"그렇게 행동하는 것은 안 되는 거야."

또한 **훈육자로서 부모의 권위를 지키며 책임감 있게 양육**하도록 부모의 자신감을 북돋아 유아의 성장을 함께 돕게 하는 것이 필요하다.

 이음선생님은요 어머니가 직장일로 바쁘셔서 연우를 사랑하는 마음만큼 함께 시간을 보내지 못해 안타까워하시는 마음이 잘 느껴져요. 연우가 가정과 기관에서 정서적 안정감을 느끼고 자기 일을 스스로 하며 행복하게 성장하도록 부모님과 제가 어떻게 협력해서 도움을 주면 좋을까요?

애틋함과 미안한 마음에 위축된 부모에게도 가정에서 권위를 가지고 유아와 애정어린 대화를 나눌 수 있도록 도움되는 양육서를 소개하는 등 자녀양육 효능감을 높여줄 수 있다. 그리고 평일에 챙겨주지 못한 미안함에 주말에 마트에 가서 선물을 사준다거나 외식을 하는 등 물질적인 것으로 보상을 해주는 부모도 있다. 그러나 주말에는 물질적인 보상보다 **유아와 정서적으로 교감하며 양질의 시간을 보낼 수 있도록** 다양한 주말 프로그램을 안내하는 것이 더 도움이 된다.

"주말 동안 부모님과 무엇을 하며 보내고 싶은지 아이와 이야기 나누어보세요."

"아이와 가까운 카페에 들러 아이가 좋아하는 간식을 먹는 데이트 등 즐거운 시간을 보내보면 어떨까요?"

"○○기관 프로그램(도서관, 박물관, 체험전 등)이 있던데 시간적 여유가 되시면 함께 나들이를 하며 주말을 지내보면 어떨까요?"

이음 선생님의 Think Plus
"맞벌이가족의 효율적인 양육을 위하여"

맞벌이 부모의 효율적인 자녀 양육을 돕기 위해 다음과 같은 내용을 공유하면 도움이 될 수 있다.

1. 자녀와의 질적인 시간 갖기
- 자녀와 놀이 및 대화 시간 갖기
- 자녀의 관심사에 대한 위시리스트를 만들어 실행하기
- 자녀와의 시간에는 자녀에게만 몰입하기
- 가족 화목 활동을 통해 유대감과 소속감 강화하기

2. 부모의 맞벌이에 대해 이해하도록 돕기
- 부모의 직업과 직장 생활에 대해 충분히 알리기
- 자녀가 맞벌이 상황과 가족 내 역할과 의무를 수용하도록 돕기

3. 대리양육자와 협력하기
- 자녀의 특성을 고려하여 대리양육자 선택하기
- 대리양육자와 신뢰감 형성하고 존중하기
- 부모와 대리양육자 간 일관된 양육방식 유지하기

4. 자녀의 주변과 활발하게 교류하기
- 교사와 자녀에 대해 소통하기
- 교육행사에 참여하기
- 친구 등 자녀 주변에 관심을 갖고 교류하기*

....
* 맞벌이가족의 양육 지원에 관한 내용은 여성가족부의 교육자료 〈부모교육매뉴얼〉을 참고하여 재구성한 것임.

저도 할 만큼 했고, 이제 지쳤어요

자녀에 대한 지극한 사랑과 별개로 부모도 인간이다. 자녀의 잦은 문제행동은 부모를 지치게 하는 주요 원인 중 하나이다. 나름 훈육을 시도해도 달라진 모습이 전혀 없이 문제행동이 반복되면 부모의 스트레스도 함께 높아지며, 급기야 번아웃에 빠져 문제해결을 위해 노력할 의욕조차 내지 못한다. 관련 사례를 만나보자.

 교사, 학부모를 만나다

다움 선생님은 오늘 별이 어머니와 대면 상담을 하기로 했다. 사실 별이는 평소 친구들과 잦은 갈등을 일으키고 있는데, 가정에서는 별다른 협조가 없는 상태였다. 감정 조절에 어려움이 있는 별이는 툭하면 친구들에게 입에 담기 힘든 욕설을 하거나 주변의 물건을 집어던지는 등 폭력적인 성향을 보이기까지 한다.

> "별이가 친구들에게 '개○○, 씨○'이라는 욕을 하거나 '죽인다'라는 표현을 종종 한답니다. 또는 본인이 원하는 대로 놀이가 진행되지 않을 때 친구들에게 놀잇감을 던지기도 하고요…."

다움 선생님이 말이 끝나기 무섭게 별이 어머니의 말이 이어졌다.

"아, 그래요? 이 녀석이 욕을 했군요. 별이가 욕을 하는 게 아무래도 애 아빠 닮아서 그런 거 같네요. 평소 애 아빠가 그런 욕을 워낙 자주 하고, 저도 화나면 애 아빠한테 그러기도 하고… 저희가 그러고 살아요."

문제상황에 대해 대수롭지 않다는 듯 말하면서도 가정에서 별이의 일상적인 행동에 대해서는 다음과 같이 호소했다.

"별이가 어지간해서는 말도 안 듣고 저한테도 욕을 하니까 감당하기 힘들어요. 선생님이 상담하자고 해서 오긴 왔는데, 제가 뭘 해야 할지 모르겠네요. 별이가 제 말을 들어야 말이죠. 남편은 장기출장 중이고, 퇴근하고 들어오면 집안일 해야 하고… 훈육은 신경 쓸 겨를이 없어요. 저도 사는 게 너무 힘들거든요."

다움 선생님은 별이의 건강한 성장을 위해 가정의 협조를 구하고 함께 생활지도를 해보고자 상담을 요청했으나, 의도치 않게 별이네 가정사까지 알게 되어 마음이 더욱 무겁다. 별이 어머니가 쏟아내는 하소연을 듣는 순간, 별이의 거친 언어습관과 공격적인 행동이 나타난 이유를 어렵지 않게 짐작하게 된다. 이런 상황에서 다움 선생님은 자신이 대체 어디서부터 어디까지 개입하고, 또 어떤 지원을 해줘야 할지 고민이다.

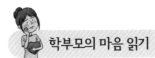 학부모의 마음 읽기

"기관에서 일어난 일은 선생님이 알아서 해결해주면 좋겠어요."
"별이가 고운 말을 사용하고 바르게 행동하는 어린이로 성장하길 누구보다 바

라죠. 그렇지만 엄마 말을 안 들으니 너무 속상해요."

"엄마로서 어떻게 해야 하는지 누가 도와주거나 방법을 알려주면 좋겠어요."

별이 어머니는 워킹맘인 동시에 육아까지 거의 홀로 감당하고 있었다. 별이 아버지가 욕을 한다는 말에서 짐작할 수 있듯 부부간 다툼이 잦고, 그나마도 잦은 장기출장으로 부재중일 때가 많다. 이에 별이 어머니는 아버지 역할까지 함께 해내야 하는 녹록치 않은 상황이다. 업무를 마치고 퇴근하여 별이를 하원시키고, 집에 들어가면 간신히 밥해 먹고 녹초가 된 몸으로 잠자리에 들기 바쁘다. 하루하루가 고단한 별이 어머니는 별이가 겪고 있는 문제해결을 회피하며 뒷전으로 놓을 수밖에 없다.

하지만 별이 어머니는 별이가 고운 말을 사용하고 바르게 행동하는 어린이로 성장하길 누구보다 바란다. 그리고 별이 앞에서 좋은 부모로서 모범이 되는 모습을 보이고 싶은 마음이 굴뚝 같지만, 일상에 지친 나머지 무기력해진 상태로 보인다. 그래서 기관에서 일어난 유아들 간 일상적인 갈등 상황은 선생님이 알아서 해결해주기를 바라고 있으며, 바람직한 양육 방법에 대한 지원과 조언을 갈구하고 있다.

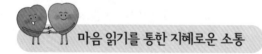
마음 읽기를 통한 지혜로운 소통

사례에서 보듯이 가정에서 겪는 어려움은 유아들의 평소 생활에서 고스란히 드러나는 경우가 많다. 예컨대 부부싸움 중 부모가 주고받았던 욕설이나 공격적인 행동을 유아들은 분별없이 그대로 모방하게 된다. 부부싸움의 원인을 교사가 일일이 파악하고 모두 해결해줄 순 없어도 유아를 중심에 두고 기관과 가정이 함께 문제를 해결해 나가는 노력은 필요하다. 먼저 기관에서 별이가 거친 말과 행동으로 갈등을 초래하는 경우 다음과 같이 기본적인 생활지도를 해보자.

- 화가 났을 때 자신의 감정을 말로 표현하는 방법을 모델링하기
- 화가 난 이유 설명하기
- 화의 감정과 자신의 행동과의 연관성 찾아보기
- 친구의 입장에서 생각해보기
- 실제 자신의 감정을 말로 표현해보기
- 감정을 말로 표현했을 때 느낌을 이야기하기
- 잘못 행동한 것을 찾아보고 사과하기

다음으로 워킹맘이면서 육아도 홀로 감당하는 별이 어머니에게 쉽게 접근할 수 있는 자녀양육 관련 유튜브 동영상, TV 양육 프로그램 등을 소개하여 시간과 장소에 구애받지 않고 관련 정보를 얻을 수 있도록 지원해줄 필요가 있다. 이어서 별이 어머니의 어려운 상황을 충분히 공감해주는 한편 별이 어머니가 평소 별이를 위해 노력하고 있는 소소한 점을 놓치지 않고 격려해주어야 한다. 이를 통해 **부모로서 낮아진 자존감을 높여주는 것**이 필요해 보인다. 예를 들면, 별이 어머니가 바쁜 와중에도 기관의 안내를 꼭 확인하고 준비물을 잊지 않고 챙기는 점, 별이 앞에서 부부싸움하는 모습을 보이지 않기 위해 노력하고 있는 점 등을 언어적으로 표현하여 스스로 인식하고, 개선해 나갈 수 있도록 돕는 것이다. 아울러 별이의 바른 언행을 위해 기관-가정이 협력자의 자세로 함께 고민하며 문제를 해결하기 위해 다음과 같이 제안할 수 있다.

어머니, 지금껏 노력해오셨던 것처럼 앞으로도 자녀 앞에서는 가족
간 다툼은 자제하는 것이 교육적으로 좋을 듯합니다. 그리고 화가
나셨을 때는 '이러이러해서 화가 났다', '그러니 이렇게 해주면 좋
겠다' 등으로 표현하며 감정을 긍정적으로 조절하여 갈등 상황을 해결해 나가
는 모습을 보여주시면 어떨까요? 부모님의 그러한 노력이 별이로 하여금 감정
을 인식하고 조절하는 태도를 형성할 수 있도록 할 거예요. 그리고 저도 친구
들과 갈등이 생겼을 때 말로 표현하고, 해결해가는 것들을 연습하면서 별이가
친구들과 사이좋게 지내며 잘 적응할 수 있도록 도움을 주겠습니다.

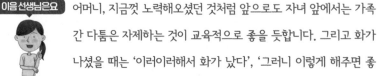

이음 선생님의 Think Plus
"훈육에 지쳤거나 방임하는 학부모와의 소통 TIP"

자녀의 문제행동이 오랜 시간 지속된 경우 학부모는 훈육 과정에서 쉽게 지쳐버리거나 의
도치 않게 방임할 수도 있다는 점을 기억하자.

1. 공감: 학부모의 상황에 대해 진심으로 걱정해주고 상처를 어루만져 준다. 지금까지 많은
노력을 기울였음에도 불구하고, 변하지 않는 자녀의 행동으로 인해 답답하고 속상한 마
음을 먼저 다독여주는 것이다.

> 그동안 이런저런 노력을 하셨을 텐데, 별이의 행동에 변화가 없어 많이 답답하고 속상하셨
> 겠어요.

2. 질문: 2학부모가 자녀를 위해 노력했던 부분을 스스로 발견해볼 수 있도록 질문을 한다.
이와 같은 질문을 통해 학부모는 자녀에게 적절했거나 부적절했던 훈육방법은 무엇이었
는지 스스로 성찰하게 된다.

어머니가 시도했던 방법 중에 혹시 별이에게 도움이 되었던 방법은 없었나요?

3. 장점(강점) 찾기: 학부모에게 유아의 장점이나 강점을 찾아보도록 한다. 교사가 관찰한 유아의 모습을 토대로 유아의 긍정적인 측면이나 강점을 설명해준다면 자녀의 모습을 새로운 관점에서 보게 될 것이다.

걱정하시는 부분을 제외하면, 별이는 자신이 생각한 것을 만들기로 구성할 때 매우 독창적이고 집중하는 모습을 볼 수 있어요. 별이가 가진 최고의 강점이죠.

4. 협력적 관계 맺기: 학부모와 협력적인 관계를 통해 유아의 문제를 해결하기 위해 노력한다. 다시 말해 유아의 문제를 단순히 학부모에게 알리는 것에 그치는 것이 아니라, 유아의 문제를 공유하고 유아의 성장을 위해 협력적인 관계를 유지하는 것이 관건이다.

별이가 만든 결과물을 보면서 새로운 생각을 찾아 칭찬하고 격려해주면, 이후 부정적인 행동에 대해 이야기할 때 좀 더 신중하게 듣는답니다. 별이가 스스로 행동을 조금씩 조절해가며 성장할 수 있도록 함께 노력해보기로 해요.

5. 정보 공유: 학부모가 지치지 않고 노력해갈 수 있도록 관심을 보이며 소소한 정보를 공유한다. 예를 들면 기관에서 유아의 행동 변화를 이끌어준 교사의 대화법이라던지 자녀와 부모의 관계를 끈끈하게 하는 대화법 등을 짤막하게 공유해주는 것이다.

오늘 놀이 시간에 "별이가 친구들에게 부드럽게 물어보니까 친구들도 친절하게 알려주네."라고 말했더니, 그 후로도 마음대로 되지 않을 때도 화내지 않고 감정을 조절해서 이야기하는 모습이 보이더라고요.

난 부모로서 부족한 사람일까요?

좋은 부모가 되고픈 바람과 달리 살다 보면 부모로서 자신감이 자꾸 떨어지는 순간이 있다. 과연 내가 아이에게 잘하고 있는지 의문이 들고, 자꾸 부족하다는 생각만 몰려와 좌절하며 의기소침해지는 것이다. 자연히 누군가에게 의존하고 확인하고 싶어진다. 부모효능감 저하로 교사에게 의존하는 학부모 사례를 만나보자.

 교사, 학부모를 만나다

늦은 밤, 다움 선생님의 핸드폰이 울린다. 발신자는 아진 어머니다. 다움 선생님은 한숨을 한번 크게 쉬고 익숙한 듯 전화를 받았다.

"선생님! 저 아진이 엄마예요~ 오늘 아진이 친구가 아진이에게 '멍청이'라고 욕을 했대요. 어떻게 친구에게 그런 말을 할 수가 있죠? 근데요… 아진이가 친구에게 이런 이야기를 듣는 이유가 혹시 저 때문은 아닐까요? 제가 일을 해서 아진이를 잘 챙겨주지 못하니 친구들도 우리 아진이를 무시하는 걸까요? 아니면 우리 아진이가 친구들에게 무시당할 만한 문제가 있나요. 선생님?"

다움 선생님은 이번에도 어김없이 한 시간 이상 길게 이어진 통화에서 아진 어머니에게 오늘 있었던 상황을 자세히 설명드리고, 아진이에 대한 지나친 걱정은 하지 않으셔도 된다는 것을 당부한 후 간신히 긴 통화를 마무리했다. 사실 아진 어머니와의 늦은 시간 통화는 이번이 처음은 아니다. 맞벌이를 이유로 밤늦게 자주 전화를 하며, 전화를 하는 이유도 굉장히 다양하고 한번 통화하면 대화를 끊기가 쉽지 않다.

코로나19 감염자가 속출하던 때는 밤 9시가 지난 늦은 시간에 전화를 걸어 교육기관 내 감염병 상황에 대한 불안감을 호소하며 울기도 했다. 또 아진이 양육을 도와주시던 친정어머니께서 갑자기 수술하게 됐을 때도 당분간 아진이를 늦게 데려가야 한다는 사정 설명과 함께 자신의 안타까운 상황을 토로하며 한 시간 이상 통화한 일도 있다. 다움 선생님도 하루종일 일하고 돌아오면 지쳐서 쉬고 싶은 마음이 굴뚝 같아 눈 딱 감고 전화를 거질하고 싶기도 하지만, 이내 마음이 약해져 다시 전화를 받곤 한다. 아진 어머니는 다움 선생님에게 전화할 때마다 자신의 부족함이나 이로 인한 아진이에 대한 걱정을 호소하며 울고 속상해하는 등의 감정을 토로하곤 한다. 부모효능감이 낮아 보이는 아진 어머니에게 다움 선생님은 교사로서 어디까지 대응해주어야 할지, 아진이에 대한 이런저런 걱정에 대해 어떻게 상담해드리면 좋을지 난감하기만 하다.

 학부모의 마음 읽기

"아진이의 기관 생활에 대해 선생님께서 충분히 이야기를 해주신 걸까? 혹시 걱정하지 말라고 좋은 말만 해주신 건 아닐까?

우리 아진이는 정말 기관에서 아무런 문제 없이 잘 지내고 있는 걸까? 내가 잘 챙겨주지도 못하는데… 혹시 내가 모르는 심각한 문제들이 있으면 어쩌지?"

솔직히 말하면 다움 선생님도 아진 어머니의 지나치게 잦은 연락과 한 번 이야기를 시작하면 도무지 말을 끊기 어려울 만큼 길어지기 일쑤인 전화 통화가 부담스럽기만 하다. 하지만 오죽 답답하면 그럴까 싶은 마음에 시시콜콜 토로하는 속상함이나 어려움의 근본적인 원인이 무엇인지 진심으로 궁금해하며, 어머니와 좋은 관계를 유지하기 위해 이야기를 경청하려고 노력한다. 물론 교사와 부모가 좋은 관계를 유지하는 것은 유아의 성장과 발달을 위해 원활하게 협력할 수 있는 좋은 발판이 된다. 하지만 그것이 학부모와의 과도한 사적 친밀감 형성을 의미하는 것은 아니다. 너무 멀지도, 가깝지도 않은 적당한 거리를 유지하는 것도 중요하다는 뜻이다. 교사가 부모에게 교사로서 유아를 위해 해줄 수 있는 성장 발달에 대한 조언과 상담은 필수적이지만, 상담 시간이 부모의 개인적인 감정 호소의 장이 되지 않도록 해야 하며, 정해진 상담 시간을 지킬 수 있도록 적당히 선을 그을 필요가 있다.

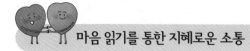

마음 읽기를 통한 지혜로운 소통

아진 어머니와의 대화가 아진이의 **객관적인 상황에 대한 공유보다는 자꾸 감정적인 이야기로 흘러가는 이유에 대해 찾아보는 것이** 좋다. 예컨대 아진 어머니가 대화할 때 자주 하는 말들에 대해 생각해보자.

"내가 맞벌이라서 우리 아진이가 무시를 당하는 걸까요?"
"내가 일을 하는 바람에 우리 아진이가 불쌍하게 늦게까지 남아 있나 봐요."
"내가 잘 챙기지 못해서 아진이에게 문제가 있나요?"

이처럼 아진 어머니가 자주 하는 말이나 다움 선생님에게 하는 질문을 바탕으로 파악해보면 아진 어머니는 양육에 대한 부모 효능감이 현저히 떨어지는 상태로 짐작된다. 따라서 아진 어머니의 잦은 상담이 아진이의 상황에 대한 관심뿐만이 아니라 부모역할에 대한 고민이라는 것을 이해하고 이를 위한 상담 및 조언을 해주는 것이 필요할 것이다.

이음 선생님은요 아진이는 기관에서 잘 생활하고 있습니다. 친구와의 관계도 원만하고 다양한 활동에도 적극적으로 참여하고 있어요.
　　　어머니가 일을 하시는 것은 앞으로 아진이와 더 행복하게 지내고 싶어서이잖아요? 아이에게 너무 완벽해지려고 노력하시는 건 오히려 모두에게 부담이 될 수 있다고 해요. 아진이도 기관에서 늘 부모님에 대한 사랑을 표현하면서 즐겁게 지내고 있으니 너무 미안해하거나 걱정하지 않으셔도 될 것 같아요. 혹시 아진이가 부모님과의 시간으로 고민하거나 속상해하는 모습이 관찰되면 제가 먼저 연락드리도록 하겠습니다.

나아가 다움 선생님도 아진 어머니의 연락을 한없이 받아주기만 할 것이 아니라 스스로를 보살필 필요가 있다. 시도 때도 없이 이어진 아진 어머니의 연락으로 그동안 교사 개인의 시간을 많이 소모했을 것이기 때문이다. 따라서 교사만의 시간과 생활에 대한 존중을 정중하게 부탁해야 할 것으로 보인다. 교사가 지나치게 소진되면 유아들에게 충실할 수 없다. **교사도 자신의 삶을 소중하게 여기고 지킬 수 있는 단호함**을 갖기를 바란다. 근래 초중등 학교급에서는 교권 보호를 위해 교사의 개인번호 공개를 지양하는 추세이다. 교사 개인의 삶과 교사로서의 삶의 균형을 찾을 수 있는 단호함과 교육공동체 모두의 배려가 필요한 때이다.

아진 어머니, 근무시간 중에는 바쁘셔서 밤에 연락을 주시는 거죠? 그런데 너무 늦게 연락을 주시거나 통화가 길어지면 저도 제 개인적인 일을 해야 할 때 불편할 때가 있습니다. 정말 급한 경우가 아니라면, 기관 운영 시간 안에 연락을 주시면 좋을 것 같습니다. 만약 상황상 너무 힘드시다면 적어도 7시 전에 주시거나, 메시지를 남겨주시면 제가 확인하고 연락을 드리도록 하겠습니다.

이음 선생님의 Think Plus
"부모효능감이 낮은 학부모를 위한 지원 방안"

맞벌이가족의 부모는 일 때문에 자녀에게 미안함을 넘어 때론 죄책감까지 느끼며 자녀에게 무조건 잘해주려 하지만, 이것이 오히려 자녀와 부모 모두에게 악영향을 미친다. 이런 부모에 대한 교육은 교사 개인에게만 책임을 미룰 것이 아니라 기관이나 교육청 차원에서 요즘 세태에 어울리는 부모교육이나 연수 등을 통해 부모효능감을 길러주는 시간을 마련해보자.*

• 부모효능감이란?
부모로서 유능하게 효율적으로 수행할 수 있는 정도에 대한 부모의 지각을 말한다. 즉 부모가 그들의 자녀의 발달에 영향을 미칠 수 있는 정도에 관한 신념을 의미한다.

• 슈퍼우먼 콤플렉스
맞벌이가족이 많아지면서 일하는 엄마, 소위 워킹맘도 늘어났다. 그런데 워킹맘 중에는 회사 업무와 집안일 모두를 완벽하게 해내겠다는 욕구가 지나치게 높은 나머지 이것이 정신적·신체적 스트레스로 되돌아와 오히려 부모효능감의 저하로 나타나는 경우가 적지 않다. 이런 학부모에게는 모두 완벽하게 해내고 싶다는 욕심에서 한 걸음 물러서서 우선순위를 정하여 문제를 하나씩 해결할 수 있도록 조언해줄 필요가 있다.

•부모효능감이 낮은 부모에게 이렇게 말해보세요.

출산 전에는 누구나 이상적인 부모의 모습을 상상하며 좋은 부모가 될 것을 꿈꾸게 됩니다. 그러나 막상 아이가 태어나고 양육이라는 현실 앞에 놓이게 되면 상황은 사뭇 달라지게 되죠. 출산 전 자신이 꿈꾸었던 좋은 부모의 모습과는 달리 아이를 대하는 자신의 모습에 크게 실망하는 경우도 적지 않습니다. 특히 자녀와 많은 시간을 함께하지 못하는 맞벌이가족의 경우, 자녀에게 발생하는 모든 문제 상황을 마치 부모의 잘못으로 인식하는 경우가 많습니다.

무엇보다 부모로서 자신감 회복이 중요합니다. 아이를 가장 잘 아는 사람은 부모일 수밖에 없습니다. 다만 아이가 성장하면서 나타나는 발달의 특징에 대해 관심을 갖고, 자녀의 입장에서 이해하려는 부모의 역할이 필요합니다. 지금부터라도 자녀의 성장단계에 따른 바람직한 부모의 역할을 배우고 노력한다면 내 아이의 특성을 고려하며 가장 긍정적이고 영향력 있는 부모가 될 것입니다. 자녀와 함께 있는 시간의 양보다는 자녀와 부모가 함께 행복할 수 있는 시간을 만들어보시기 바랍니다.

....
* 부모효능감이 낮은 학부모에 관한 지원 내용은 여성가족부(2017)의 〈부모교육 매뉴얼 제 6권 유아 부모〉를 참고하여 재구성한 것임.

스마트폰이라도 줘야 제가 좀 쉬죠!

요즘 아이들은 웬만한 장난감보다 스마트폰과 더 친숙하다. 하지만 무분별한 스마트폰 사용은 유아에게 해로운 영향을 미친다. 특히 출처가 불분명한 유해 콘텐츠들도 난무하기 때문에 스마트폰 사용에 관한 지도가 꼭 필요하다. 자녀가 스마트폰에서 불건전 영상을 접하는 것을 알면서도 훈육하지 못하는 학부모 사례를 만나보자.

 교사, 학부모를 만나다

오늘도 재범이는 기이한 장난을 쳐서 친구들의 원성을 샀다. 종이에 빨간색을 칠하고 눈에 붙이더니 친구들에게 괴성을 지르며 다가간 것이다. 친구들이 싫다며 질색해도 좀처럼 장난을 멈추지 않는다. 재범이는 평소 그림 그리기를 좋아했다. 그런데 요즘 들어 부쩍 그림에 피가 많이 등장한다. 가슴에도 눈에도 피가 줄줄 흘러내리는 그림을 그리고, 심지어 공포 영화에서 나올 듯한 이상한 소리까지 낸다.

다음 선생님은 전화로 요즘 재범이가 집에서 어떻게 생활하는지 어머니와 상담했다. 재범 어머니는 늦게 퇴근해서 잘 모르겠다며, 그저 누나랑 같이 논다고 답했다. 혹시 재범이나 누나와 함께 스마트폰으로 나쁜 영상으로 보거나 게임을 하는 것은 아닌지 걱정스럽다고 말하자 재범 어머니는 당황했다.

"왜 그러세요? 제가 요즘 너무 바빠서요. 잘 모르겠는데요?"

재범이 부모님은 맞벌이다. 게다가 두 분 다 업무가 많아 평일에는 대부분 늦은 시간에 귀가하는 편이다. 재범이는 위로 누나가 한 명 있는데, 누나도 아직 초등학생이라 어리다. 거의 매일 부모님이 퇴근할 때까지 집을 지키며 하염없이 기다리는 어린 남매가 안쓰럽지만, 지금은 도저히 맞벌이를 그만둘 수 없는 상황이다.

 학부모의 마음 읽기

"직장에서 하루종일 일하는 것도 피곤한데, 퇴근하면 집에 와서 밀린 집안일이며 아이들까지 챙겨야 하다 보니 솔직히 나도 너무 지치고 힘들어… 혹시 스마트폰에서 안 좋은 영상을 보고 나쁜 영향을 받기라도 할까 봐 걱정되는 것은 사실이지만, 그래도 재범이한테 스마트폰이라도 쥐어줘야 내가 잠깐이라도 쉴 수 있는데 나보고 어쩌라고…"

재범 어머니의 일상은 늘 피곤하다. 오늘도 잔뜩 지쳐서 퇴근하니 아이들이 정신없이 논 흔적이 더 지치게 한다. 어질러진 것들을 치우고, 이런저런 다른 집안일까지 하다 보면 도무지 아이들과 놀아줄 힘이 없는데 스마트폰을 주면 좀 조용하게 놀이를 한다. '그 시간에 난 잠깐 쉬었다가 설거지도 해야 하고 빨래도 해야 한다. 재범이는 기관에서는 어떻게 지내는지 모르겠네. 이번에 좋은 선생님을 만났으니 어련히 잘 지도해주시겠지. 엄마처럼 따뜻하고 우리 재범이를 잘 위해주시는 분이니…'.

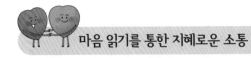

마음 읽기를 통한 지혜로운 소통

스마트폰은 이미 거스를 수 없는 문화가 되어 무조건 사용하지 못하게 막는 것이 능사는 아니다. 게다가 스마트폰을 유아에게 쥐어주면 부모는 얼마간 달콤한 휴식을 취할 수도 있다. 하지만 유아들은 잠깐 사이에도 유해 콘텐츠에 노출될 수 있어 주의가 필요하다. 심지어 이로 인하여 유아기에 각인된 정서적 충격은 성장 발달에 악영향을 주기도 한다.

이음선생님은요 어머니! 일하시고 아이들을 양육하신다고 많이 힘드시죠? 많이 바쁘시겠지만, 가정에서 재범이와 재범이 누나가 스마트폰을 얼마나 사용하는지 어떤 내용을 보는지 관심을 부탁드립니다. 가정에서도 재범이와 누나가 발달적으로 좋지 않은 영상에 노출되지 않아야 할 것 같아요. 부모님께서 자녀의 스마트폰 사용 습관에 대해 함께 노력해주셔야 합니다. 기관에서는 올바른 디지털 미디어 사용에 대한 교육과 더불어 재범이가 스스로 조절할 수 있는 태도를 기를 수 있도록 잘 지도하겠습니다.

무엇보다 부모님이 솔선수범해 자녀에게 스마트폰 사용의 모범을 보여줄 필요가 있다. 또한 가족이 함께 모여 유아의 스마트폰 사용 시간을 함께 정하고 **스마트폰 사용 범위를 정해 지도**해야 한다.

"재범아! 재범이가 스마트폰에서 무서운 영화를 보고 나서 느낌이 어땠어? 자꾸 보면 어떤 생각이 나? 재범이가 무서운 생각을 자꾸하는 것이 싫다고 했는데 선생님과 약속을 정하고 지킬 수 있을까? 그 약속을 지키면 무서운 생각이 줄어들 것 같은데…"

이음 선생님의 Think Plus
"유아기 자녀의 디지털 미디어 과의존 예방 방법"

이제 유아에게 무조건 스마트폰 사용을 금지시키는 것은 그리 현실적인 대처 방법이 아니다. 차라리 일정한 규칙을 갖고 올바로 가능하면 교육적으로 활용해볼 수 있도록 학부모에게 조언해준다.*

부모와 자녀가 함께 스마트폰 이용 규칙을 정합니다

종종 유아가 디지털 미디어에 몰입하는 상황이 부모 입장에서 편안하기도 하여 지나치게 의존하게 되는 경우도 있습니다. 부모와 자녀가 서로 의논하고 협의하여 미디어 사용에 대한 기준을 정해보세요.

부모의 바른 미디어 사용습관을 보여주세요

부모의 스마트폰이나 디지털 미디어 사용은 자녀의 습관 형성에 영향을 미칩니다. 아이와 함께 있을 땐 부모도 스마트폰이나 디지털 미디어 사용을 줄이고 자녀가 좋아하는 활동이나 함께 즐길 수 있는 놀이를 함께 해보는 건 어떨까요?

타이머를 사용하여 보세요

무언가 집중할 때는 시간이 금방 지납니다. 디지털 미디어 사용에 집중하여 정해진 시간이 끝나도 자녀는 조금밖에 안 되었다고 생각할 수 있습니다. 이럴 때는 타이머를 활용하여 자녀와 함께 시간을 알려주는 것이 도움이 됩니다.

일관성 있는 약속의 이행이 필요합니다

부모님의 편의에 따라 어떤 경우에는 스마트폰이나 미디어의 사용을 과도하게 허용해준다거나, 자녀의 떼쓰기가 통제가 안되어 정했던 규칙을 일관성 없이 허용하는 것은 좋지 않습니다.

---

* 유아기 자녀의 디지털 미디어 과의존 예방 방법에 관한 내용은 교육부(2020)의 〈유아 원격교육을 위한 부모지원 자료〉의 27쪽에서 참조하여 재구성한 것임.

#조손가족 #양육스트레스 #무례

할머니라고 날 무시해?

가족의 형태가 날로 다양화되며, 상황에 따라서는 유아의 주양육자가 부모가 아니라 할머니나 할아버지인 경우도 있다. 부모를 대신해 최선을 다해 손자녀를 훌륭하게 양육하는 조부모들도 많다. 하지만 양육에 어려움을 겪는 분들도 만나게 된다. 소통 오류를 빌미로 교사에게 무례한 태도를 보인 조부모 사례를 만나보자.

 교사, 학부모를 만나다

다움 선생님은 수화기 너머로 들려오는 쩌렁쩌렁한 목소리에 흠칫했다. 현민 할머니는 반말에 소리까지 지르며, 본인이 매우 화가 났음을 여과 없이 알린다.

"너! 지금 내가 당장 찾아갈 테니까 기다려!"

사건은 지난 수요일로 거슬러 올라간다. 그날 할머니는 현민이가 몸이 아파서 결석하겠다고 연락하셨다. 하지만 현민이가 금요일까지 등원하지 않자 걱정되는 마음에 다움 선생님은 수업 후 할머니께 연락을 드렸다. 할머니는 현민이가 많이 아파서 어제는 응급실까지 다녀왔지만, 다행히 지금은 괜찮아져서 집에 있다고 했고, 다움 선생님도 안도했다.

주말이 지나고 월요일 아침 출근길. 저 앞에 현민이와 할머니가 함께 등원하는 모습이 보였다. 다움 선생님은 순간 '아이고, 빨리 가서 문을 열고 아이들을 맞이할 준비를 해야겠군…' 하는 생각과 함께 서둘러 발걸음을 옮겼다. 현민이와 할머니를 스쳐 지나가며 "안녕하세요, 현민이도 안녕!" 서둘러 인사한 후 교실로 들어가 문을 열고 불을 켰다. 그리고 그날도 평소처럼 정신없는 하루를 보내고 교실에서 잠깐 숨을 돌리고 있는데 할머니의 전화를 받은 것이다.

사실 현민 할머니는 이미 작년에도 다른 교사한테 사소한 문제로 한바탕 화를 쏟아냈던 전력이 있으셨기에 원감선생님께 자초지종을 말씀드리고 교실에서 할머니를 기다리며 머릿속을 정리했다. 얼마 후 교실로 찾아온 할머니에게는 심지어 술 냄새가 진동했다. 할머니는 다움 선생님을 보고 작정한 듯 소리를 지르며 협박했다.

"내가 혼자 아이를 키우는데 애가 아프다고 하면 주말에 전화라도 한 번 더 해주던가 아침에 만나면 제대로 인사라도 해야 하는 거 아냐? 너 내가 누군지 알아? 큰손녀 다니는 학교 가면 거기 선생은 다 나한테 90도로 인사해. 내가 학교랑 교육청까지 가서 다 뒤집어놨거든. 너 내가 가만 안 둘 거야!"

아무리 바쁜 아침의 상황을 설명하며 죄송한 마음을 드러내도 할머니는 도무지 막무가내였다. 도대체 무엇이 문제일까? 왜 할머니는 내 마음을 알아주지 않지? 그리고 교육기관에 술을 마시고 오다니 해도 해도 너무한 거 아닌가? 다움 선생님의 마음과 머리가 이루 말할 수 없이 복잡해진다. 한참을 이야기했지만, 대화는 평행선이었다. 급기야 할머니는 다움 선생님을 가만두지 않겠다고 하며 벌떡 일어섰다.

그런데 문 앞에서 할머니는 갑자기 태도를 돌변하시더니 앞으로 잘 지내보자며 손을 내미는 게 아닌가. 앞뒤 가리지 않고 상대방의 감정 따윈 아랑곳없이 불같이 화를 내다가도 종종 이렇게 돌변한 태도를 마주할 때는 마음이 착잡하고 혼란스럽다. 그러나 손주들에 대한 할머니의 사랑과 양육의 고단함이 느껴져 다움 선생님도 이내 손을 내민다.

 학부모의 마음 읽기

"애들 엄마, 아빠 대신 나 혼자서 현민이를 키우느라 힘들어. 비록 할머니가 키우지만, 부모 못지않게 사랑해주며 잘 키우고 싶어. 선생님이나 기관에서도 이런 내 사정을 잘 이해해주고 세심하게 살펴봐주면 좋겠어."

사정상 부모와 멀리 떨어져 지내는 현민이를 대신 양육하고 있는 현민 할머니는 사실 너무 힘들다. 본인도 아직 하고픈 게 많은 젊은 할머니인데, 온종일 손자녀를 둘씩이나 돌보는 것은 버겁기만 하다. 하지만 한편으론 손주들이 부모의 결핍을 느끼지 않도록 부모보다 더 사랑해주고 더 잘 키우고 싶은 마음이 굴뚝 같다. 그런데 어쩐지 교사가 우리 애한테 관심이 적은 것 같다는 생각에 서운했던 마음이 터져버린 것이다. 특히 아침에 교사가 스치듯 인사를 한 것은 부모가 아닌 할머니가 양육하기 때문에 교사가 자신을 깔보고 무시해서 그랬다는 기분이 든 것이다. 생각할수록 화가 치밀어서 술까지 마시고 충동적으로 찾아오기는 했지만, 아무래도 이건 잘못한 것이다. 꼬일 대로 꼬여버린 상황을 어떻게 풀어야할까? 에잇, 먼저 손이라도 내밀자.

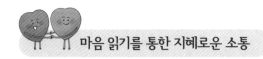

마음 읽기를 통한 지혜로운 소통

부모의 이혼 또는 맞벌이가족의 증가 등 조부모의 손자녀 양육이 증가하고 있다. 손자녀 양육은 조부모에게 친밀감, 삶의 의미 발견 등 긍정적인 영향도 주지만 양육 스트레스와 부담감, 피로 등의 부정적인 영향도 미친다. 다만 현민 할머니처럼 교사에게 무례한 경우는 확실한 선을 그어주는 것도 필요하다. 특히 음주 상태로 교육기관에 오는 경우 정상적인 대화가 불가능하다는 것을 알려주고, 상담은 다음 기회로 미루고 바로 가정으로 돌아가도록 조치한다. 폭언 등 계속 대화할 수 없는 상태라면 대화를 녹음하겠다는 고지를 한 후 녹음을 실행한다.

대부분의 소부모는 부모의 부재에서 오는 손주들에 대한 안쓰러움을 교사를 통해 얻고자 하는 경우가 종종 있다. 등하원 시간에 마중 나온 조부모에게 날씨 등 간단한 인사말을 건네보자. 또 가끔은 차 한 잔을 청하며 손자녀에 대한 이야기를 나눠보는 것도 좋다. **따뜻한 분위기 속에서 부모 대신 양육하는 조부모의 어려움을 공감하며 경청**해주는 것만으로도 조부모는 양육에 대한 스트레스를 덜고 자신감을 얻게 된다. 또한 학부모와의 상담을 통해 양육에 관한 조부모의 역할과 한계에 대해 공유하면 교사가 조부모의 상황을 좀 더 잘 이해할 수 있을 것이다.

이음 선생님은요 할머니, 현민이 부모님 대신 돌보시느라 많이 힘드시죠? 거기다가 지난번에 현민이가 많이 아파서 더 걱정이 많으셨을 거 같아요. 그래도 현민이가 큰 탈 없이 잘 회복한 것 같아서 다행이에요. 기관에서도 혹시 현민이의 컨디션이 다시 나빠 보이지 않는지 좀 더 신경써서 살피겠습니다.

한국말은 너무 어려워요

요즘에는 외국인 학부모도 종종 만나게 된다. 이들은 자녀에 대한 관심도 높고 기관 생활에 대한 이런저런 궁금증도 많지만, 한국어가 서툰 만큼 자유로운 의사소통에 어려움을 겪기도 한다. 특히 전화통화는 엄두가 안난다. 언어 문제가 부모효능감의 저하로 이어지지 않도록 지원해야 한다. 관련 사례를 만나보자.

 교사, 학부모를 만나다

귀가 시간에 어두운 표정으로 신발을 신는 유리의 모습을 본 유리 할머니와 어머니는 오늘따라 유리 기분이 안 좋아 보인다며 다움 선생님과 이야기를 나누게 되었다. 대화 중 문득 복도에 전시된 아이들의 가족사진 액자 작품을 보더니 유리 할머니가 물었다.

"저거 만들려면 집에서 가족사진을 가지고 와야 하는 거예요? 아침에 유리 엄마가 유리 데려다주면서 다른 아이가 사진을 선생님한테 드리는 것을 봤다고 하더라구요. 유리 엄마가 궁금해서 선생님께 물어보고 싶었는데, 한국말이 서툴러서 못 물어봤대요. 어제 우리 유리가 무슨 사진 이야기를 하던데 뭔지 몰라서 못 챙겨줬더니 혼자만 못 만들었나 보네요. 아이고, 그래서 쟤가 저리 속상해 보이나…"

어제 유리가 했던 말을 제대로 알아듣지 못해서 준비물을 미처 챙겨주지 못했다며, 가족사진 액자 꾸미기 할 때 혹시 유리만 소외된 건 아닌지 다움 선생님에게 짐짓 서운한 마음을 표현하는 유리 할머니와 어머니였다.

하지만 다움 선생님은 가족사진 액자를 만들기 위해 지난주부터 가정통신문에 가족사진 1장을 유아 편에 보내달라고 미리 안내하였다. 게다가 이번 주 월요일에는 따로 보호자에게 문자메세지도 전송했기 때문에 나름 충분히 안내했다고 생각했다. 그럼에도 유리뿐만 아니라 몇몇 아이들이 가족사진을 안 가지고 와서 다음에 완성해도 괜찮으니 내일 다시 가족사진을 가져오면 액자 작품을 만들자고 아이들한테도 따로 이야기했다. 하지만 할머니는 당장 전시된 가족사진 액자 작품에는 유리 작품이 없다 보니 이 때문에 유리가 소외되었을까 봐 더 서운해한다.

유리네는 카자흐스탄 국적의 어머니가 한국인 아버지와 결혼 후 귀화한 다문화가족이다. 아무래도 어머니에게는 한국어가 모국어가 아니다 보니 한국어가 서툰 편이라 전화상담은 주로 아버지와 하고, 등·하원 시 유리와 함께 오는 할머니와 간단한 상담을 하고 있다. 하지만 유리 아버지는 워낙 직장일이 바빠서 준비물처럼 사소한 내용까지는 꼼꼼하게 챙겨주지 못할까 봐 염려가 많고, 할머니도 혹시 다문화가족에 대해 색안경을 끼고 바라보는 사람들 때문에 자칫 유리가 친구들에게 소외되거나 마음에 상처를 받을까 봐 걱정이 많다. 그래서 늘 기관에서 더 많은 신경을 써주길 바라는 편인데, 이번 일로 속상하셨는지 그간 쌓인 서운함을 표현한다. 다움 선생님은 이러한 유리의 가정환경을 파악하여 유리와 더 친밀한 관계를 가지고 학부모 상담이나 교육활동 안내에 신경을 더 많이 쓰려고 노력하는데, 본의 아니게 언어장벽으로 소통이 원활하지 못한 상황이 생겨 안타깝다.

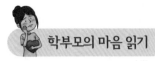
"나도 아이가 기관 생활을 잘하는지 궁금하고 도와주고 싶은데, 전화로 선생님과 대화하는 것이 어려워. 혹시 우리 아이가 다문화가족이라고 친구들이나 선생님한테 불이익을 받을까 봐 걱정돼."

유리 어머니는 낯선 한국 생활에 적응하면서 자녀 양육의 어려움도 함께 겪고 있다. 물론 유리 아버지와 할머니가 유리를 챙겨주지만, 유리 어머니도 부모로서 역할에서 소외되지 않고 함께하기를 바란다. 유리가 유치원 생활을 잘 하도록 도와주고 싶어 교사와 자주 소통하고 싶지만, 아직 한국말이 서툴러서 힘들고, 특히 전화상담은 자신이 없다.

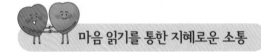

마음 읽기를 통한 지혜로운 소통

다문화가족의 증가는 전 세계적으로 나타나는 현상이며, 최근 우리나라도 다문화가족의 비율이 점점 증가하여 영유아교육기관에서도 다양한 다문화가족의 학부모를 만날 기회가 더 많아졌다. 특히 영유아기는 가정과 연계하여 학부모와 소통하고 협력해야 한다. 따라서 교사는 다문화가족을 배려하고 어려움을 이해하며 함께 소통하려는 노력이 필요하다. 만약 학급에 다문화가족이 있다면 학부모 상담 시 교사를 신뢰하도록 관계 형성에 한층 더 주의를 기울여야 한다.

가장 중요한 것은 **다문화가족 학부모의 고충을 이해하고 공감하려 노력하는 교사의 자세**이다. 다문화가족의 부모는 자녀 양육의 어려움뿐만 아니라 부모 스스로도 한국 사회의 적응에 대한 어려움도 함께 가지고 있을 것이다. 또한 한국어 의사소통에도 어려움이 있다. 특히 코로나19 대유행 이후 대면 상담보다 전화상담을 하는 경우가 더 많아졌다. 하지만 오직 언어로만 소통이 이루어지는 전화 통화의 성격상 한국어가 능숙하지 않는 학부모에게는 매우 부담스러울 수밖에 없다. 사실 외국어로 전화 통화를 하는 건 누구에게나 어려운 일이 아닌가. 따라서 전화로만 상담하면 쌍방향 소통이 제한적일 수밖에 없으므로 **다문화가족의 학부모와 소통 시 전화상담에만 의존하지 않도록 배려**해야 한다. 그리고 가족 내 구성원의 역할과 비중에 따라 학부모 상담의 방향도 달라지므로 자녀교육에 관심이 있는 다른 가족구성원과의 상담도 병행하는 등 다양한 방법으로 접근할 필요가 있다.

다문화가족의 부모가 교육활동에 참여하거나 놀이 자료를 가정에 제공하여 가정연계 활동으로 전개할 때는 되도록 활동 방법과 목표 등을 자세히 안내하여 다문화가족이 소외되지 않고 참여할 수 있도록 도와야 한다.

이음 선생님은요 유리가 다문화가족이어서 행여 불이익이 있지 않을까 걱정되시는 마음 충분히 이해됩니다. 저희가 어떻게 유리를 도우면 좋을까요? 저는 유리가 기관 생활에 적응을 잘할 수 있도록 돕고 싶습니다.

아이가 날 무시하는 것 같아요

다문화가족의 학부모는 낯선 한국살이에서 이런저런 어려움을 겪는다. 아마 무엇보다 언어장벽으로 인한 소통문제가 클 것이다. 노력해도 생각만큼 한국어가 늘지 않는 반면 어린 자녀는 상대적으로 빠르게 한국어를 습득한다. 때론 자녀와 언어 능력 격차가 커지며 부모효능감 저하를 호소하기도 한다. 관련 사례를 만나보자.

 교사, 학부모를 만나다

주하는 한국에서 태어나고 자랐지만, 주하의 아버지는 한국인이고 어머니는 베트남인으로 다문화가족의 유아이다. 4세 때 기관에 처음 온 주하는 어머니와 좀처럼 떨어지기 어려워하여 입학 초기에는 적응하느라 고생하기도 했다. 주하 어머니는 주하를 데려다주고 나면 곧바로 주하 오빠도 학교에 데려다주어야 해서 아침마다 늘 바빴다. 그래서 주하를 등원시키기 무섭게 사라지다 보니 다움 선생님과 대면할 여유도 없고, 엄마와 떨어져 불안해하는 주하의 마음을 달래줄 겨를도 없었다. 그래서 매일 아침 엄마와 떨어져 쉽게 울음을 그치지 않는 주하를 달래는 건 다움 선생님의 몫이었다.

귀가시간에 주하를 데리러 온 주하 어머니와 잠시 대화를 나눠보고 싶지만, 아직 한국말이 서툴러 간단한 문장 정도만 이해하는 수준이라 자세한 이야기를 주고받기는 어려웠다. 이야기가 길어지면 직장에 있는 주하 아버지에게 전화를 걸어 바꿔주기도 했다. 그럴 때마다 다움 선생님은 아버지와의 통화로라도 이런저런 정보를 수집하여 주하에 대해 좀 더 이해하고, 소통문제를 해결할 방법도 모색하려 했지만, 주하 아버지의 반응은 다움 선생님의 마음만 더 불편하게 할 뿐이다.

"애 엄마는 아무것도 몰라요. 나도 답답해요!"

다움 선생님은 한국말이 조금 서툴 뿐, 자식들을 위해 누구보다 열심인 주하 어머니의 노력을 익히 알고 있었다. 등하원 시간을 항상 지켜주었으며, 필요한 준비물도 놓치는 법이 없었다. 부모참여수업 등 부모가 참여하는 다양한 행사에도 적극 참여했다. 또한 다문화 커뮤니티를 적극 활용하여 본인 역시 지속적으로 공부하고 있고, 아이들도 다양한 활동 경험에 참여시키는 중이다. 학기 초 분리불안과 적응 곤란을 겪던 주하는 언제 그랬냐는 듯이 잘 적응하여 매일 기분 좋게 등원한다. 그런데 주하가 적응에 힘들어하던 1학기에는 언어 문제 때문인지 따로 상담을 신청하지 않았던 주하 어머니가 2학기에 상담을 신청하여 본인이 직접 오겠다고 했다. 다움 선생님은 반가움과 동시에 어떻게 쉽게 말을 해야 할지, 어떤 단어를 사용해야 할지 고민하기도 했다. 상담 당일 주하 어머니가 방문하여 상담하고 마무리를 하면서 혹시 더 하고 싶은 말 있으신지 묻자, 갑자기 눈시울을 붉히더니 이렇게 말했다.

"얘들이 자꾸 엄마 하는 말 못 알아듣겠다 해요. 엄마 한글 공부 더 많이 좀 하라고 그래요. 나를 무시하는 거 같아요."

학부모의 마음 읽기

"선생님, 저도 어엿한 엄마입니다. 한국 엄마처럼 아이들을 잘 키우고 싶어요."

주하 어머니는 한국에 정착한 지 8년이 되었다. 부모님과 가족이 있는 베트남에 못간 지도 8년이다. 그간 한국에 적응하며 두 명의 아이들을 정성스레 키우고 있다. 누구보다 아이들을 잘 키우고 싶었기에 책임감 있게 양육에 힘쓰고 있지만, 요즘 자꾸 자신감이 없어진다.

기관에서의 상담이나 참여 활동에는 적극적으로 참여하지만, 아직도 한국말이 완벽하지는 않다 보니 학교나 교외 활동에서 아이에게 중요한 일은 남편을 통해 전달을 받는다. 그런데 조금이라도 문제가 생기면 전부 내 책임으로 전가되는 거 같다. 한국 아이들은 귀가 후 무엇을 하는 지, 어떤 학원을 다니는지도 궁금한데 엄마들 모임에 참여하면 이방인인 것 같아 자꾸 눈치가 보인다. 또한 아이들은 점점 커가면서 엄마보다 유창한 한국어 실력을 갖게 되다 보니 여전히 어눌한 발음의 엄마 말투를 지적하고 못 알아듣겠다며 이따금 무시하는 것 같다. 아이들은 계속 성장할 텐데 과연 내가 잘 키울 수 있을까?

마음 읽기를 통한 지혜로운 소통

한국 사회에 적응하기 위해 열심히 노력하는 다문화가족의 학부모는 이처럼 종종 뜻하지 않은 난관에 부딪혀 좌절하곤 한다. 대개 주양육자인 어머니는 자신이 외국인이라는 이유로 자녀들이 한국 사회에서 고립되지 않도록 열심히 교육시킨다. 앞으로 우리는 교육 현장에서 이런 다문화 부모를 더 많이 접하게 될 것이다.

일단 학부모님과 등·하원 시 마주하게 될 때, 반갑게 인사하며 신뢰의 마음을 느끼도록 한다. 유아 상담이 필요한 경우 되도록 주양육자한테 먼저 연락하여 **최대한 쉬운 언어와 짧은 문장으로 소통**하며 함께 해결 방안을 모색한다. 이때 **사진이나 영상 등 이미지 자료를 활용**하면 더 효과적일 수 있다. 혹시 주양육자인 어머니가 한국어 소통에 자신이 없어 아버지에게 연락하길 원하거나, 어머니와의 소통만으로 자세한 내용 이해가 어렵다고 판단되면 아버지에게도 함께 연락한다. 이처럼 항상 주양육자와 함께하는 공동체임을 느끼게 해주는 것이 중요하다.

정기상담 등의 일정이 잡히면 어머니의 모국을 파악하여 그 나라에 관한 사전정보를 약간이라도 수집해서 상담 초반에 화두로 꺼내면 학부모의 긴장을 완화시키고 래포를 형성하는 데 도움이 된다. 예컨대 나라의 이름, 위치, 주요 도시 등 정도만 알아도 좋고, 만약 그 나라의 여행 경험이 있다면 이에 관해 이야기해도 좋다. 한국말이 서툰 학부모는 당연히 한국 교사와의 만남을 두려워하고 힘들어한다. 그래도 이렇게 용기 내어 오신 것에 대해 "잘하고 있다", "아이에게 관심이 많다", "혹시 유아교육기관 외에 별도로 다니거나 배우는 것은 있나요?"라고 물어보며 양육에 자신감을 가질 수 있도록 지지해준다.

다문화 부모는 한국 아이들은 어떤 학원을 다니는지, 한글은 어느 정도 하는지에 대한 궁금증이 많다. 학부모의 질문에 성심을 다해 대답해주자. 당장 답변해줄 수 없는 궁금증들은 추후라도 꼭 답변해준다면 학부모와의 신뢰관계도 함께 키워갈 수 있다(지자체에서 하는 다문화가족을 위한 복지, 같은 국적을 가진 학부모 이어주기 등).

어머니, 언어 문제로 상담하는 것이 많이 부담스러우셨을 텐데, 이 렇게 직접 찾아와주셔서 감사해요. 어머님의 이야기를 들어보니 지 금도 아이들에게 충분히 잘하고 계십니다. 또 주하에 대한 남다른 관심이 저에게도 느껴져요. 혹시 학원 등 다른 교육기관에 다니거나 별도로 배 우는 것은 있나요? 더 궁금하신 내용이 있으면 편하게 말씀해주세요.

이음 선생님의 Think Plus
"다문화 학부모의 부모효능감을 지원하라"

다문화 시대를 살아갈 우리 유아들은 교실에서도 다른 문화를 이해하고 인정하며 타문화에 대한 지식과 기술과 태도를 갖추는 등 세계시민으로서의 기본 자질을 키워야 한다. 세계시민 으로 성장하는데 있어 부모는 유아의 유능감에 영향을 주는 주요 인적 환경이다. 따라서 다문 화 부모의 효능감을 성장시키는 방안과 대화에 대해 교육 현장은 고민해야 한다.

• 기관의 교육 프로그램 참여에 대해 격려하기

○○ 어머님! ○○반 친구들이 지난 번 세계 요리대회에서 만들어주신 딤섬이 그동안 먹 어봤던 딤섬 중에 가장 맛있었다고 합니다. 딤섬에 대한 설명까지 아이가 할 수 있도록 지도 해주셔서 감사드립니다.

• 자국의 문화에 대해 인정해주기

오늘 입으신 옷은 베트남 전통 의상이죠? 저도 베트남 여행에 갔을 때 '아오자이'가 너무 예 뻐서 하나 구입했어요. 그런데 어머님이 입으시니 더 예쁘네요. 교실에서 '아오자이'가 인기가 많아서 유아이 서로 입어보고 싶어합니다.

• 한국말에 대한 실수 이해하고 격려하기

'사탕'을 '사당'이라고 말씀하셔서 ○○이가 헷갈렸나봐요. 한국말이 어려우시죠? 괜찮아요. 한국 사람들도 실수한답니다. ○○이가 엄마가 틀렸다고 해도 용기내세요. 열심히 노력하시는 ○○어머님을 저는 응원합니다. 그리고 잘 모르실 때는 번역기로 표현하셔도 됩니다.

• 타국 언어에 대해 적응하려는 노력 지원하기

어머님~ 다른 나라에 오셔서 적응하시는 것이 힘드실 텐데 노력하시는 부분이 대단하세요. 저희 지역에서 소개해드릴 만한 한국어 지원 강사 프로그램이 있는지 저도 찾아보겠습니다.

• 다문화 어머님의 이중언어를 부모 네트워크와 연대하기

○○어머님께서 지난 번 알려주신 중국어를 다른 학부모님들이 더 배우고 싶다고 하세요. 중국어 소모임을 한번 만들어보시는 것도 좋을 것 같아요.

우리 집은 한부모가족입니다

우리 사회에서 이혼은 더 이상 숨길 일도 아니며, 그저 하나의 평범한 현상이 되면서 한부모가족도 늘고 있다. 하지만 막상 기관에서 한부모가족의 학부모를 만나면 행여 이 문제로 자녀가 위축되거나 소외될까 전전긍긍하기도 한다. 한부모가족이라는 이유로 자녀가 불편한 시선을 받지 않을까 걱정하는 학부모 사례를 만나보자.

 교사, 학부모를 만나다

세하가 친구들과 역할놀이를 하다가 갑자기 의기소침하여 인형을 안고 홀로 책방으로 가 소파에 앉는다. 다움 선생님이 세하에게 무슨 일이 있었는지 묻자 입을 삐죽이며 인형만 바라본다. 다움 선생님이 역할놀이 영역에서 같이 놀이하던 친구들에게 물어보니 친구들이 주말에 엄마, 아빠와 캠핑장에 다녀온 이야기를 하며 놀이하던 중 세하가 "나는 아빠랑 할머니랑 놀이공원에 갔어!"라고 말하더니 갑자기 책방으로 갔다고 전한다.

세하의 표정이 내내 신경쓰인 다움 선생님은 오후에 세하 아버지와 전화로 이야기를 나눈다. 세하는 세하 오빠와 아버지와 할머니가 함께 사는 한부모가족으로 바쁜 아버지를 대신하여 할머니가 매일 등 · 하원을 챙겨주고 세하의 유치원 생활에 대한 소통을 함께하고 있다. 세하 아버지는 다움 선생님에게 한부모가족의 고충을 털어놓았다.

"세하가 딸이라 엄마의 빈자리가 느껴지지 않도록 할머니가 더 신경 써서 챙겨

주고 있는데, 혹시 친구들이 엄마 이야기를 하면서 엄마 놀이를 할 때 마음에

상처 받을까 봐 저도 걱정되네요."

세하 아버지와 대화를 나눈 후 다움 선생님은 세하를 어떻게 도와주고
지원해주면 좋을지 고민이 된다.

 학부모의 마음 읽기

"한부모가족이지만 우리 아이가 그늘 없이 밝고 행복하게 자랐으면 좋겠어. 엄

마(아빠) 없는 빈자리가 느껴지지 않도록 선생님이 더 신경 써주면 좋겠어."

세하 아버지의 사례처럼 한부모가족의 부모는 자녀 양육의 고민뿐만 아
니라 부모 역할을 혼자서 수행하는 것에 대한 어려움도 함께 가지고 있
다. 특히 기관에서 또래 친구들과 역할놀이를 하거나 부모와 관련된 이
야기가 나올 때 자녀가 의기소침해하거나 주눅이 들까 봐 걱정이다. 그
리고 혹시 비동거 부모의 부재에 따른 심리·정서적인 부정적인 영향이
아이에게 미치지 않을까 염려가 된다. 세하 아버지처럼 한부모가족의 가
장은 가족 부양을 위해 직장 일과 가정생활 및 자녀 양육에 대한 책임을
고스란히 짊어지게 되어 자녀와 친밀한 대화 시간이 늘 부족하다. 이러
한 이유로 한부모는 자녀와의 정서적 유대감을 충분히 형성하지 못하고
있다는 생각에 심리적으로 위축된다. 그래서 가정에서 채우지 못한 부분
을 기관에서 신경 써주고 보듬어주기를 바란다.

마음 읽기를 통한 지혜로운 소통

한부모가족은 주양육자가 일-가정 병행으로 자녀와 보내는 시간이 부족한 경우가 많다. 또한 사회적 편견이나 지지망 부족으로 어려움을 겪기도 한다. 이에 교사는 학기 초에 유아의 가정환경, 가족관계, 가족문화 등 유아에 대한 다양한 정보를 수집하는 과정에서 한부모가족의 자녀가 학급에 있다면 더 많은 이해와 배려가 필요하다. 한부모가족의 학부모가 느끼는 불안감과 염려를 이해하고 공감해주며 유아가 기관 생활에 어려움이 없는지 세심히 살피고 지원함으로써 학부모가 안심하고 신뢰하도록 돕는다. 특히 **가정으로 발송하는 가정통신문이나 교육활동의 내용도 한부모가족이라는 이유로 소외되지 않도록** 배려한다. 예를 들어 어버이날 카네이션 만들기 활동을 하거나 학부모 참여수업 등 행사 운영 시 한부모가족을 비롯한 다양한 가족 유형을 고려한다.

이음 선생님은요 세하가 친구들로부터 엄마와 주말에 지낸 이야기를 들으면서 마음이 위축될까 봐 염려되셨죠? 그런데 세하가 친구들에게 "나는 아빠랑 할머니랑 놀이공원에 가서 신나게 놀았어."라고 솔직하고 당당하게 이야기했어요. 친구들도 "우와! 세하야, 놀이공원에 가서 재미있었겠다."라고 이야기를 했어요. 다른 친구들의 가족 이야기에 세하가 살짝 의기소침하긴 했지만, 세하가 민감하게 받아들이거나 불안감을 가지지 않으니 걱정하지 않으셔도 돼요. 저는 이번 일을 계기로 우리반 아이들과 다양한 가족의 형태와 유형에 대해 이야기하면서 다름을 존중하는 교육의 기회를 가지려 계획하고 있습니다. 우리 반에는 회사일로 장기출장을 자주 가는 부모도, 주말에만 만나는 가족 등 그 형태가 다양하답니다. 오히려 이번 놀이상황을 통하여 세하

뿐만 아니라 학급 유아들 모두가 다양한 가족문화를 이해하고 존중하며, 서로를 배려하며 건강하게 성장할 수 있도록 지원하겠습니다.

또한 한부모가족의 경우 주양육자가 조부모나 고모, 이모 등 친척으로 확대되기도 하므로, 유아의 성장과 발달에 대한 소통 시 이러한 상황을 고려하여야 한다. 세하의 사례처럼 할머니가 유아의 등·하원 및 양육을 도와주는 경우라면, 할머니의 **노고를 격려하고 지지하는 따뜻한 말**을 건네보자. 분명 할머니의 양육 효능감을 높일 수 있을 것이다.

 이음 선생님은요 할머니, 친구들이 세하의 땋은 머리가 예쁘다고 말해줘서 세하가 "우리 할머니가 땋아주신 거야."라며 자랑을 했어요. 아침마다 바쁘실 텐데 매일 세하 머리를 정성 들여 땋아주시고 등원 준비를 도와주셔서 세하가 더 씩씩하고 즐겁게 다니는 것 같아요.

한편, 세하와 같은 **학급 유아들의 감수성을 높이기 위한 노력**도 필요하다. 예컨대 다양한 가족 구성원과 가족 유형에 대해 자연스럽게 접하도록 그림책 등을 활용해 감수성을 높이는 교육 기회를 마련해보자.

 이음 선생님은요 우리 주변에는 다양한 가족이 있어요. 엄마, 아빠와 함께 사는 가족, 할머니, 할아버지와 함께 사는 가족, 삼촌이나 고모, 이모와 같이 사는 가족, 엄마, 아빠를 주말마다 만나는 가족, 엄마(아빠)와 같이 사는 가족, 새로운 엄마, 아빠를 만나서 가족이 된 경우 등 여러 가지 가족이 있어요. 가족의 모습은 이렇게 다양하지만, 가족끼리 서로 사랑하는 마음은 모두 같답니다.

더 이상 훈육할 여력이 없어요

놀이중심 교육의 성공적 안착을 위해서라도 부모와 교사는 교육 파트너십을 유지해야 한다. 하지만 반복된 훈육 실패로 무력감에 빠진 부모는 방임에 가까운 태도를 보이기도 한다. 부모의 협조 없이 유아의 진정한 성장을 기대하기 어려운 만큼 소통을 통한 적절한 지원과 부모교육이 필요하다. 이와 관련된 사례를 만나보자.

 교사, 학부모를 만나다

서원이는 거의 매일 새로운 사건들을 끊임없이 만든다. 대체로 서원이는 친구들의 관심을 끌려고 장난을 거는 것처럼 보인다. 하지만 친구들은 날이 갈수록 점점 더 강도가 심해지는 서원이의 장난이 전혀 달갑지 않다. 서원이 때문에 거의 매일 갈등 상황이 만들어지다 보니 다움 선생님은 귀가시간마다 서원이와 관련된 이런저런 사건 사고를 서원 어머니에게 이야기할 수밖에 없었다.

> "오늘 서원이가 장구채로 마루바닥을 다 찍어놓았어요. 그러더니 장구채를 반으로 부러뜨려버렸네요."
> "오늘 서원이가 점심시간에 민지의 국에 침을 뱉었어요. 그래서 민지가 울었는데 서원이는 웃으며 사과도 하지 않네요."

사실 좋은 이야기도 아니고 학부모에게 유아의 문제행동으로 인한 사건 소식을 거의 매일 전달하는 것은 다움 선생님에게도 고충이다. 다움 선생님도 나름대로 끊임없이 서원이를 지도하고 다른 친구들과의 긍정적 관계 형성을 기대하며 노력하고 있었다. 하지만 노력과 달리 긍정적인 변화보다는 불편한 사건들만 반복되고 있다. 급기야 서원 어머니가 서원이에 대한 체벌로 자신의 화를 표현하게 된 상황까지 발생했다.

"선생님이 애가 자꾸 말썽을 부린다고 하셔서 제가 서원이를 좀 때렸는데 그게
문제가 되나요? 그럼 저 보고 어떻게 하라는 거죠?"

 학부모의 마음 읽기

"기관에서 일어난 일은 선생님이 책임지고 해결하면 될 일이지. 나에게 계속 말
하면 대체 어쩌라는 거야… 선생님이 자꾸 그러니까 괜히 애한테 손찌검까지
하고 나만 나쁜 엄마가 된 거 같아…"

서원이는 4남매 중 셋째이다. 다둥이 엄마인 서원 어머니는 서원이의 행동만 신경 써서 돌볼 여유도 없고 육아에 지쳐 우울하다. 서원이의 반복되는 문제행동은 이미 3세, 4세 때부터 나타나 계속 다른 학부모들의 항의를 받아오고 있었다. 요즘 서원이는 다움 선생님을 많이 따르고 좋아하는 것 같았다. 그런 선생님이 처음에는 서원이를 잘 관찰하고 지원해 줄 것 같아서 신뢰가 가기는 했지만, 서원이가 기관에서 일으키는 부정적인 일들에 대한 연락을 자주 해서 힘들다. 솔직히 그런 이야기는 더

이상 듣기가 싫다. 어쩐지 내가 아이를 잘못 키운다는 말인 것 같아서 너무 속상하다. 다움 선생님이 나를 대신에 서원이가 친구들과 사이좋게 지내고 행복할 수 있도록 잘 지원해주면 좋겠다.

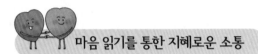
마음 읽기를 통한 지혜로운 소통

학부모가 정서적으로 편안하지 못할 때는 **상담을 자주 하는 것보다는 한 번을 하더라도 효과적인 상담을 진행**해야 한다. 이를 위해 학부모 상담을 하기 전에 먼저 세심한 계획과 준비가 필요하다.

이음선생님은요   어머니, 서원이의 기관 생활에 대해 빈번하게 연락드리지는 않을게요. 다만 상담하는 날에는 어머니께서 꼭 방문해주시기를 요청드립니다. 어머니께서도 서원이 동생도 보셔야 하고 바쁘시겠지만, 소중한 시간을 통해 서원이를 돕고자 하는 마음을 함께 나누고 싶습니다. 기관에서도 어머니와 함께 노력하겠습니다.

또한 학부모가 유아의 문제상황에 대처하는 것에 대한 두려움이 있기 때문에 유아의 성장과 학부모의 이해와 협조를 구하기 위한 교사의 지원을 학부모가 충분히 느낄 수 있도록 표현할 필요가 있다.

이음선생님은요   저는 서원이가 잘 성장할 수 있도록 도울 겁니다. 하지만 서원이의 성장을 위해 힘드시겠지만, 무엇보다 어머님의 협조가 꼭 필요합니다. 저도 서원이를 많이 사랑하고 격려하고 있지만, 서원이는 지금 엄마의 사랑과 관심을 가장 받고 싶어해요. 하루에 한 번이라도 따뜻하게 안아주시고 사랑한다고 표현해주실 수 있을까요? 서원이는 사랑과 관심을 원하는데 이런 욕구가 충분히 채워지지 않으니 주변에 자신의 불만을 나름 표현하고 있는 것 같습니다. 서원이는 아직 어린아이입니다. 주변의 사람들로부터 조금 더 서원이가 이해받고 수용된다고 느낄 때 부정적 정서 표출도 점차 줄어든답니다. 또한 유아를 훈육하실 때 체벌은 절대로 해서는 안 됩니다. 순간의 화가 평생 유아의 몸과 마음에 상처를 남길 수 있습니다.

이음 선생님의 Think Plus
"지혜로운 소통을 돕는 대화법"

학부모와의 소통이 원활하지 않을 때는 교사의 모습과 대화법을 돌아보는 것이 필요하다. 혹시 유아에 대해 부정적인 행동만을 강조하여 전달하지는 않았는지, 방어적인 자세를 취하거나, 문제에 집중하여 결론만 빠르게 전달하지는 않았는지 되돌아본다. 교사는 상담의 내용에 따라 교사의 마음을 어떻게 표현하는 한편, 교사가 원하는 것을 이야기하여 부모의 마음을 어떻게 열지 대화법에 대한 고민이 필요하다.

• 교사가 원하는 마음을 말로 표현하는 대화법

저는 ○○이를 잘 돕고 싶은 마음이 있습니다.
저는 어머니와 ○○이를 잘 도울 수 있도록 협력하고 싶어요.

• 아이와 부모에 대한 수용과 긍정의 마음을 표현하는 대화법

그렇죠. ○○이는 친구에게 관심도 많고 좋은 면이 많은 아이랍니다.
어머니, 아이를 잘 키우려고 노력하시는 마음이 정말 크게 느껴져요.

참고자료

1·2장

김성경·정혜경·곽상경,《소통왕! 학부모를 부탁해》, 수업디자인연구소, 2020.
김현섭·김성경,《욕구코칭. 수업디자인연구소》, 2018.
이현옥·김향자·허선자·박희숙·김연진,《초임교사를 위한 부모교육》, 공동체, 2016.
홍표선·이은주·이미영·김태승,《유치원, 어린이집 교사를 위한 슬기로운 학부모 소통》, 푸른칠판, 2021.

제시카 조엘 알렉산더,《행복을 배우는 덴마크 학교 이야기》(고병헌 옮김), 생각정원, 2019.

노연주, 2020,〈학부모와의 의사소통 어려움에 대한 저경력 초등교사의 인식 연구〉. 서울교육대학교 교육전
    문대학원 석사학위논문.

3장

김성경·정혜경·곽상경,《소통왕! 학부모를 부탁해》, 수업디자인연구소, 2020.
서천석,《우리 아이 괜찮아요》, 위즈덤하우스, 2019.
오은영,《어떻게 말해줘야 할까?》, 김영사, 2020.
Marjorie J. Kostelnik 외,《영유아의 사회정서발달과 교육》(박경자·김송이·신나리 옮김), 교문사, 2017.

최유리, 2022,〈바깥놀이터에서의 유아 놀이에 대한 교사들의 인식과 실천〉, 한국교원대학교석사학위논문.

교육부, 2017,〈영상정보처리기기설치운영가이드라인〉.
교육부, 2020,〈관찰을 관찰하다〉.
교육부, 2020,〈유치원 어린이통학버스 운영 매뉴얼〉.
교육부, 2020,〈유치원 유아의 성 행동문제 관리 대응 지침〉.
교육부, 2020,〈유아 원격교육을 위한 부모지원 자료〉.
교육부, 2022,〈다문화교육 정책학교 운영 가이드라인(교육부, 17개 시도·교육청, 국가평생교육진흥원, 중
    앙다문화교육센터)〉.

여성가족부, 2017,〈유아 부모〉,《부모교육 매뉴얼 제6권》.
여성가족부, 2020,〈어린이집,유치원 교사를 위한 성인지 교육 교재〉.
여성가족부, 2017,〈함께하는 부모, 행복한 아이〉,《부모교육 매뉴얼 제11권》.

안성시장애아재활치료실,〈부모 및 교사가 간편하게 사용하는 ADHD 간편 평가지〉.

대한민국정책브리핑,〈혹시, 나도 새학기 증후군?〉, 2018.8.30.

아이누리포털(https://i-nuri.go.kr)
교육부(www.moe.go.kr)
경기도교육청교육과정과(https://www.goe.go.kr/)
식품안전나라(www.foodsafetykorea.go.kr)
질병관리청(www.kdca.go.kr)